年中行事読本

——日本の四季を愉しむ歳時ごよみ

岡田芳朗・松井吉昭 著

創元社

年中行事読本

——日本の四季を愉しむ歳時ごよみ

はじめに

本書には、現在も行われている年中行事《ねんじゅうぎょうじ》を中心に、これに関連する神社の祭礼、仏閣の法会《ほうえ》、特定神仏に由来する縁日《えんにち》を含めて、総合的（広範囲なジャンル）、歴史的（過去と現在）、全国的（日本中を網羅）に紹介してあります。要するに、日本各地の多様な民俗伝承例が季節別に一年間分示してあるので、一冊で民俗・風俗・歴史辞（事）典の三役を兼ねていて重宝です。

近年、全国各地で伝統的な行事がよみがえり、古い街並みの保存が進み、郷土料理が再評価されつつあります。地域ならではの特色ある伝統文化・習慣は、今後ますます多面的に見直されることでしょう。

私たちは、先人が積み重ねてきた共同体の「絆《きずな》」を学び、祖先に感謝し、その伝統を大切に受け継ぎ、次世代へきちんと伝えたいものです。本書は、特に若い世代に、日本の伝統文化について幅広く知り、興味をもってもらうことを一番の目的としています。

以下が本書の具体的な特徴です。

一　なんとなく知ってはいるが正確には知らないことの多い、日本の年中行事（民間、神社仏閣、皇室）を、「今日は何の日」という視点から取り上げて、その起源や変遷に迫ります。日常生活や教育の場において役立つだけではなく、冠婚葬祭などのスピーチにもすぐ使えることでしょう。

二　都会で暮らしていても故郷はとかく気になり、生活の節目に帰省する人たちも多いものです。また、人は年とともに望郷の念が強まり、定年後に都会の住まいを引き払い帰郷する方も結構います。年中行事について、東京・関東地方を中心とする東日本と京都・大阪の関西地方を中心とする西日本とを比べる形で構成してあるので、本書を手がかりに、職場や学校で、故郷についての蘊蓄《うんちく》を傾け会話を盛り上げる手助けにもなることでしょう。

三　現在も行われている年中行事には、旧暦《きゅうれき》（太陰太陽暦《たいいんたいようれき》）に由来するものが少なからずあり、旧暦の日付に合わせて行わないと意義のないものもあります（月見など）。そのためにも、日本人の暮らしに生き続ける旧暦の基礎知識を、わかりやすく解説してあります。

四　年中行事の大きな楽しみは、大人も子供も食にあります。年中行事につきものの、四季折々の旬の食材を使った、地域色豊かな飲食には、一つ一つ意味が込められています。日本の古き佳《よ》き伝承を今後も家庭、地域、社会で活用するためには、大人がしっかりとした知識を身につけ、子や孫たちに食育を行うという視点も必要ですが、その一助にもなることでしょう。

五　本書には年中行事にまつわる古《いにしえ》の図版も収録してありますので、昔の様子を偲《しの》び今と比較することもできるでしょう。もちろん、一家に一冊備えておきたい保存版としても役立ちますので、どうかご家族で本書をご活用ください。

岡田芳朗

目次

春の巻

夏の巻

秋の巻

巻末付録

装丁　濱崎実幸

読者の皆様へ——本書ご利用の手引き

一　本書は、日本の季節ごとの行事のしきたりや楽しみ方を、最近の歴史学、民俗学、社会学などの研究成果も取り入れて解説・紹介するものです。四季の順序は、冬、春、夏、秋としてありますが、どこからでも読めるように、一項目ごとに読み切り形式になっています。

二　年中行事には、中国から伝わったものが多いのですが、日本独自のものも少なからずあります。本書には、日本列島の北から南までのどこかで、ほとんど毎日のように行われている諸行事の中から選び出し、およそ日付順に載せてあります。あなたの身近なところでの行事であるにもかかわらず、詳しく知らないものもあることでしょう。本書をお供に訪ね、ぜひ現地体験をしてください。

三　年中行事、特に祭礼では、開催月日が固定ではなく、週末などに毎年日取りが移動するものも増えています。隔年あるいは数年に一度の開催というものもあります。また、一部の神事は旧暦（太陰太陽暦）で行われます。雨天で中止や順延になることもあります。特に遠出する場合は、訪問前に当年の開催スケジュールをご確認ください。

四　本書の表記に関しましては原則的に次のようにしてあります。

①行事の名称、特に祭り、まつり、祭につきましては、できる限り、現地で使われている、旧来からの表記に従っています。また、引用文以外は現代仮名遣いにしてあります。

②年号は、日本の年号と西暦を対応させてあります。

③旧国名は現在の都道府県名と対応させてあります。所在地・住所は最新のデータによりましたが、変更になることもありえます。

④神社仏閣の名称や固有名詞の振り仮名は、一般的な新字表記（異体字・旧字ではなく）、常識的な読み方としました。

⑤旧暦と新暦との対応や二十四節気《にじゅうしせっき》の日取りは、巻末付録をご参照ください。

冬の巻

●冬の巻のはじめに……………………

冬きたりなば春遠からじ
春よこい、早くこい

冬は一年の締めくくりであると同時に、新しい年を迎える季節です。南北に細長い日本列島は、地域によって差はありますが、森羅万象が冬景色の中にあります。

十二月は一年の総決算の月でもあり、事納《ことおさ》め、煤払《すすはら》い、大掃除などから終《しま》い縁日、そして春を迎えるための歳《とし》の市や正月の準備、クリスマスなどがあり、行事が目白押しです。乗り切るには体調管理あるのみでしょう。

カレンダーが新しくなった一月は、旧暦《きゅうれき》時代（わが国では明治五年〈一八七二〉まで太陰太陽暦《たいいんたいようれき》を使用した）のほぼ十二月にあたっていますので、旧暦の行事の名残もみられますが、今日では全国的に太陽暦（新暦）でお正月が祝われています。年賀や初詣《はつもうで》、それに神社仏閣の初寅《はつとら》、初巳《はつみ》など十二支《じゅうにし》にちなんだ初縁日なども行われます。

二月に入ると、旧正月の行事も行われ、節分《せつぶん》、鷽替《うそかえ》、どんど焼きなどがあります。これらは旧暦の二月、または十二月の行事を太陽暦で催すため、多少の違和感はありますが、今日では一月から二月の行事として定着しています。雪の多い北海道や東北地方では、二月上旬の札幌市のさっぽろ雪まつり、中旬の秋田県横手市の横手かまくら・ぼんでんが人気です。関東以西では、梅祭りが各地で開催され、人々の春を待ち望む心にはずみをつけます。

この時期は海の幸が豊富で、なかでも「東の鮟鱇《あんこう》、西の河豚《ふぐ》」が味覚を満足させてくれる代表といえるでしょう。

冬　主な行事のスケジュール

十二月　師走《しわす》

1〜24日　アドベント　3日　カレンダーの日　25日　クリスマス→14

1〜27日ころ　顔見世《かおみせ》→18

1〜15日　遠山《とおやま》の霜月祭《しもつきまつ》り→19

2〜3日　秩父夜《ちちぶよまつり》祭→20

3日　諸手船神事《もろたぶねしんじ》→21

5日　あえのこと→22

5日　納《おさ》めの水天宮《すいてんぐう》→24

8日　臘八《ろうはち》会・成道会《じょうどうえ》　事八日《ことようか》→26

14日　義士祭《ぎしさい》→25

15〜16日　世田谷のボロ市→28

15〜18日　春日若宮《かすがわかみや》おん祭《まつり》→29

22日ころ　冬至《とうじ》→30

31日　なまはげ→32

31日　白朮祭《おけらまつり》→34

31日　松例祭《しょうれいさい》→35

31日　大晦日《おおみそか》→36

一月　睦月《むつき》

1〜11日　正月　雑煮《ぞうに》　初詣《はつもうで》　初夢《はつゆめ》　七草《ななくさ》粥《がゆ》　鏡餅《かがみもち》（鏡開《かがみびら》き）　七福神詣《しちふくじんもうで》→38、42、46

1日　大神神社《おおみわじんじゃ》繞道祭《にょうどうさい》→52

5日ころ　小寒《しょうかん》　20日ころ　大寒《だいかん》→54

6〜7日　少林山達磨寺《しょうりんざんだるまじ》だるま市→53

7日　鷽替神事《うそかえしんじ》（太宰府天満宮《だざいふてんまんぐう》）　24〜25日　同（亀戸天神社《かめいどてんじんしゃ》）→61

9〜11日　今宮十日戎《いまみやとおかえびす》→58

14日　新野《にいの》の雪まつり→60

第2月曜日　成人の日　14〜15日　どんど焼き・左義長《さぎちょう》　15日　小正月《こしょうがつ》→62

17日　防災とボランティアの日→64

20日　二十日正月《はつかしょうがつ》・骨正月《ほねしょうがつ》→65

20日　毛越寺《もうつうじ》の延年《えんねん》→68

21日　初弘法《はっこうぼう》　28日　初不動《はつふどう》　1月最初の寅の日　初寅→66

第4土曜日　若草山《わかくさやま》山焼き→69

二月　如月《きさらぎ》

1〜2日　黒川能《くろかわのう》　15、17日　黒森歌舞伎《くろもりかぶき》→70

1日ころ　厄落《やくおと》し→72

3日　節分《せつぶん》→74

2月最初の午《うま》の日　初午《はつうま》→80

11日　建国記念の日→82

14日　バレンタインデー　3月14日　ホワイトデー→84

15〜16日　横手のかまくら・ぼんでん　11〜15日　六郷《ろくごう》のかまくら→86

29日　閏日《うるうび》→88

＊↓以下は本文の解説ページを示します。
＊新暦／旧暦対応、二十四節気の日付は巻末付録をご覧ください。
＊およそ日付順に載せましたが、移動開催などで実際の日取りが前後したり、変更になることもありますのでご注意ください。

アドベント（一〜二十四日）　カレンダーの日（三日）　クリスマス（二十五日）

クリスマスまでの過ごし方が楽しめる カレンダーや菓子

☯「もういくつ寝るとクリスマス」がわかるカレンダー

近年は十一月に入ると、洋菓子店や輸入食料品店の店頭、デパートの玩具売り場に、楽しいクリスマスの光景や人気のキャラクターなどの絵を描いたカレンダーが並びます。デパートでは玩具売り場のほかにも、リビング用品、食品売り場などでも扱っています。このカレンダーはアドベントカレンダーと呼ばれています。

菓子屋にカレンダーとは一見不思議な組み合わせですが、この**カレンダー**にはちょっとした仕掛けがあるのです。

よく見ると、Ａ４判前後の大きさの奥行きの浅いボックスの表面には、１から24までの数字が散らして書いてある窓があり、その数字のところを開けてみると、クリスマスの行事にちなんだ形のチョコレートやキャンディーなどが出てくるのです。

では、そもそもアドベントとは何のことなのでしょうか。それに、どうしてクリスマスにはまだ早いこの時期に、売り出されるのでしょうか。

キリスト教国では、十二月二十五日のクリスマスまでの四週間をアドベント（待降節《たいこうせつ》

カレンダー
古代ローマ時代には新月が見えたとき、「月が見えたぞ」と大声で人々に知らせたといい、毎月の第一日目の月（新《しん》月《げつ》）を「カレンダエ」と称したところから、この語がカレンダーの語源とされる。なお、月が肉眼で見えるのは二日月《ふつかづき》からである。

＝Advent）といい、キリストの誕生日を待ち望む期間とされ、教会ではこの時期特有の儀式や礼拝が催されます。これは**イースター**（**復活祭**）の前に四旬節（Lent）と呼ばれる準備期間があり、いろいろな行事が行われるのと似ているといえるでしょう。

アドベンドは、クリスマスの四週前の日曜日から開始されますが、一般には十二月一日から二十四日のクリスマスイブまでとされています。

この時期に各家庭では、一日から二十四日までの日付の入った小さなポケットのついたカレンダーを掛けて、毎日ポケットにお菓子や小さなプレゼントなどを入れていくのです。これはクリスマスならではの伝統です。これを簡略化したものが、お菓子入りの小箱式アドベントカレンダーで、欧米諸国では子供たちが喜びそうなものが売られています。

アドベントカレンダーはお菓子入りのものばかりではありません。かわいいミニチュアの家具などが仕込んであって、二十四日まで毎日順番に開けていくと、立派なミニ子供部屋ができ上がるようなものもあります。なかには、窓を開けるとイラストの描かれた本が出てくるようになっているものもあって、その本には、短いクリスマス物語や『聖書』の言葉が書かれていて、クリスマスの正しい意味がわかるように工夫されています。

カウントダウンに使うアドベントの日付は、二十四日までしかありません。そのわけは、二十五日には待ちに待った本番のクリスマスプレゼントがあるからです。

イースター（復活祭）
イースターはイエス・キリストの復活を祝う日で、「春分の日以降、最初の満月のあとの最初の日曜日（イースター・サンデー）」で移動祝日。キリストは十字架に架けられるが、三日後によみがえったと『聖書』に伝えられるところから行われる。

☯カレンダーの日

明治五年（一八七二）十一月九日に改暦の詔書《しょうしょ》が出され、それまで使用されていた旧暦《きゅうれき》（太陰太陽暦《たいいんたいようれき》　最後の旧暦は天保暦《てんぽうれき》）が廃止されて新暦（グレゴリオ暦の一種の太陽暦）が採用されることになりました。明治五年の旧暦十一月の日付は、太陽暦の日付のちょうど一か月遅れでした。旧暦十一月は二十九日までの「小の月」（旧暦では毎年、大の月〈三十日〉と小の月〈二十九日〉の組み合わせが違っていたので、月の大小を知らせる大小暦が売られた）だったため、新暦に切り換えるときに、十二月は二日で打ち切って、三日を太陽暦の一月一日としたのです。

このことから、全国のカレンダー業界では、カレンダーや暦に対する関心を高めようと、太陽暦が実施された十二月三日を「カレンダーの日」と定めて、さまざまな行事を催しています。

いつもは何気なく見ているカレンダーですが、カレンダーは人類数千年の知恵の結晶です。ちょうど古いカレンダーから来年の新しいカレンダーに交換する時期に「カレンダーの日」を設けるのは、暦に対する愛着が生まれ、記念日にふさわしいといえましょう。

考えてみますと、日本人は旧暦時代に毎年、月の大小が変わる、それに二十四節気《にじゅうしせっき》（一年を二十四に分けた十五日前後の期間。三〇四頁参照）を見ないと季節がわからないなどから、どうしても毎年新しい暦が必要でした。また、当時の日本人は今以上に共同体意識が強く、人並みに暮らしたい、世間の物笑いになりたくないという気持ちが強く働いたので、暦を必要とし、そのために日本人は世界に冠たる暦好きになったのでしょう。

☯「もういくつ寝るとクリスマス」がわかるお菓子

ここで話をクリスマスに戻しましょう。アドベントカレンダーのほかにも、ヨーロッパ式のクリスマスには、いろいろな楽しみがあります。

日本でもクリスマスが定着していますが、ヨーロッパとは異なる風習もみられます。たとえば、日本人はクリスマスケーキといえば苺《いちご》の載ったショートケーキを思い浮かべますが、ヨーロッパではそのようなケーキを食べる習慣はありません。

ドイツにはクリスマスまで毎日、薄くスライスして食べるシュトーレンという焼き菓子があります。これはイースト菌を加えてつくるのですが、生地にドライフルーツとナッツを練り込んであります。表面に白い砂糖をまぶしてあるのは、キリストが生まれたときに毛布でくるまれていたという言い伝えからだそうです。

アドベントカレンダーやシュトーレンの日本での流行は、もちろんクリスマス商戦なのですが、クリスマスやイブにプレゼントの交換とクリスマスケーキを食べるだけよりも、当日までの過ごし方を楽しむという点では好ましい慣習といえそうです。

顔見世《かおみせ》（一〜二十七日ころ）

ほんまごっせ、「京の師走は顔見世から」

京都では「京の師走《しわす》は顔見世《かおみせ》から」と言われるように、京都人、特に女性に圧倒的に人気なのが、年に一度の**南座**《みなみざ》（京都市東山区中之町〈四条大橋東詰〉）の顔見世（顔見芝居）です。

人気なわけは、顔見世がオールスターキャスト（東西の名優が一堂に顔を揃える）で行われるからなのはいうまでもないでしょう。歳末という季節感が漂う中で、芸妓《げいぎ》や舞妓の姿も見え、歌舞伎誕生の地京都にふさわしい風物詩です。

毎年十一月二十五日前後の吉日、深夜から翌朝にかけて、顔見世狂言《きょうげん》に出演する歌舞伎役者の名前を書いた看板（まねき）が南座の正面にずらりと上がって、このまねきを見た人々は、また今年も師走が来たことを実感するのです。

もともと顔見世という言葉は、十一月はじめから入れ替わってその劇場に出演する役者が、全員揃って舞台に並んで行う挨拶のことをいいました。昔の役者は劇場とは一年契約でしたから、前年の契約が十月末で終わり、新しい顔ぶれの役者が披露公演をしたときの名残です。

京都の顔見世は、宝暦年間（一七五一〜一七六四）に十二月に変更されました。

⇨顔見世（『都林泉名勝図会』）

南座

元禄期（一六八八〜一七〇四）には四条河原の芝居街には七軒の公認の座（劇場）があり、近隣の遊廓とともに賑わった。そののち江戸・明治時代を通じて興亡を繰り返し、六座が廃され、四条通に面した南座一軒のみが残った。現在の南座は、平成三年（一九九一）に改装され、外観のみならず、豪華な装飾と赤い提灯《ちょうちん》に照らされた場内がすばらしい。

遠山《とおやま》の霜月《しもつき》祭り（一～十五日）

湯立神楽を伴う徹夜の冬祭り

古くは信濃国《しなののくに》と呼ばれた長野県は、大きくは北信、中信、南信に分かれ、山と峠が多いのが特徴です。南信地方の飯田市街はずれの山深い里、遠山郷《とおやまごう》（飯田市上村・南信濃）には、**遠山の霜月《しもつき》祭り**という伝統行事が伝えられています。

日本三大秘境の一つに数えられる遠山郷は過疎化が進んで、今は人口二千三百人ほどですが、先祖代々受け継がれてきたこの祭事には、地元の人たちの強い思いが込められているのです。霜月祭りは、旧暦十一月の上旬から中旬にかけて行われます。平成二十四年（二〇一二）は、十二月一日から十五日まで十の神社で行われました。太陽のエネルギーがもっとも衰えるとされる旧暦十一月に、五穀豊穣や生命力の復活を祈願し、全国から招来した八百万《やおよろず》の神々に湯立神楽《ゆだてかぐら》を奉納する神事がメインです。

夕方から、社殿中央の湯釜を囲み、天狗《てんぐ》の形相の面《おもて》（大天狗）をつけた神職（禰宜《ねぎ》）が、素手で釜の煮え湯をはじく「湯切り」が知られ、見物客もたくさん来て盛り上がります。昼からはじまったこの祭礼は夜明けまで続けられ、この間に氏子たちが舞を舞ったり、神楽歌を歌ったりします。装束舞《しょうぞくまい》の「襷《たすき》の舞」、裾模様の四人舞「羽揃えの舞」はその優雅さで定評があります。

遠山の霜月祭り

霜月祭りは、一般的には稲作の最終の収穫祭系が多いが、本文で紹介したような願掛《がんか》け系（昔はさまざまな願いを面に託し、願掛けをしたが、近年は立願《りゅうがん》をする人はほとんどいないという）、神楽系のものとしては、愛知県北設楽郡《きたしたら》東栄町の「花祭り」、長野県下伊那郡天竜村の「御清《おきよ》め祭」、秋田県横手市大森町の「霜月祭」などが知られている。

秩父夜祭《ちちぶよまつり》（二〜三日）

三百年の伝統をもつ、きらびやかで勇壮な曳山祭り

秩父《ちちぶ》神社（埼玉県秩父市番場町）の例大祭を**秩父夜祭《ちちぶよまつり》**（通称「おまつり」）といい、京都市の祇園祭《ぎおんまつり》、岐阜県高山市の高山祭《たかやままつり》とともに、日本三大曳山《ひきやま》祭りの一つに数えられています。

本祭（神幸祭《しんこうさい》）の三日夕方には、たくさんの雪洞《ぼんぼり》や提灯《ちょうちん》で飾られた絢爛豪華な六基の屋台《やたい》、笠鉾《かさぼこ》が、数百人の若者たちにより曳行され、これが見どころです。秩父神社を出発した神幸行列は、壮大な屋台囃《やたいばやし》にのり、市役所前の秩父公園にある御旅所《おたびしょ》へ向かいます。御旅所は「お花畑」と、**ロマンを秘めた場所**にふさわしい名前がつけられています。

屋台は大きいもので重さ二十トン、高さ七メートル、難所の急勾配の坂（団子坂）にさしかかると、突如として太鼓が乱打され、屋台囃が一段と力強く鳴り響き、屋台、笠鉾が一台ずつ難所の急坂を一気に駆け上っていきます。秩父夜祭のハイライトを迎えて、二十数万人もの見物客からいっせいに大歓声がとどろきます。この夜、秩父の冬は熱い。

秩父夜祭のフィナーレを飾るのは、一万発ともいわれる打ち上げ花火です。冬の花火としては、これほどの規模のものはほかの祭礼にはみられません。日本最大級の冬の花火と明かりの灯った屋台が夜空に映え、このうえなく美しいものです。

秩父夜祭

秩父夜祭はもともと旧暦十一月の絹大市《きぬのたかまち》と合わせて催されていた。今日でも夜祭の翌四日には、その年に獲れた繭《まゆ》を奉納して、翌年の豊作を祈願する養蠶神事が行われている。二日に鎌倉時代から行われていた御神馬《ごしんめ》奉納の儀が行われ、人々はこのときに奉納された御神馬の毛色によって翌年の天候を占う。

ロマンを秘めた場所

屋台、笠鉾が集結する団子坂は、秩父神社の女神である妙見《みょうけん》と近くの名山、武甲山《ぶこうさん》の男神である龍神《りゅうじん》が、一年に一度逢瀬を楽しむ場所であると言い伝えられ、それを再現してある。すなわち、秩父夜祭は信仰とロマンの祭礼なのである。

国譲り神話を再現する神事と競漕

諸手船神事《もろたぶねしんじ》（三日）

島根半島の東端、美保湾《みほ》の奥に鎮座する**美保神社**（島根県松江市美保関町美保関《みほのせき》）では、春の青柴垣神事《あおふしがきしんじ》（四月七日　一二二頁参照）と冬の諸手船神事《もろたぶねしんじ》の二つの神事が行われています。

美保神社の主祭神、事代主神《ことしろぬしのかみ》は、国譲り神話に登場することで知られています。事代主神は国譲りを受容したのちに、乗ってきた諸手船をひっくり返して青柴垣につくり替え、その中に隠れたとされ、『古事記《こじき》』には次のように記されています。

「すなはちその船を踏み傾けて、天の逆手《あまのさかて》を青柴垣に打ち成して、隠《こも》りき」

この神話に伝えられているように諸手船神事は、国譲りの許可を受けるために大国主神《おおくにぬしのかみ》が、美保湾沖で釣りをしている事代主神のもとへ、諸手船に乗って迎えに行ったという神話の再現とされます。

午後二時ころ、氏子たちが青柴垣で包んだ二艘《にそう》の神船、諸手船に分乗し、神楽船《かぐら》を従え、美保湾に漕ぎ出します。古代の刳舟《くりぶね》の形に擬した諸手船は、競い合いながら入江の東口に鎮座する分社の客人社《まろうど》下へ着いて遥拝したのち、神社に戻り真剣《まっか》を古式にのっとり神社に捧げ、神事は終了します。

美保神社
美保神社は、島根半島西端部の出雲大社《いずもたいしゃ》（島根県出雲市）とほぼ正反対の半島東端に位置しているが、江戸時代以来、「大社だけでは片詣《かたまい》り」として、出雲大社に参拝したら美保神社にも参詣するものとされた。美保神社は恵比寿系の、出雲大社は大黒天系の、それぞれが総本宮《そうほんぐう》。選ばれて祭祀の一部を執り行う氏子は「一年神主」と称され、この制度が守られていることもこの神事の特徴。

あえのこと（五日）

一般農家が田の神をもてなす 奥能登一帯に伝わる祭礼

稲作の神、田の神を迎えて行う行事は全国に数多いのですが、ここ奥能登《おくのと》（石川県）一帯の田の神祭りは、家と水田との間で行われる独特の風習「あえのこと」として守られています（平成二十一年〈二〇〇九〉にユネスコの世界無形文化遺産代表リストに登録）。

あえのことを簡単にいえば、「あえは饗（もてなし）」「ことは神事」を意味しているとされます。いわゆる農耕儀礼の一つですが、実に興味深いものです。

能登半島の珠洲《すず》市や鳳珠《ほうす》郡能登町近くの一部の農家では、この日の早朝からあえのことの準備にかかります。お供え用の眼張《めばる》という小魚を用意します。一家の主人は山から榊《さかき》と栗の枝を伐ってきます。そして種籾俵《たねもみだわら》を床の間か神棚の下に安置します。

午後になると、俵に榊を立て、風呂を焚《た》き、栗の枝を削《けず》ってつくった杵《きね》でお供え用の卵型の粢餅《しとぎもち》（鏡餅）をつくります。田の神はこの餅搗《つ》きの音で出発の準備をするといわれています。

主人は、夕方に正装して扇子《せんす》を持って苗代田《なわしろだ》に行き、拍子を打ち、田の神に「お迎えにあがりましたさかい、おいでくださいまし」という挨拶をします。こののち、家まで先導します。

神様は目が見えないとされているので、畔《あぜ》や坂道では「ご注意くださいまし」と声をかけて丁重に家に招き入れます。

まず囲炉裏端《いろりばた》に案内し暖をとってもらいます。それから風呂場に案内して、入浴してもらいます。「あつうございますか、ぬるうございますか」と脱衣所で湯加減を尋ねます。

風呂から上がったら、ついで床の間の種籾俵に依《よ》りつかせます。そこで二の膳つきのご馳走を供えます。田の神は男女二体とされているので、案内した神棚の下には料理も箸も二膳並べられています。

ご馳走の品名を一つ一つ説明しながら、「ゆっくりおあがりくださいまし」と勧めます。

そして耕作前の二月九日ころになると、神様もゆっくりされたことであろうからと、田の神を神棚から招き起こし、田の神送りの儀式をして送り出します。

このあえのことの祭礼は地域によりさまざまで、神様の名称や行事内容は驚くほど多彩です。

ご馳走
田の神を接待する膳には大根、子芋、長芋、豆腐、膾《なます》、赤飯など、その家の主婦が用意したものが並ぶ。膳の前に箕《み》を置き、それに二股大根《ふたまただいこん》（増産の願いが込められている）と楽餅（豊年満作の願いが込められている鏡餅）を供えて田の神に勧める。

納《おさ》めの水天宮《すいてんぐう》（五日）

縁日には神社仏閣で初・納めの供養が行われる

江戸時代、個人に現世利益《げんぜりやく》をもたらすとして信仰を集めた神仏が、この世に縁をもつ日を、縁日《えんにち》といいます。各寺社で一定の日を縁日と定め、毎月何回か行われるようになりました。寺社ではこの日に供養や祭典を行い、特別の現世利益を参拝者に授けるようになりました。また、参拝者がたくさん集まるので門前には自然と市が立つようになり、縁日が年中行事として定着しました。やがて年のはじめの縁日を「初縁日」、年の終わりの縁日を「納《おさ》めの縁日」と呼び、寺社は参拝者との結縁《けちえん》を募るようになりました。

縁日の数は神仏の数だけある、ともいわれますが、実際そのとおりのようです。ここでは一例として、安産の神様として広く知られている水天宮《すいてんぐう》（東京都中央区日本橋蛎殻町）をご紹介します。水天宮の総本宮《そうほんぐう》は久留米水天宮（福岡県久留米市瀬下町）で、東京のほうは末社です。縁日は毎月五日（または一・五・十五日）ですが、安産を祈願する妊娠五か月の女性が「戌《いぬ》の日」に参拝をします。戌の日の水天宮参りは、多産にもかかわらず犬はお産が軽いとされるところからの風習で、この日に神社では、お腹に巻くと安産であるとされる鈴乃緒《すずのお》（晒《さら》しの布）の腹帯を授与しています。戌の日は十二日ごとに巡ってきます。**主な寺社の縁日**は下のとおりです。

主な寺社の縁日

- 弁財天《べんざいてん》　毎月巳《み》の日　寛永寺不忍池《しのばずのいけ》弁天堂／東京都台東区　など
- 毘沙門天《びしゃもんてん》　一・五・九月の最初の寅《とら》の日など　鞍馬寺／京都市左京区　など
- 薬師如来《やくしにょらい》　毎月八日　薬師寺／奈良県奈良市　など
- 妙見菩薩《みょうけんぼさつ》　毎月十五日　能勢《のせ》妙見山／大阪府豊能郡能勢町　など
- 観世音菩薩《かんぜおんぼさつ》　毎月十八日　浅草寺《せんそうじ》／東京都台東区　など
- 弘法大師《こうぼうだいし》　毎月二十一日　東寺《とうじ》／京都市南区　など
- 天神《てんじん》　毎月二十五日　太宰《だざい》府天満宮《ふてんまんぐう》／福岡県太宰府市　など
- 不動尊《ふどうそん》（毎月二十八日　成田山新勝寺／千葉県成田市　など

義士祭《ぎしさい》（十四日）

四十七士ゆかりの史跡で催される年末の風物詩

元禄十五年（一七〇二）十二月十四日に、赤穂《あこう》藩士四十七人（四十七士）が、本所《ほんじょ》松坂町（現・東京都墨田区両国）の吉良上野介義央《きらこうずけのすけよしなか》邸に討ち入りをして、主君浅野内匠頭《あさのたくみのかみ》長矩《ながのり》の恨みを晴らした忠節を称える法要が義士祭《ぎしさい》です。浅野長矩や四十七士の墓のある泉岳寺《せんがくじ》（東京都港区高輪）では、この日午前十一時から長矩の墓前供養や献茶式、義士追善供養が行われ、午後には四十七士に扮した義士行列が到着します。この日は夜遅くまで大勢の参詣者が訪れます。義士たちが切腹した二月四日にも、大勢の人が墓参に泉岳寺を訪れます。吉良邸跡の本所松坂町公園でも義士祭、吉良祭が催されています。

一方、大石内蔵助良雄《おおいしくらのすけよしお》をはじめとする四十七士を祭神とする大石神社（兵庫県赤穂市、旧・赤穂城内）で、十二月十四日に赤穂義士祭が催され、義士行列が行われます。同神社には、浅野家や四十七士ゆかりの史料を展示した義士史料館があり、この日は終日、参拝者で賑わいます。このほか、大石良雄が隠棲の地京都・山科《やましな》で討ち入りを謀議したことで、この地には義士の史跡がいくつかあります。義士にゆかりのある大石神社（京都市山科区西野山桜ノ馬場町）、瑞光院《ずいこういん》（浅野長矩の夫人瑤泉院《ようぜんいん》ゆかりの寺　京都市山科区安朱堂ノ後町）でも義士を偲《しの》ぶ行事が催されます。

元禄十五年（一七〇二）十二月十四日
この日付はもちろん旧暦（太陰太陽暦）であるから、現行の新暦（太陽暦）に換算すると翌年一月三十日となる。一月下旬であれば雪が降っていてもおかしくない。それに十四日は満月である。雪明かりと月明かりが赤穂義士たちに大いに味方した。

臘八会《ろうはちえ》・成道会《じょうどうえ》　事八日《ことようか》（八日）

この二つが新暦十二月八日に受け継がれ名物行事となっている

この日は、釈迦《しゃか》がブッダガヤの菩提樹《ぼだいじゅ》の下で、悟りを開いた記念の日です。十二月八日にちなんで臘八《ろうはち》、臘八会《ろうはちえ》といいます（「臘月」は十二月の異称の一つ）。釈迦は二十九歳で王子の地位を捨てて出家して、数々の難業苦行を重ねた末、ブッダガヤの地において、十七日間座禅を組んで想を練り、ついに正覚《しょうがく》を得たといわれます。

禅宗各寺院では臘八接心《せっしん》と呼んで、十二月一日から八日まで、不眠不休の厳しい座禅を行います。八日には臘八成道《じょうどう》の儀式があり、**臘八粥《がゆ》**という粥を食します。

これは釈迦がこの日、スジャータという少女から乳粥の供養を受けたことにちなんだものですが、肉食を禁じる中国、日本の仏教では、昆布、串柿、菜などを混ぜ、味噌と酒粕を加えた粥を食べることになったわけです。

成道会《じょうどうえ》（釈迦が悟りを開いた日）は古くは三月十五日に行われていましたが、禅宗で広く十二月八日に行っていたところから、十二月八日が主流となりました。

仏教では旧暦四月八日の灌仏会《かんぶつえ》（釈迦の誕生の日　一二四頁参照）、二月十五日の涅槃《ねはん》会《え》（釈迦が一生を終えた日　一〇八頁参照）と並んで成道会がもっとも重要な法要日と

臘八粥
別称「大根焚《だいこだき》寺」として知られる京都の了徳寺《りょうとくじ》（右京区　九～十日）、おかめ塚の通称で知られる千本釈迦堂《せんぼんしゃかどう》（大報恩寺　上京区　七～八日）などでは、前日祈禱を行った大根を大鍋で煮て、お椀に盛って参拝者に供している。この大根焚きの行事は臘八粥が変化したものという。

事納め　事始め
事納めと事始めの呼称が逆転する場合もある。農事ではなく正月行事を基準にすれば、始まりと終わりが逆転するわ

なっています。その初期にはいずれも満月の十五日であったようですが、成道会だけが古い日付を守っています。

八日のもう一つの伝統行事が事八日《ことようか》ですが、一般にはあまり知られていないようです。しかし、旧暦の名残がとどめられている大切な行事なのです。

旧暦では月の満ち欠けが人々にとって大きな関心事でした。それは月の形によって、今日が何日にあたっているかがわかるからです。月の形（位相《いそう》）は、人々に深い感銘を与えました。たとえば、三日月はその鋭い形が人々の月への信仰心を高め、半月は新月から満月へ、また満月から晦日《みそか》への中間を知らせるものでした。それは日付でいうとほぼ八日と二十三日にあたるところから、八日は物事のけじめに用いられ、古来、二十三日は月を拝む日として関心を集めました。

けじめの八日としては、十二月の**事納《ことおさ》め**、あるいは二月の**事始め**と年二回あります。一年の農事の終わり、始まりという意味で、前者は主として関西地方で行われ、後者は主として関東地方で行われます。

かつて十二月八日または二月八日には、「針供養《はりくよう》」の行事が全国的に行われていました。この日には、一年間使用した針を供養する意味で、折れた針を豆腐などの軟らかいものに刺して、近くの**淡島《あわしま》神社**、東京・浅草の**浅草寺《せんそうじ》淡島堂**などへ納めたのです。今日では、家庭で針仕事をする機会が少なくなったためにこの風習は廃《すた》れ、この日に正装した服飾関係者たちが供養に訪れる姿をテレビで見かける程度なのは、さみしい思いがします。

けである。関西地方、特に京都の花街《かがい》などでは、十二月十三日を事始めとし、この日から迎春準備を始める節目とする地域もある。こちらは「正月事始め」という。煤払《すすはら》いの行われるのもこの日が多い。

淡島神社　浅草寺淡島堂　淡島神社は各地に祀《まつ》られている神社だが、総本宮《そうほんぐう》の和歌山県和歌山市加太《かだ》の淡嶋神社を勧請《かんじょう》している。各地の淡島神社、浅草寺淡島堂では二月八日の針供養には和裁職人、鍼《しん》灸《きゅう》師《し》、畳職人らが古針を納めている。淡島神社が女性の神様（縁結び、安産など）として知られるようになったのは、江戸時代に淡島願人《がんにん》と呼ばれる行者が御神体の絵姿を入れた箱を背負って全国を遊《ゆ》行《ぎょう》し、女性の毛髪や衣類を集めて代参したことによる。

世田谷のボロ市（十五～十六日）

東京に残る大きな歳の市で見物客も多い

ボロ市とは、東京都世田谷区世田谷一丁目の旧・大山《おおやま》街道、通称「ボロ市通り」に十二月と一月の十五～十六日に立つ歳《とし》の市のことで、毎年四十万人が押し寄せています。

その起源は戦国時代の天正年間（一五七三～一五九二）に、付近の農家のために、農機具や草鞋《わらじ》の緒をすげるためのボロ布を売る市が立ったことによるとされています。江戸時代には大都市江戸に隣接する農村らしい市でしたが、関東大震災以後、都市化が進むにつれて、ぼろ着や農具類だけでなく、衣料品や食料品などの店が増えてきました。現在では、これらのほか骨董品、玩具や古着などの露店も増え、同時に開かれる植木市も人気があります。

時代とともに取り扱われる品も変化し、高度成長期の昭和三十年代はじめには、中古車が売りに出されて話題になったことがあります。出店数も年とともに変化があり、千軒を数えるときもありましたが、現在では数百軒といわれています。

近年では、東京に残る大きな歳の市として見物に訪れる人も多く、付近の世田谷代官屋敷や**松陰《しょういん》神社**（東京都世田谷区若林）などの史跡巡りを兼ねる人も少なくありません。

松陰神社
幕末の志士吉田《よしだ》松陰《しょういん》を祀《まつ》る神社で、墓地のある東京と出身地の山口県萩市の二か所にある。松陰は安政の大獄により処刑された（享年三十）が、松下村塾《しょうかそんじゅく》の門下生である高《たか》杉晋作《すぎしんさく》らにより、小塚原《こづかっぱら》の回向院《えこういん》（東京都荒川区）に埋葬されていた遺骨が現地に改葬された。

春日若宮《かすがわかみや》おん祭《まつり》（十五〜十八日）

奈良の一年を締めくくる、古都最大の祭礼

旧・官幣大社《かんぺいたいしゃ》の春日大社《かすがたいしゃ》（奈良県奈良市春日野町）の南にある摂社の**若宮《わかみや》神社おん祭《まつり》**は「祭り遅いはおん祭」といわれるように、奈良で催される大きな祭礼としては年間最後のものです。

十五日の大宿所祭《おおしゅくしょさい》に引き続き、十六日夕刻に宵宮祭があり、翌日午前零時に若宮本殿から一の鳥居の東にある御旅所《おたびしょ》に向かって、御神霊の渡御《とぎょ》がはじまります。宮司が神の依代《よりしろ》を奉持し、その周りを何十人もの神職が榊《さかき》を捧げて取り囲み、「ヲーヲー」という警蹕《けいひつ》を唱えます。周囲の灯火を全部消した暗闇の中、先導の一対の松明《たいまつ》の火の粉がつくった清浄の道を進み、御旅所に到着します。御旅所では暁の神饌《しんせん》が献上されます。

十七日午後には、総勢数百人のさまざまな芸能集団や武士などの警護の集団、行列が奈良市中心部を経て御旅所へ向かいます。途中、春日大社一の鳥居のすぐ近くの「影向《ようごう》の松」の前では、各芸能集団が各自の芸能を披露します。御旅所では、巫女《みこ》による「社伝《しゃでん》神楽《かぐら》」をはじめ、「大和舞」、東国の風俗舞である「東遊《あずまあそび》」「田楽」「猿楽」「細男《せいのお》」「能」「舞楽」など多彩な芸能が奉納されます。この奉納は深夜に及び、日付の変わるころ、「還幸《かんこう》の儀《ぎ》」がはじまり、若宮の御神霊は若宮本宮《ほんぐう》に還幸されます。

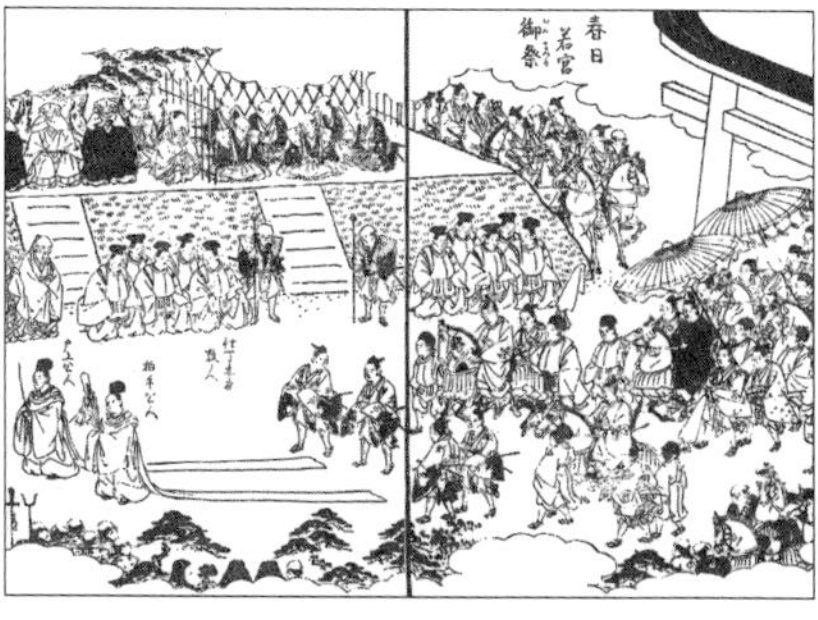

⇨春日若宮御祭（『大和名所図会』）

若宮神社おん祭
平安時代に大飢饉に見舞われた際、時の関白藤原忠通《ふじわらのただみち》が疫病退散と五穀豊穣を祈って神社を創建、翌年からおん祭がはじまったと伝えられている。御祭神は春日大社本社の御子神の天押雲根命《あめのおしくもねのみこと》。

冬至《とうじ》（二十二日ころ）

寒さはそれほど厳しくはないが、木枯らしに身を縮める時期

旧暦では冬至《とうじ》が重視されました。冬至は中国の暦法の基点になっていたからです。冬至のころは、大気が乾燥して、晴天の日も多く、太陽の観測に絶好の時期です。冬至には太陽が南回帰線上に位置するため、北半球では太陽の高さがもっとも低くなり、物の影が一年でいちばん長くなります。中国では、この影が最長になるときを冬至と決めました。それには長い棒を立てて、太陽が一日のうちでもっとも高く昇るとき（南中時《なんちゅうじ》）に、影の長さを何年間も測り続けて、冬至と冬至の間を一太陽年と定めたのです。

そのため**二十四節気**《にじゅうしせっき》は、冬至からはじめられました。一太陽年を、十二の**節**《せつ》（節気）と、その中間に十二の**中**《ちゅう》（中気《ちゅうき》）を設け、計二十四に分け、それぞれに季節にふさわしい名称をつけてあります。

旧暦時代には冬至は十一月の中気とされていましたが、現在は天文学的に太陽が黄経《こうけい》二七〇度の点を通過したときとされています。

このころ昼の長さがもっとも短く、反対に夜の長さがもっとも長くなります。太陽の光がもっとも弱々しく感じるため、古来、冬至のころには太陽が衰弱し、冬至を境とし

二十四節気

古くは、冬至から次の年の冬至までを二十四等分した約十五・二二日（十五日五時間十四分）を順次加えて二十四節気を決めていた（恒気法《こうきほう》）。つまり、二十四節気の間隔は均等だった。現在は（最後の旧暦「天保暦《てんぽうれき》」以来）、地球の実際の運行に合わせているので（定気法《ていきほう》）、各節気の間隔は均等ではない。詳しくは三〇四頁参照。

節（節気）と中（中気）

節（節気）は正月節立春にはじまり、十二月節小寒《しょうかん》までの十二に分かれ、節から節までは三十・四四日。中（中節）は正月中雨水《うすい》にはじまり、十二月中大寒《だいかん》までの十二に分かれ、中から中までは三十・四四日。旧暦では中の存在により月名を決めたので、中を含

て昼が次第に長くなることから、太陽に新しい力が再生すると考えられました。

この日には、太陽の力の復活を願ってさまざまな祭りが行われましたし、人々も新しい活力を太陽から得ようとしました。今日一般に行われるのは、柚子《ゆず》湯に入ったり、小豆の入ったご飯や南瓜《かぼちゃ》を食べたりすることです。いずれも、太陽の光を連想させる赤色や黄色系のものですから、体内にエネルギーを取り込めそうな気になります。

沖縄ではトゥンジージューシー（冬至雑炊《ぞうすい》　炊き込みご飯）を食べる風習があります。昔は里芋と野菜だけのシンプルなものだったようですが、最近は昆布、豚肉、蒲鉾《かまぼこ》、人《にん》参《じん》など食材も豪華になりました。

最後にクイズです。皆さんは「冬至・冬中・冬始め」という言葉をご存知でしょうか。ヒントをだすと、この意味のポイントは「冬中」にあります。

「暦の上」では、冬は立冬《りっとう》から立春《りっしゅん》の前日、つまり、節分までで、冬至はそのちょうど中間にあたっています。「冬至・冬中・冬始め」の意味をまとめると、冬至は冬の真ん中ですが、「冬の至り」と書いても冬至は冬の極点ではない、冬至を過ぎてから本格的な寒さがやってくるということを教えてくれます。これは『広辞苑《こうじえん》』（岩波書店）にも載っていませんが、先人はまことにうまいことを言うものだと感心させられます。

まない月が生じたらその月を閏月《うるうづき》とした。

なまはげ（三十一日）

怖い形相の面をかぶって大晦日の晩に家々を訪れる「鬼」

なまはげは、秋田県の男鹿《おが》半島（男鹿市）などで行われている、正月の訪問者行事として知られています。もとは小正月《こしょうがつ》（一月十五日）の晩に行われていましたが、現在では大晦日《おおみそか》の晩に行われています。なお、真山神社《しんざん》（男鹿市北浦真山水喰沢）では、二月八〜十日に「なまはげ柴灯《せど》まつり」が行われています。

男鹿半島ではなまはげと呼ぶのが一般的ですが、地域によっては「なもみはげ」「なまみはげ」などとも呼ばれています。

なもみ（なまみ）とは、囲炉裏《いろり》に長い間あたっていると手足にできる、火だこ（斑紋《はんもん》）のことです。これができるのは囲炉裏にあたったきり動こうとしない怠け者ということですから、なまはげとは、「なまみを剝《は》ぐ」、つまり怠け者を懲《こ》らしめるという意味です。その剝ぐ対象は、もっぱら子供や初嫁なのです。

⇨なまはげ（『真澄遊覧記』）

恐ろしい鬼の形相をした大きな面をかぶり、木や草の葉で全身を覆ったなまはげに扮するのは、集落の青年たちです。元来は笊《ざる》や木の皮でつくりますが、今は木彫りやプラスチックの鬼の面をかぶり、藁《わら》、菅《すげ》でつくったケラミノやケデ（蹴出し）などを着て、ハバキ（脛《すね》当て）、素足に藁沓《わらぐつ》をはき、手には木製の出刃包丁や鉈《なた》と手桶《ておけ》を持ちます。

通常なまはげは、赤鬼（親爺）と青鬼（婆）の二匹一組で、これに従者がつく場合が多いのですが、なかには五匹一組の場合もあります。

なまはげは、まず集落の神社でお祓《はら》いを受けてから、家々を回ります。ただ、その年に不幸があった家や出産のあった家は避けることになっています。

なまはげは手桶を叩いて、「ウォー、ウォー」と叫び声を上げながら家々に入り込み、大声で「泣く子はいねが、袋さ入れて連れてぐぞ」などと言って、子供を捜して脅したり、泣かせたりします。また、新婚の家では、「アネチャいだか、一所懸命稼ぐか、稼がねか」などと言って初嫁・初婿を脅かします。

これをその家の主人がとりなして、上座に迎えて酒、肴《さかな》、餅を振る舞い、もてなしたのち、なまはげを送り出します。

なまはげは、新年の挨拶をしたり、神棚を拝んだりしますが、ところによっては、主人と鬼たちが、新年の作柄や漁などについて問答をすることもあります。

なまはげの起源については、男鹿半島の集落では、「お山」と呼ばれる本山の真山の神が、火だこを剝ぎにくると伝えられているところが多いようです。このほかにも古代中国の皇帝**武帝《ぶてい》説**などいくつかの起源伝説があります。

武帝説

男鹿半島に飛来した前漢の七代武帝に従ってきた五匹の鬼が、村に現れ村人をさらっては食べたので、たいへん苦しめられた。そこで、鬼たちと「一夜で一番鶏が鳴く前に千段の石段を積んだら毎年娘を差し出そう。もしできなかったら今後は里に来ない」という約束を交わした。鬼が石段を九百九十九段積んだところで夜が明けた。情け深い村人たちは鬼を憐れんで、小正月の晩だけ鬼たちを招いてもてなした故事によるという。武帝がなまはげになったとか、武帝は五匹の蝙蝠《こうもり》を従えて飛来したとの伝説もある。

白朮祭《おけらまつり》（三十一日）

京都の一年は白朮祭ではじまる

白朮祭《おけらまつり》（「白朮詣《おけらまいり》」ともいう）は、八坂《やさか》神社（京都市東山区祇園町《ぎおんまち》北側）の大《おお》晦日《みそか》から元日の朝にかけての神事です。

十二月二十八日暁、社前で、神職が火鑽杵《ひきりぎね》（燧杵）と火鑽臼《ひきりうす》（燧臼）で新しい御神火を鑽《き》り出すところから、この祭りははじまります。このとき、早く点火すれば豊作で、景気がよいといわれています。神前に捧げた御神火を「おけら灯籠」に移します。この灯籠に白朮木《おけらぎ》や鉋《かんな》で削った木の削りかけを入れて燃やし続けます。このとき、薬草の**白朮**《おけら》を入れるところから、白朮祭と呼ばれます。

除夜の鐘を聞いた後、参拝者はこの御神火を竹の繊維でつくった吉兆縄《きっちょうなわ》といわれる細い火縄に移して、家に持ち帰ります。この火縄は白朮火《おけらび》と呼ばれ、途中で火が消えないように、ぐるぐると振り回しながら家に持ち帰ります。家に持ち帰った白朮火は、神棚の灯明《とうみょう》に移され、元日の雑煮《ぞうに》をつくるときや大福茶《おおぶくちゃ》を沸かすときの火種に使います。そうすると一年間の穢《けが》れを祓《はら》い、縁起がいいとされています。また、燃え残りの火縄は、火伏せのお守りとして台所などに祀《まつ》られます。

白朮祭は、次頁の松例祭《しょうれいさい》（三五頁参照）と並んで、冬の火祭りの代表です。

⇨白朮祭（『拾遺都名所図会』）

白朮

白朮は山野に生えるキク科の多年草で、若い葉は食用になり、根は白朮《びゃくじゅつ》と呼ばれ漢方薬（健胃薬など）として用いられる。白朮は正月の屠蘇《とそ》散《さん》にもブレンドされる。白朮を燃やすと強い臭いが出るので、疫病を追い出すと信じられていたようである。

松明が雪上を疾走する火祭りで庄内地方の年明け

松例祭《しょうれいさい》（三十一日）

松例祭《しょうれいさい》（「歳夜祭《としやさい》」ともいう）は、**出羽三山**《でわさんざん》**神社**（山形県鶴岡市羽黒町）で大晦日《おおみそか》から元日未明にかけて行われる祭礼です。出羽三山神社の開祖とされる三十二代崇峻《すしゅん》天皇の皇子の蜂子皇子《はちこおうじ》が悪疫退散のために行った神事が、この祭礼の起源と伝えられており、現在、手向《とうげ》地区の住民から選ばれた位上《いじょう》と先途《せんず》と呼ばれる**二人の山伏**《やまぶし》が執り行います。

十二月三十日に災厄の象徴として恙虫《つつがむし》をかたどった二本の大松明《おおたいまつ》をつくり、三十一日の夕刻、境内に競争で引き出されます。深夜には神社の本殿で位上方、先途方の験競《げんくら》べが行われ、両者の若者が烏飛《からすと》びを演じ、白兎が出て判定を下します。この間、点火された大松明を勢いよく所定の位置まで引っ張り、火を下にして立てます。このとき、燃える速さや燃え方によって優劣が判じられ、位上方が勝てば豊作、先途方が勝てば豊漁とされます。日付が変わり元日の午前一時に、神社前の広場に立てられた柱松に火がつけられ、「火の打替《うちかえ》」の神事が行われます。位上方、先途方の一人が柱松の周りを三回回ったのち、火皿に火口で新しい火を灯します。これらの神事ののち、直会《なおらい》（祭礼の参加者が供物をおろしていただく宴）があって松例祭が終わるころ、除夜の鐘が鳴り響き、新年を迎えます。勇壮な中にも神秘を込めた、北国らしい年越しの祭礼といえましょう。

松例祭　出羽三山神社
出羽三山とは月山《がっさん》、羽黒山《はぐろさん》、湯殿山《ゆどのさん》の総称で、これらの山頂にある神社を総合して出羽三山神社と呼ぶ。このうち月山と湯殿山は冬季には積雪のために登れないので、羽黒山の山麓に里宮として祭神を合祀しており、これを三神合祭殿といい、松例祭はここで行われる。

二人の山伏
山伏は松聖《まつひじり》ともいい、もとは羽黒山の修験者《しゅげんじゃ》が行った冬峰修行の結願《けちがん》行事だった。二人は九月二十四日からこの日までの百日間斎館に移り、精進《しょうじん》潔斎《けっさい》してお籠《こ》もりした結果、神意がどちらの山伏にかなったのかを競う。これを「験競べ」という。

大晦日《おおみそか》（三十一日）

一年の締めくくりであり、新年のスタートでもある大晦日は忙しい

大晦日《おおみそか》に特別に食べるものは、地方によってさまざまです。なかには正月の御節《おせち》料理（「年取膳《としとりぜん》」ともいう）を、この日に食べる風習のあるところもありますが、いわゆる「年越し蕎麦《そば》」を食べるのが一般的です。これは蕎麦をもりや、かけにして食べます。大晦日に蕎麦を食べる習慣は、江戸時代中期ころからとされます。その理由は、蕎麦はよく延びるので、これを寿命や家運が延びることにたとえ、長寿、幸運を願ってとされています。また、蕎麦は五臓《ごぞう》の汚れを取るともいわれています。この習慣は江戸商人の知恵の産物といえそうです。

新年を迎えるために門口に立てられる門松《かどまつ》は、もともとは正月に迎える年神《としがみ》（「歳徳《としとく》神《じん》」ともいう）の依代《よりしろ》の役目をするとされたものです。十二月十三日に、年男《としおとこ》が山から松の木を伐ってきて（松迎え）、大晦日の午後に立てるのが古い習慣といわれます。今日では松の枝を歳《とし》の市などで買ってきて門口に立てたり、竹を添えた大型のものは植木職人などに立ててもらったりします。注連縄《しめなわ》は、本来、清浄な区域と不浄な区域の結界

⇨商家の大晦日（『絵本風俗往来』）

知恩院の梵鐘

知恩院の梵鐘は高さ三・三メートル、口径二・八メートル、重さ七十トンという日本最大のもので、撞木《しゅもく》につながれた引き綱は十六本あり、綱の端を持って撞木を揺する者

（境）として家の周囲などに張られましたが、現在はさまざまなデザインの注連縄が考案され、門松に掛けたり、家屋の入り口や柱などにも飾られています。年神を祀《まつ》るための祭壇である年棚《としだな》は、その年の恵方《えほう》（年神の来臨する縁起のよい方角）につくられます。これらの正月の飾り物は、年神を大晦日に迎えるという信仰によって、いずれも大晦日に用意されていましたが、今日では、「一夜飾りは縁起が悪い」と忌《い》むようになり、十二月三十日までに飾られるようになりました。

　大晦日の夜を、「除夜《じょや》」とか「大晦《おおつごもり》」といいます。除夜は、古い年を除き新しい年を迎える夜という意味ですし、大晦は、月末には月が太陽に近い位置に来るために、月が隠れて見えなくなる（月隠《つごも》り）という意味です。除夜が特に重視されるのは、古くは正月が夕方からはじまると考えられていたためです。午前零時で一日が終わるという考え方になったのは、時計の製作などに伴う時刻制度の発達によるもので、それ以前の庶民の一日の終点とは、その日の日没時でした。除夜の鐘は、大晦日の夜遅くから新年にかけて撞《つ》かれます。これは日本独特の習慣です。全国各地の寺々で打ち鳴らしますが、なかでも京都・東山の麓にある**知恩院**《ちおんいん》（京都市東山区林下町）**の梵鐘**《ぼんしょう》はよく知られています。東山の麓で撞かれた鐘の温かい音色が、テレビやラジオの電波に乗り日本列島の隅々まで届き、人々はそれぞれの感懐にふけりながら聞き入ります。除夜の鐘は百八つ撞きます。これは人間のもつ**百八の煩悩**《ぼんのう》をさまして、仏道を成就させるためといわれています。最後の一つだけ新年に撞く、という習慣の寺院もあります。除夜の鐘が鳴り終わると、家族で連れだって寺社へ初詣《はつもうで》に行きます。

と仰向けになって鐘に撞木を叩きつける者の計十七人の僧侶によって豪快に撞かれる。寛永十三年（一六三六）の鋳《ちゅう》造《ぞう》で、国の重要文化財。

百八の煩悩

眼、耳、鼻、舌、身、意の六《ろっ》根《こん》（根源）が、色、声、香、味、触、法の六塵《ろくじん》（六根の対象）と関係するときに、苦楽、不苦、不楽の三種の感情が働いて、合わせて十八種の煩悩が起こる。これを染と浄との二つに分けて三十六類となり、さらにこれが現れる世を過去、現在、未来の三つに分けて、総計百八の煩悩となる。鐘一撞きで一煩悩を解除していくとされるところから、除夜の鐘の数は百八となる。百八という名数の由来には諸説あり、一年を表象するとの考え方などが有力である。

正月（一〜十一日）

「年神」をお迎えして、新しい年の幸せと豊穣を家族で願う

☯元日考

一月一日は元日《がんじつ》として、「国民の祝日に関する法律」によって、「年のはじめを祝う」日を法定の趣旨としています。元日は元旦《がんたん》ともいいます。元旦の本来の意味は、元日の朝のことですが、一般的には朝に限らず、この日一日を指します。

第二次世界大戦前のこの日の正式名称は、「四方拝《しほうはい》」でした。

四方拝は宮中での新年行事の一つで、元日の早朝（午前五時半）に天皇が正装して、皇居内の神嘉殿《しんかでん》の南庭で、皇大神宮《こうたいじんぐう》と豊受大神宮《とようけだいじんぐう》、そして天地四方の諸神を遥拝されました。皇大神宮、豊受大神宮は、ともに天皇家の祖先を祀《まつ》る伊勢神宮《いせじんぐう》の二宮《にぐう》（天照大神《あまてらすおおみかみ》を祀る内宮《ないくう》、豊受大神《とようけのおおかみ》を祀る外宮《げくう》）のことです。

この儀式にちなんでこの日を四方拝と呼び、戦前は休日としたのです。紀元節《きげんせつ》（現在は「建国記念の日」二月十一日）、天長節《てんちょうせつ》（戦後は天皇誕生日　四月二十九日）、明治節《めいじせつ》（十一月三日）と並んで四大節《しだいせつ》の一つとされ、官庁や学校では儀式が挙行されました。

四方拝は、現在も元日に宮中祭祀の大祭の一つ（天皇陛下の御親拝）として行われて

います。

一方、民間でも昔は立春《りっしゅん》までさまざまな正月行事が行われましたが、今は正月のしきたりは次第に廃《すた》れ、**正月三《さん》が日《にち》**を過ぎると、早くも仕事モードに切り替わる方が多いようで、なんともはや気ぜわしい時代になりました。

☯正月考

一年のはじめの月を、新暦（太陽暦）では一月、旧暦（太陰太陽暦）では正月と呼びます。正月は古くは王正月と呼ばれました。それは、古代中国では、何月を年のはじめの正月とするかは王（皇帝）が決めたからです。

漢《かん》の武帝《ぶてい》は、旧暦と同じ**建寅月《けんいんげつ》**を正月としました。暦法が中国から日本に伝えられた六世紀ころには、後続の王朝も二、三の例外を除いて、建寅月を正月としました。暦法が中国から日本に伝えられた六世紀ころには、この伝統が定着していましたから、日本では自然とその伝統に従って、正月を建寅月、つまり立春（二月四日ころ）を挟んだ前後とするようになりました。

日本ではもともと農事のはじまるころ、つまり、中国式の正月より一か月か一か月半くらいあとを一年のはじめとする習慣があったようです。それも、月のはじめではなく、満月のころに先祖の神である「正月様」が迎えられて、正月となるという考えにもとづいていました。

正月様とは、「年神様《としがみ》」（「歳徳神《としとくじん》」ともいう）のことです。農耕民族であるわが国では、年神は米づくりの神です。正月には、年神をお迎えする準備として、恵方《えほう》に向けて年棚《としだな》

正月三が日
正月三が日（一月一日から三日までをいう）にまつわる昔からの言い伝えがいくつかある。たとえば、掃除をしてはいけない（年神を掃き捨てることになるから）、勝手《かって》仕事をしてはいけない（保存のきく御節料理をいただくのだから）などはわかるが、旧暦には多くの難解な暦註《れきちゅう》（暦に記載された記事）が記されている。以下、その一部を名称のみ記すが、解釈はともかくいずれも三が日に「おこないはじめ吉《きち》」。はがため（歯固）、きそはじめ（着衣始）、ひめはじめ（姫始）

建寅月
古代中国では北斗七星の斗柄《とへい》が夕方に指す方位（これを「建《おざ》す」という）により季節

を設け、注連縄《しめなわ》を張り、門松《かどまつ》を飾り、鏡餅《かがみもち》や御節《おせち》料理をお供えする風習がありました。

のちに暦法により、朝廷で定めた正月を大正月《おおしょうがつ》といい、十五日を中心とするそれまでの正月を小正月《こしょうがつ》と呼ぶようになりました。大正月にもさまざまな行事がありますが、小正月にはそれより古い起源をもつ行事が残されています。

新しく太陽暦が採用されてからは（明治五年〈一八七二〉十二月三日を明治六年〈一八七三〉一月一日とした）、太陽暦の一月一日が正月となり、公的な行事はすべて太陽暦で行われるようになりましたが、新暦になかなかなじまなかった農村部では、旧暦の正月行事が旧正月として残りました。しかし、旧正月は毎年時期が移動して不便なため、太陽暦を一か月遅らせた月遅れの正月行事も行われるようになりました。

☯旧正月考

平成二十六年（二〇一四）は、一月三十一日が旧暦の元日でした

旧暦の元日を中心とした旧正月は、太陽暦が実施されるまでの本来の正月でした。太陽暦の正月に比べおよそ一か月近く遅く、「新春」とか「迎春《げいしゅん》」という年賀状の言葉がふさわしい時期です。旧暦時代は正月、二月、三月を春としていました。

近年、旧正月を祝う地方は少なくなりましたが、神社や寺院の行事のなかには、旧暦の日付によって行われているものがあります。たとえば、和布刈《めかり》神社（福岡県北九州市門司区門司）では、元日の早朝、三人の神官が海に入って和布《わかめ》を刈り取り、神前に供えて、新しい年を祝い、福を招く和布刈神事があります。旧暦大晦日《おおみそか》から元日は深夜に干

を知った。斗柄が建寅（東北東）を指す月は立春前後となる。つまり、寅《いん》の月が正月で、以下十二支《じゅうにし》順に丑《ちゅう》（北北東）の十二月をもって一年とした。

潮となるので、この神事が行えるわけです。また、出雲大社《いずもたいしゃ》（島根県出雲市大社町杵築《きづき》東）では、旧暦元日に福の神が町内を巡行する福神祭が催されます。

一方、中国では一九一一年の辛亥革命《しんがいかくめい》により太陰太陽暦が廃止され、太陽暦が採用されましたが、太陰太陽暦は農暦《のうれき》と呼ばれ、現在も人々の生活の規範とされています。日本の旧正月にあたる**春節《しゅんせつ》**は、国定の休日で、太陽暦の新年よりも盛大に祝われます。春節を故郷で過ごすため、数千万人ともいわれる人々が大移動します。同じく台湾、香港でも実際の正月の行事は春節（旧暦）に行われています。中国文化の影響下にあった韓国でも中国暦を導入しましたので、旧暦の正月一〜三日が旧正月で祝日です。わが国でも、横浜の中華街、神戸の南京町《なんきんまち》などでは、盛大な春節の行事が催されています。

ここで著者から一つ提案があります。正月はなにも一回でなければならないという決まりはありません。かといって新暦の正月をやめるわけにはいかないでしょうから、いっそ新旧両方の正月を祝うというのはどうでしょうか。正月を毎年二回ずつやれば楽しいと思いますが、いかがでしょうか。

春節
春節には中国各地で爆竹や花火、大都市では華麗なイルミネーションで不夜城の賑わいがみられる。中国人の家庭では、家中に赤・青・黄・緑色の年画（福の神やめでたい絵柄などが描かれている）が貼りめぐらされていて、旅行者から見る者を晴れやかな気分にしてくれる。

雑煮《ぞうに》（一～三日） 七草粥《ななくさがゆ》（七日） 鏡餅《かがみもち》（鏡開き《かがみびらき》 十一日）

雑煮、それから七草粥、鏡開きと続く後世に引き継ぎたい食文化の伝統

⇨若水を汲む（『温古年中行事』）

☯雑煮

元日の早朝（午前一時ころ）に近くの川や泉、井戸などから、その年の最初に汲《く》む水を若水《わかみず》と呼び、一年の邪気を除く特別な霊力があるとされてきました。若水汲みは、その家の年男《としおとこ》の役目とするのが一般的です。若水を汲む道具としては新しい手桶《ておけ》や柄杓《ひしゃく》です。若水は、神棚などに供えたのち、黒豆、梅干や昆布などを入れた福茶《ふくちゃ》（関西では「大福茶《おおぶくちゃ》」という。茶屋で市販している）をたてたり、雑煮に用いたりします。

日本人は、三《さん》が日《にち》の朝の主食は雑煮とし、御節《おせち》を食べ、屠蘇《とそ》をいただいて新年を祝うのが、昔も今も変わらない風習です。

もとの雑煮は、大晦日《おおみそか》の夜に年神《としがみ》にお供えした神饌《しんせん》を元日の朝に下げて、ごった煮にしたものを家族で食べた神人共食《しんじんきょうしょく》の名残といわれています。その起源は南北朝時代など諸説ありますが、定かではありません。

雑煮は、一般的には餅と野菜を入れた吸い物仕立てですが、ところによって、家によっても材料や調理法がさまざまで、バラエティに富んでいます。文化庁のホームペー

ジでも「お雑煮100選」を発表しています。**関東地方と関西地方の雑煮のつくり方の大雑把な区別**を下にまとめてみました。

最近は御節料理をつくる家庭は少なくなりました。市販の御節も種類や量などさまざまなものがありますので、手づくりのものと組み合わせている家庭もあります。また、若い人にはイタリアンなど洋風の御節も人気です。

ここでは御節料理の定番メニュー（代表的な食材）を挙げておきましょう。これらを皿ではなく重箱《じゅうばこ》（三段重が人気という）に盛りつけると、正月らしい感じがでます。

● 一の重　三つの祝い肴（数の子、黒豆、田作《たづくり》〈関西地方ではたたき牛蒡《ごぼう》を入れることも〉）、伊達《だて》巻き、紅白蒲鉾《かまぼこ》、栗きんとんなど。
● 二の重　鯛の塩焼き、鰤《ぶり》の照り焼き、海老《えび》の旨煮《うまに》、紅白なます、蓮根の酢の物（酢ばす）。
● 三の重　昆布巻き、里芋、八頭《やつがしら》などの煮しめ。

屠蘇は一種の薬用酒なので、屠蘇散を入れない正月の祝い酒のことも屠蘇、屠蘇酒と呼ぶことが多いようです。屠蘇散は、山椒《さんしょう》、桔梗《ききょう》、肉桂《にっけい》、白朮《びゃくじゅつ》、大黄《だいおう》、防風《ぼうふう》などをブレンドして紅絹《もみ》の袋に入れたものです。近年は薬局などで売っていますので、買い求めて酒に四時間ほど浸してつくってください。

☯七草粥

一月七日は人日《じんじつ》の節句といい、五節句《ごせっく》（人日のほかには上巳《じょうし》〈三月三日〉、端午《たんご》〈五月五

関東地方と関西地方の雑煮のつくり方の大雑把な区別

● 餅……関東は焼いた角（切り）餅、関西は煮た丸餅。
● 仕立て……関東は醤油の澄まし汁仕立て、関西は白味噌仕立て。
● 具……関東は鶏肉、小松菜、三つ葉、椎茸《しいたけ》などを入れるのが一般的で、関西は頭芋《かしらいも》、子芋や、大根、人参などを入れることもある。
● 味……関東は鰹節でだしをとったあっさり味、関西は昆布だしで濃いめの味。

日〉、七夕《しちせき》〈七月七日〉、重陽《ちょうよう》〈九月九日〉）の一つです。

七日の朝、七種類の野菜を入れた粥《かゆ》を食べることは古くから行われていました。もとは中国の人日の風習で、この日、七種類の野菜の羹《あつもの》（熱い吸い物）を食べて無病を祈ったのが、わが国に伝えられたものです。

この日を人日と呼ぶのは、正月一日を鶏《にわとり》、二日を狗《いぬ》の日、三日を猪《いのしし》の日、四日を羊の日、五日を牛の日、六日を馬の日として、それぞれの動物を殺さないこととし、七日を人日として、刑罰を加えない日としたことによります。

七日の早朝、あらかじめ用意しておいた七種類の野菜を、一家の主人が俎板《まないた》の上でトントンと大きな音をたてながら刻みます。そのとき、

「〽七草なずな、菜っ切包丁、俎板、唐土《とうど》の鳥が、日本の国へ渡らぬ先に、バッタバタ」

と唱えます（この囃し言葉は地方によって違う）。

本来の春の七草とは、「芹《せり》、薺《なずな》、御形《ごぎょう》、繁縷《はこべら》、仏座《ほとけのざ》、菘《すずな》、蘿蔔《すずしろ》」です。

古人はこれらの野菜を入れた粥を食べて、無病息災を祈りました。また、七草粥に餅を入れることもあります。昔は六日に野草を摘んでおき、七日の朝に食べました。今日では、薺はペンペン草、御形は母子草《ははこぐさ》、繁縷ははこべ、仏座はこおにたびらこ、菘は蕪《かぶ》、蘿蔔は大根とされているようです。それぞれに効能がありますが、ここでは省略します。

⇨雑煮と鯛で新春の悦び（『絵本艶庭訓』）

近年では、スーパーマーケット、デパートなどで七草のセットや鉢植えにしたものも売られています。七草粥の材料が簡単に手に入るようになったことと、正月にご馳走ぜめになった胃腸を整えるためか、一時はあまり行われなかった七草の行事が、再び盛んになってきました。多少は形を変えても、古《いにしえ》の風習を伝えたいという機運の高まりは歓迎したいと思います。下のように**寺社の行事として七草粥を振る舞うところ**もあります。

☯鏡開き

正月のお供えの**鏡餅**を下げて、家族で食べる行事が鏡開きです。神饌を下げて食べるのは神人共食の風習の名残とも考えられます。

一般には十一日に行われています。もとは正月二十日の行事でしたが、徳川三代将軍家光《いえみつ》の命日が二十日だったため、これを避けて十一日にしたと伝えられています。

この日は武家が具足《ぐそく》（甲冑《かっちゅう》）に供えた具足餅を下げる日でもあり、そのことから鏡餅は刃物を使って切ることを忌《い》み、金槌《かなづち》で割って開く（切るとはいわない）という習慣があります。開いた餅は遠火で時間をかけて焼いて、汁粉やぜんざいにしたり、雑煮にしたりして食べます。

毎年この日に、東京・小石川の講道館《こうどうかん》では大きな鏡餅を開いて、柔道稽古の参加者全員で食べる豪快な鏡開きがテレビや新聞などで紹介されています。

七草粥を振る舞う寺社の一例

- 崇禅寺《そうぜんじ》／群馬県桐生市
- 波除稲荷《なみよけいなり》神社／東京都中央区
- 愛宕《あたご》神社／東京都港区
- 深大寺《じんだいじ》／東京都調布市
- 諏訪大社《すわたいしゃ》／長野県諏訪市・茅野市ほか
- 春日大社《かすがたいしゃ》／奈良県奈良市

鏡餅

鏡餅が円くて平たい鏡のような形をしているのは、昔の銅《どう》鏡《きょう》の丸形に由来する。鏡餅は本来、床の間に飾るが、床の間がない場合は高めの台に正面を南にして飾る。大小二個の餅は月（陰《いん》）と日（陽《よう》）を表し、重なることで福徳が重なり、おめでたいとされる。最近は縁起物の三方《さんぽう》の上に四方紅白つき、中高（心臓をかたどっているという）の鏡餅も売られている。

初詣《はつもうで》（一日）　初夢《はつゆめ》（二日）　七福神詣《しちふくじんもうで》（一〜七日）

御利益を本気で願ったり、縁起かつぎを楽しんだり
人間は理屈、理性だけでは生きていけない

☯初詣

初詣《はつもうで》は本来、年が明けてはじめて地域の氏神、あるいは菩提寺《ぼだいじ》に参拝することですが、最近では有名な神社仏閣へお参りすることが一般的になりました。

初詣は江戸時代の中期からはじまったといわれ、広まったのは明治以降とされます。江戸時代には、その年の恵方《えほう》にあたる寺社を参拝すると、幸運が巡ってくるといわれ、特に年始に御利益が多いとされたところから、初詣には恵方にあたる寺社が選ばれました。

恵方（「明《あき》の方《かた》」ともいう）とは、新年の「歳徳神《としとくじん》」の位置する方位のことです。市販の旧暦の冒頭ページによく登場する歳徳神の正体は、日本古来の信仰と中国の陰陽五行説《いんようごぎょうせつ》、それに仏教の教えが習合したものでなかなか複雑ですが、ともかくこの神の方角はラッキーとされ、特に家屋の建築、結婚、移転、旅行、商取引に大吉《だいきち》とされています。

恵方は、年の十干《じっかん》（甲《こう》、乙《おつ》、丙《へい》、丁《てい》、戊《ぼ》、己《き》、庚《こう》、辛《しん》、壬《じん》、癸《き》）によって次のように決

⇦㊨書初《かきぞめ》
㊧羽根つき
（『温古年中行事』）

められています。

●甲《きのえ》《こう》と己《つちのと》《き》の年　甲《きのえ》《こう》の方位（寅卯《とらう》の間＝東北東）
●乙《きのと》《おつ》と庚《かのえ》《こう》の年　庚《かのえ》《こう》の方位（申酉《さるとり》の間＝西南西）
●丙《ひのえ》《へい》と辛《かのと》《しん》の年　丙《ひのえ》《へい》の方位（巳午《みうま》の間＝南南東）
●丁《ひのと》《てい》と壬《みずのえ》《じん》の年　壬《みずのえ》《じん》の方位（亥子《いね》の間＝北北西）
●戊《つちのえ》《ぼ》と癸《みずのと》《き》の年　丙《ひのえ》《へい》の方位（巳午《みうま》の間＝南南東）

方角の吉凶はたぶんに迷信的なものですが、江戸時代の人は誰もが何の疑いもなく、恵方にある寺社に参拝しました。現代の視点で考えると不合理ですが、暮らしのツールとして暦があり、それに人々が従うのは、日常的な行動でした。

元日の行事として忘れてならないのが、山に登って初日の出を拝む風習です。これは江戸時代の半ばからはじまり、明治時代に広まりました。

下のような、山頂から**御来光《ごらいこう》の拝める寺社**に行ってみるのもよいでしょう。日の出の時間をあらかじめ調べて、元日の天気がよければ、しっかりと防寒して出かけ、御来光を拝みましょう。また、初日の出の早い海浜に行くのもいいでしょう。

☯初夢

初夢《はつゆめ》は新年にはじめて見る夢で、昔も今もこの夢によってその年一年間の吉凶を占います。

初夢は元日の夜から二日朝にかけての睡眠中に見るものとする説と、二日の夜から三日の朝にかけて見るものとする説とがありますが、一般的には後者の説をとっています。その理由としては、大晦日《おおみそか》から元日にかけては、除夜の鐘を聞いたり、初詣に出かけたり、年賀のさまざまな行事が重なって、何かと通常の生活とは違うため、熟睡できないからです。

初夢は、「一富士《いちふじ》　二鷹《にたか》　三茄子《さんなすび》」がベスト3とされています。「無事（富士）、高く（鷹）、事をなす（茄子）」と語呂合わせでこじつけられていますが、その謂《いわ》れははっきりしません。

一説によると、徳川家康《とくがわいえやす》の居城（江戸への国替前と隠居後の数年間住んだ駿府城《すんぷじょう》は現在、城址のみ）のあった駿河国《するがのくに》（現・静岡県）の名物を並べたもので、このあとに「四扇五《しせんご》煙草六座頭《たばころくざとう》」と続くそうです。扇《おうぎ》は末広がり、煙草の煙は上へのぼり、座頭は毛が（怪我）ないので、縁起がよいとされるものです。

御来光の拝める寺社の一例

- 筑波山《つくばさん》神社／茨城県つくば市
- 高尾山薬王院《たかおさんやくおういん》／東京都八王子市
- 大山阿夫利《おおやまあふり》神社／神奈川県伊勢原市
- 弥彦《やひこ》山弥彦神社／新潟県西蒲原郡弥彦村
- 石鎚《いしづち》山石鎚神社／愛媛県西条市
- 両子《ふたご》山両子寺／大分県国東市

御来光の拝める海浜、山頂の一例

- 犬吠埼《いぬぼうさき》／千葉県銚子市（山頂、離島を除くと日本一早い六時四十六分ころ）
- 大洗海岸《おおあらいかいがん》／茨城県東茨城郡大洗町（海に面した丘にある大洗磯前《いそさき》神社下の海中にある神前鳥居の真上から六時四十九分ころ日が昇る

昔から、初夢を見るとき、宝船《たからぶね》の絵を枕の下に置くと縁起のよい夢が見られるという言い伝えがあります。宝船には七福神《しちふくじん》や金銀財宝が描かれ、絵には次のような回文《かいぶん》（上から読んでも下から読んでも、同じになる文）の和歌が添えられています。

「なかきよの　とおのねふりのみなめさめ　なみのりふねの　おとのよきかな（永き世の　遠の眠りのみな目ざめ　波乗り船の　音のよきかな）」

宝船の絵に回文が添えられたのは、ぐるぐる回って終わりがないということが、縁起がよいと考えられたからでしょう。

下のように神社によっては、**初詣に宝船の絵を配布したり、限定販売したり**しているところがあります。

- 室戸《むろと》岬《みさき》／高知県室戸市東岸から七時六分ころ、だるま朝日が見られる
- 富士山の初日の出を見られる場所／富士山の初日の出は六時四十二分ころで、①富士五湖周辺など、②ダイヤモンド富士が見られるのは木曽駒ケ岳、仙丈ケ岳、毛無山、竜ケ岳、御坂山、三ツ峠、丹沢など、③紅葉富士が見られるのは箱根など

初詣に宝船の絵を配布、限定販売する東京の神社の一例

- 諏訪《すわ》神社／新宿区
- 妻恋《つまこい》神社／文京区
- 五条天神社《ごじょうてんじんじゃ》／台東区

⇧宝船の絵（『守貞謾稿』）

☯七福神詣

新年に、福徳を授けてもらえる七体の福神を祀《まつ》る寺社を参拝して歩く行事が、七福神《しちふくじん》詣《もうで》です。正月のレクリエーション的意味を兼ねて七福神巡りをすることは、江戸時代から各地で盛んに行われていました。

東京をはじめ多くの地で、七福神を都合よく巡拝できるように、七福神を祀る寺社を選定して、「何々の七福神巡り」としてコースなどを定めたりしています。正月に限り七福神の像を御開帳《ごかいちょう》しているところもあります。ほぼどこも二、三時間程度で回れるでしょう。

七福神は次のとおりです。

- 恵比寿神《えびすしん》（夷、蛭子）　烏帽子《えぼし》をかぶり、右手の釣り竿《ざお》で釣り上げた鯛を左手に抱えた姿の、豊漁、航海安全、商売繁盛の神です。
- 大黒天《だいこくてん》　大国主神《おおくにぬしのかみ》と習合してできた神で、打出の小槌を持ち米俵を踏む姿で知られ、農業、商業の神です。
- 毘沙門天《びしゃもんてん》　仏教の守護神である四天王の一つの多聞天《たもんてん》のことで、武神の姿をしています。財宝を守るとされます。
- 弁財天《べんざいてん》（弁才天、弁天）　七福神中唯一の女神、もとはインドの農業神でしたが、音楽や学芸の神とされ、水や農耕を司るとされます。
- 布袋尊《ほていそん》　中国の高僧で、まるまると太り、大きな腹をして横たわって、大きな布の袋を持っています。福徳を授けるとされます。

ご当地の七福神巡り（東京と神戸の一例）

- 東京都江東区
- 深川《ふかがわ》七福神巡り……御朱印《ごしゅいん》（もとは参詣者らに授与された魔除けの呪符だが、最近では参拝した証《あかし》として

●福禄寿《ふくろくじゅ》　中国の仙人といわれ、長頭で短身。経巻を結びつけた杖を持ち、鶴を従えています。福禄を授けるとされます。

●寿老神《じゅろうじん》（寿老人　南極老人《なんきょくろうじん》）　長寿を授ける神とされ、杖を持ち、長頭で鹿を従えています。

全国各地に地名や寺社名のついた**ご当地の七福神巡り**があり、それらのコースはインターネットで検索できます。

朱で押した印をいう）、土鈴《どれい》（陶土を焼いて作製した土製の鈴で音を発する）などが売られている。

①富岡八幡宮《とみおかはちまんぐう》の恵比寿神、②冬木弁天堂《ふゆきべんてんどう》の弁財天、③心行寺《しんぎょうじ》の福禄寿、④円珠院《えんじゅいん》の大黒天、⑤龍光院《りゅうこういん》の毘沙門天、⑥深川稲荷神社の布袋尊、⑦深川神明宮《しんめいぐう》の寿老神

●兵庫県神戸市

●神戸七福神巡り……七枚揃うと宝船の絵になる福札などが売られている。

①長田《ながた》神社の恵比須神、②大龍寺《だいりゅうじ》の大黒天、③湊川《みなとがわ》神社の毘沙門天、④生田《いくた》神社の弁財天、⑤須磨《すま》寺の福《ふく》禄寿尊《ろくじゅそん》、⑥天上寺《てんじょうじ》の布袋尊、⑦念仏寺《ねんぶつじ》の寿老人

⇧元三市街の図（『諸国図会年中行事大成』）

大神神社《おおみわじんじゃ》繞道祭《にょうどうさい》（一日）

全国で一年のいちばん最初に行われる神事

繞道祭《にょうどうさい》（「御神火祭《ごしんかまつり》」ともいう）は、奈良盆地三輪山《みわやま》麓の**大神神社**《おおみわじんじゃ》（奈良県桜井市三輪）で行われる炎の祭礼です。この祭礼は、明治末年まで旧暦の元日に行われていましたが、今日では太陽暦の元日の行事となり、全国で一年のいちばん最初に行われる神事です。

年が改まった一日午前一時に、太鼓が鳴るとともに、宮司がいちばん奥の三ツ鳥居奥で燧杵《ひきりぎね》と燧臼《ひきりうす》によって忌火《いむび》を鑽《き》り出して、拝殿前の左右の灯籠に御神火を点じます。神域の灯火を全部消した暗闇の中、神職によって御神火を小松明《こたいまつ》に移し、さらに三本の大松明《おおたいまつ》に移します。

午前二時、氏子、そして参拝者はそれぞれが用意した火縄に大松明の火を競って移し、家に持ち帰ります。そのため境内は火の海のような奇観を呈します。

御神火は各家庭の神棚のお灯明《とうみょう》や、雑煮《ぞうに》の調理用の火種に用いられます。

大松明三本は神職や氏子たちによって担がれ、本社を出発して、神宝社、天皇社、日向社など計十八の摂社・末社を、この神事を繰り返しながら巡拝します。繞道とは、道を繞《めぐ》る（巡る）という意味です。

大神神社
大和国《やまとのくに》（現・奈良県）の一宮《いちのみや》で旧・官幣大社《かんぺいたいしゃ》である大神神社は三輪明神とも呼ばれている。大物主神《おおものぬしのかみ》を祀《まつ》る三輪山そのものを御神体としているため、神殿のない古い様式の、日本を代表する神社として知られる。福の神、酒の神、薬の神として信仰を集めている。

少林山達磨寺《しょうりんざんだるまじ》だるま市（六〜七日）

毎年恒例の最大規模のだるま市が立つ

十二月から三月にかけて、**だるま市**が東北から関東地方の各地で開かれていますが、なかでも少林山達磨寺《しょうりんざんだるまじ》（群馬県高崎市鼻高町）のものが有名です。

というのも、福だるまの起源がこの寺にあるといわれているからです。達磨寺では江戸時代に、禅宗の始祖達磨大師《だるまたいし》の座禅姿《ざぜんすがた》を描いた摺物《すりもの》を、配り札として正月に配っていました。その絵は、開山東皐心越禅師《とうこうしんえつぜんじ》の描いたものと伝えられています。

天明《てんめい》の飢饉《ききん》（天明年間〈一七八一〜一七八九〉に起こった奥羽・関東地方を中心とした飢饉で、死者数は全国で九十万人超といわれる）で苦しむ百姓救済のための副業として、当時の住職東嶽和尚《とうがくおしょう》が東皐心越禅師の描いただるま像をもとに木型を彫り、近在の者にだるまづくりを伝授したのがはじまりと伝えられています。そこから、このだるま市は正式には「少林山達磨寺の七草大祭だるま市」といわれています。

江戸時代、上野国《こうずけのくに》（現・群馬県）は織物業が盛んで、だるまは主に養蚕農家の縁起物として求められました。春蚕《はるご》が当たると片目を入れ、秋蚕《あきご》もうまくいくと残りの目を入れる風習があり、この風習は今も守られています。だるま市の立つ日には、眉《まゆ》は鶴、鼻から口は亀を表した、口髭《くちひげ》の濃い片目の福だるまが飛ぶように売れます。

だるま市の一例

- 一月二〜三日　拝島大師《はいじまだいし》だるま市／東京都昭島市
- 一月三日　川越大師喜多院《かわごえだいしきたいん》初だるま市／埼玉県川越市
- 旧暦一月七〜九日　毘沙門《びしゃもん》天大祭《てんたいさい》妙法寺《みょうほうじ》だるま市／静岡県富士市
- 一月九日　前橋初市まつりだるま市／群馬県前橋市
- 一月二十八日　高幡《たかはた》不動だるま市／東京都日野市
- 二月十一日　白河《しらかわ》だるま市／福島県白河市
- 三月三〜四日　深大寺《じんだいじ》だるま市／東京都調布市

小寒《しょうかん》（五日ころ）　大寒《だいかん》（二十日ころ）

「寒」の一か月間、寒さに負けない気力と防寒で乗り切ろう

☯年賀状が書けなかった人は寒中見舞いを出そう

平年はだいたい一月五日、閏年《うるうどし》には一月六日に「寒《かん》の入り」がやってきます。寒の入りとは二十四節気《にじゅうしせっき》の小寒《しょうかん》の最初の日のことをいい、これからの一か月間、つまり、節《せつ》分《ぶん》までが「寒」になります。年賀状の返事を出し遅れたり、事情で出せなかったのなら、この時期に「寒中見舞い」を書きましょう。

二十四節気のなかで、大と小とが対《つい》になっているのは、真夏の小暑《しょうしょ》・大暑《たいしょ》、冬の小《しょう》雪《せつ》・大雪《たいせつ》、それにこの小寒・大寒《だいかん》だけです。これらは年輩の方なら、あれこれ説明しなくても、万人が季節を知る目印として「うん、そうだ」と認めてくれます。寒の入りを迎えると、人々は「いよいよ寒くなるぞ」と覚悟を新たにします。小寒には、いよいよ寒さが厳しくなるがまだ本番ではない、半月後の大寒が控えているぞという意味があります。「少し寒いだけ」などと勝手に解釈して、油断はできません。外出には防寒対策が必要ですし、マスク、手洗い、うがいも、特に受験生やお年寄りには欠かせません。

江戸時代から岩手県・盛岡でつくられている**絵暦《えごよみ》**の「南部絵暦《なんぶえごよみ》」では、寒詣《かんまいり》の絵に

絵暦
大小暦のうち、絵＝版画で仕立てたもの。「南部絵暦」は現在でも発行されている。

よって寒の入りを示しています。寒の入りと発音の似ている寒詣の、寒々とした雪景色が季節を巧みに表しています。寒詣は寒念仏《かんねんぶつ》ともいい、寒中に念仏を唱え、鉦《かね》を打ち叩いて寺詣りをするものです。寒空に響く鉦の音は、ひとしお寒さを感じさせます。

寒垢離《かんごり》も寒中の風物詩です。そうでなくても寒いさなかに、寺社に詣《もう》でて、冷水を浴びるのは、いくら修行のためとはいえ、壮健な者にしかできないことです。似たような行事に、寒中稽古や寒中水泳、寒中登山などがあります。これらは寒さの厳しい時期に、あえてそれにチャレンジすることによって、心身を鍛えようというものです。非科学的と思われるような行為に、昔から人々があえて挑むのは、寒さにしっかりあてることに何か特別な霊力を感じていたからなのでしょう。武道に限らず、三味線や長唄などにも寒弾き、寒稽古の行があります。

寒の寒さを利用しての、おばあちゃんの知恵風の言い伝えもいくつかあります。たとえば、「寒の水を飲めば風邪をひかない」といったり、「寒九《かんく》の水は薬を飲むのによい」と寒に入って九日めの水を特別視したりするほか、「寒中に汲《く》んだ水は一年中腐らない」という俗信もあります。このほか、寒中につくった食品は日持ちするとか、品質がよいとされることがあります。低温の時期ですから、もっともなことですが、体によくない場合もありますので注意がいります。

☯寒さがピークになる冬の土用が大寒

大寒は、平年は一月二十日ですが、閏年には一月二十一日になります。大寒は旧暦十二月の中気《ちゅうき》で、二十四節気では冬の最後にあたっており、大寒の最終日は季節の変わり目という意味で節分と呼ばれます。

節分は同時に土用《どよう》の最終日ということです。春、夏、秋、冬の各季節の終わりの日がすべて節分ですが、なかでも冬から春にかけての節分は、年の変わり目ということもあって、人々の印象が強いものです。

土用も本来は四季の終わりにそれぞれ十八日ずつ配されており、冬の土用は平年が一月十七日、閏年は十八日にはじまります。古い暦を見ると、「土旺用事《どおう》（土の気が旺《さかん》である）」などと書いてあって、もとは土の王様のための特別な期間ということでした。土用は土の神が支配する期間ですから、穴を掘ったり道路をつくったり、とにかく土を動かすことはいっさいタブーとされました。これは古代中国の考え方によるものです。陰と陽の二要素の働きかけにより万物が生成発展し（陰陽説）、木《もく》、火《か》、土《ど》、金《ごん》、水《すい》の五気の相互作用によって、あらゆるものが変化する陰陽五行説《いんようごぎょうせつ》といい、この思想が中国の暦に大きな影響を与えました。

陰陽五行説では、春、夏、秋、冬を、木、火、金、水の神に配当しましたが、これだと土の神に該当する季節がありません。そこで各季節の終わりを五分の一ずつ削り取って設けられたのが、土用です。現在、土用は雑節《ざっせつ》（季節の目安を知る暦註《れきちゅう》）の一つです。

ここで蛇足を一つ。もし冬の土用にも丑の日に鰻《うなぎ》を食べたり、午《うま》の日にさくら鍋（馬鍋）を食べたり、亥《い》の日にぼたん鍋（猪鍋《いのしし》）の食べる会を開いたりすれば、冬の土用も案外と人気が出るかもしれませんがどうでしょうか。

☯七十二候にみる小寒と大寒

小寒の三日ほど前、地球は近日点《きんじつてん》（太陽にもっとも近づく位置）を通過します。地球と太陽の距離は平均一億四九六〇万キロメートルですが、地球が楕円軌道で回っているため、一月二日ころは平均よりも二五〇万キロも近くなっています。そのために、節気と節気の間を短くしています。二十四節気の平均所要時間は十五日五時間十七分ですが、冬至《とうじ》と小寒の間は十四日二十分前後で、平均所要時間より十二時間近くも短いのです。

小寒は、天文学的には太陽が黄経《こうけい》二八五度の点を通過するときです。大寒は、天文学的には太陽が黄経三〇〇度の点を通過するときです。

小寒と大寒は季節としては晩冬です。季節と月日を結びつけたものに**七十二候**《しちじゅうにこう》があります。最後に、小寒と大寒の七十二候をご紹介しておきますので、その違いを考えるヒントにしてください（明治時代にできた官暦「略本暦《りゃくほんれき》」による）。

- 小寒
  - 初候　芹乃栄《せりすなわちさかう》
  - 次候　水泉動《しみずあたたかをふくむ》
  - 末候　雉始雊《きじはじめてなく》
- 大寒
  - 初候　款冬華《ふきのはなさく》
  - 次候　水沢腹堅《さわみずこおりつめる》
  - 末候　鶏始乳《にわとりはじめてとやにつく》

七十二候

二十四節気（三〇四頁参照）をそれぞれ、五日（または六日）ずつ三つに分け、合計七十二候とし、気象、鳥獣、魚虫、草木などの変化を示して季節の推移を知らせたもの。長い間、中国のものをそのまま使っていたが、江戸時代の十七世紀後半に渋川春海《しぶかわはるみ》が日本の気候に合ったものに修正した。その後もアレンジが施され、現在のものは明治七年（一八七四）以降の官暦（略本暦）に使用されたものである。

今宮十日戎《いまみやとおかえびす》（九～十一日）

「商売繁盛で笹もってこい」えべっさんに願をかける商都大阪の祭り

右手に釣り竿《ざお》、左手に大きな鯛を抱えたスタイルでおなじみの恵比寿《えびす》（「恵比須」「戎」「夷」「蛭児」などがあてられる）は、日本古来の神様とされています。その証拠の一つに、七福神のなかでは唯一、縁日《えんにち》は干支《かんし》ではなく、日付で決められています。

一般に恵比寿講の本祭は一月と十二月の二十日ですが、大阪では一月は十日戎を祝います。昔からの商都にふさわしく、この今宮十日戎《いまみやとおかえびす》は全国に知られ、今宮戎神社（大阪市浪速区恵美須西）に大勢の参拝客が集まり、商売繁盛、福徳円満を祈ります。九日が宵戎、十日が本戎、十一日が残り戎の三日間行われ、三日間の人出は百数十万人といわれています。

今宮戎神社は恵比寿神社の総本社である**西宮《にしのみや》神社**（兵庫県西宮市社家町　祭神の蛭児大神《えびすのおおかみ》の別称は「水蛭子《ひるこ》」）から戎神を勧請《かんじょう》しているので、西宮神社と同じく十日が本戎です。大阪では、江戸時代から現在に至るまで一家に一人は十日戎に参詣するというほどの賑わいで、なかには今宮戎神社と西宮神社の両方をお参りする人もいます。

十日戎の起源は江戸時代とされ、元禄時代に現在の形になったとされています。平安

西宮神社
恵比寿神を福徳の神として信仰する戎信仰は中世以降に広まったとされるが、さらに商売繁盛、漁業航海の安全、豊漁、豊穣に霊験があるとして全国的に知られるようになったのは江戸時代からである。西宮神社の傀儡師《くぐつし》が恵比寿神の人形繰りを行いながら、各地を巡行したことが普及に寄与した。西宮神社は恵比寿神の神像画札の販権を幕府から与えられ、現在も全国に配布している。一月十日、本殿参拝一番乗り「開門神事福男《ふくおとこ》選び」の様子がテレビで放映されている。

時代には、この地に御厨子所《みずしどころ》（天皇の御膳係）が設けられていて、宮中へ鮮魚などを奉献したといわれ、江戸時代には正月にこれが行われたと社伝にあります。今宮戎神社の氏子には漁民が多く、浜の市場保護、商売繁盛の守護神として、大阪庶民の信仰を六百年にわたり集めてきました。恵比寿神は足が悪く、耳も遠いとされていますので、今宮戎神社では、参拝者は社殿の裏の羽目板を叩いて「参りました」と大声で諸願をダメ押しする奇習もあります。

九日は宵戎で、戎様にゆかりの深い鯛が雌雄一対奉納され、大漁と商売繁盛を祈願する「献鯛行事」があり、翌朝には鯛の初競《はつせ》りが行われます。

十日が本戎（本祭）で、本宮《ほんぐう》にいちばん早く馳せ参じた人には、多くの福徳が授けられるとされているところから、朝六時に神社表門が開くのを待って、多くの参拝者が押し寄せます。この日は午前十時ころから、芸妓《げいぎ》が参加して「宝恵駕籠《ほえかご》」の行列があり、これが十日戎の名物になっています。ことに、大阪の花街であるミナミや新地の芸妓による宝恵駕籠が人気です。芸妓は駕籠衣装といわれる新調の黒紋付《くろもんつき》に裾模様の正装、紅白の縮《ちり》緬《めん》で飾られ屋根に福笹を立てた駕籠に乗ります。舁《かつ》ぎ手一同が「ホエカゴホエカゴ」と囃《はや》したてながら神社に練り込みます。

十日戎には笹枝に鯛や末広などの縁起物をつけた福笹が売られます。参拝者はこれを買って帰り、神棚に飾り、毎年新しいものと取り替えると福が授かるとされています。

⇦今宮十日戎（『摂津名所図会』）

新野《にいの》の雪まつり（十四日）

徹夜で舞を奉納する祭礼

伊豆《いず》神社（長野県下伊那《しもいな》郡阿南《あなん》町新野）で催される**新野《にいの》の雪まつり**では、当日に雪が降ると豊年になるといわれています。雪を稲穂の花に見立て豊年の予兆とする予祝《よしゅく》、年占《としうら》の五穀豊穣祈願祭ですから、雪がないときは八キロも離れた峠へ雪を取りに行きます。

祭りは、十三日のお下り、お滝入り、試楽を町内にある諏訪《すわ》神社で行うことにはじまります。本祭は翌日の午後、伊豆神社に神幸《しんこう》（お上り）したのち午前一時から、大松明《おおたいまつ》が点火され、「らんじょう（乱声）、らんじょう」の掛け声ではじまります。広場で夜田《よるでん》楽《がく》（庭能《にわのう》）や十四番の舞が演じられ、さらに幸法《さいほう》や神婆《かんば》、茂登喜《もどき》などのさまざまな素朴で古風な神事、芸能が翌朝まで続けられます。

この地にこのような古い文化が継承されたのは、次のような事情があります。まず、鎌倉時代の文永二年（一二六五）に伊豆から移ってきた伊東氏が伊豆山権現を勧請《かんじょう》し、春日大社《かすがたいしゃ》（奈良県奈良市春日野町）の薪能《たきぎのう》を伝えました。また、伊勢の豪族関氏によって修正会《しゅしょうえ》（天下泰平、五穀豊穣を祈願するもの）の芸能が伝えられるなどにより、神仏混合のそれらが総合されたためといわれています。

山国の厳冬の時期に夜を徹して行われるこの祭りは、神秘的な空気に包まれています。

新野の雪まつり

この優雅な祭りの命名者は国文学者・民俗学者・歌人・作家でもあった折口信夫《おりくちしのぶ》（釈迢空《しゃくちょうくう》）である。折口は「日本の芸能を学ぶものは、一度見る必要のある祭り」と全国に紹介した。折口は柳田国男《やなぎたくにお》に師事しながら、長野の山間部から沖縄の島嶼《とうしょ》部までを採訪し、民俗学的研究でも大きな功績を遺《のこ》した。

太宰府天満宮《だざいふてんまんぐう》（七日）・亀戸天神社《かめいどてんじんしゃ》（二十四〜二十五日）の鷽替《うそかえ》神事

悪しきこともウソ（鷽）となし、吉にトリ（鳥）替える

鷽替《うそかえ》とは、前年の災厄、凶事を鷽《うそ》（鳥の鷽をかたどった木製のお守り）に託して嘘とするとの意味をもちます。前年買い求めて神棚に供えておいた鷽を神社に納めて、新しい年の鷽を求めて神棚に奉っておくと、幸運が授かるとされます。江戸時代には、夕方七時ころから、暗闇の中で神社に参拝した人たちが、「替えましょ、替えましょ」と声をかけ合い、持参した鷽を隣の人の袖の中に入れて、交換し合いました。なかでも神社で用意した、頭に金箔をつけた鷽を神職と交換した人は、幸運に恵まれると伝えられます。

鷽替神事は九州の太宰府天満宮《だざいふてんまんぐう》（福岡県太宰府市宰府）ではじまり、江戸時代後期に大阪や江戸に伝わり、やがて全国に広まったとされます。現在では参拝客同士が鷽を取り替える習慣は少なくなりましたが、太宰府天満宮ではこの伝統が踏襲されています。

鷽替ののち「鬼やらい」が行われます。亀戸天神社《かめいどてんじんしゃ》（東京都江東区亀戸）の鷽替神事は、文政三年（一八二〇）より続いています。亀戸天神社では、菅原道真《すがわらのみちざね》の命日の二十五日にちなんで、この日に行われます。一月二十五日は「初天神《はつてんじん》」でもあります。

ほかにも、道明寺天満宮《どうみょうじてんまんぐう》（大阪府藤井寺市道明寺　二十五日）などの鷽替神事も知られています。

菅原道真
平安時代前期の公卿・学者菅原道真は、藤原氏一族の中傷により九州大宰府《だざいふ》へ左遷され、その地で失意のうちに没した（享年五十八）。失脚させられた道真の御霊《ごりょう》は天満大自在天神《てんまんだいじざいてんじん》の神号を賜り、雷神や御霊神の融合した天神として信仰を集め、特に学問の神として全国に勧請《かんじょう》された。道真を神格化したものを天神信仰といい、道真の命日には各地で多様な形の祭礼が行われている。

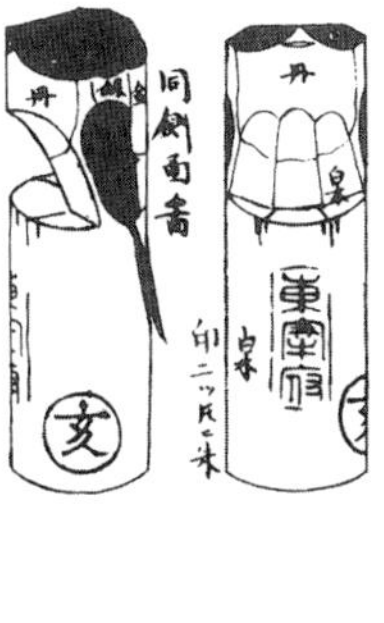

⇦鷽の図（『守貞謾稿』）

成人の日（第二月曜日）　どんど焼き・左義長《さぎちょう》（十四～十五日）　小正月《こしょうがつ》（十五日）

正月にお迎えした年神を送る
小正月を中心とした諸行事

成人の日は、「おとなになったことを自覚し、みずから生き抜こうとする青年を祝いはげます」ことを趣旨とする国民の祝日の一つです。「国民の祝日に関する法律」によってはじめて設けられ、昭和二十四年（一九四九）から実施された当初は、一月十五日でした。第二次世界大戦の敗戦後、若い人たちに新しい日本の建設を期待する空気が強まり、新成人を祝福し激励する意味が込められているとともに、当時、農村部に広く行われていた小正月《こしょうがつ》の風習を残したいという希望も多かったところから、この日が選ばれました。

⇨左義長（『難波鑑』）

成人式のような集団的な催しは、成人の日の制定がきっかけになってはじめられました。各自治体を中心に催されるようになり、晴れ着姿の青年たちにより、この日は晴れやかな休日となっていきましたが、多くの若者が就職のために都会に出ていくようになり、成人式は一月十五日にこだわる必然性が薄れ、平成十二年（二〇〇〇）からは、一月第二月曜日に実施されることになったのです。このため、成人の日は一月八日から十四日の間のいずれかの日となりました。

古来、日本では、男子の成人を祝う元服式《げんぷくしき》や褌《ふんどし》祝い、女子の成人を祝う裳着《もぎ》や結髪《けっぱつ》（髪上げ）など、家庭内で成人の祝儀が行われていました。暦にも古くから「元服よし」と、その吉日が年間数多く記載されていました。

成人の日の意義は年々低下してきましたが、成人の日と重なることで陰に隠れていた小正月がもとの姿に戻った感もあります。小正月は、太古、満月を正月（新年最初の満月＝十五日）とした名残であると考えられます。

この日には、小豆粥《あずきがゆ》を食べたり、また、どんど焼き（関西地方では「とんど焼き」といわれることが多い）という行事が行われています。

どんど焼きは「左義長《さぎちょう》」などさまざまな名前で呼ばれ、またその行われる日も、一応一月十五日を中心としていますが固定していません。

左義長は正月の門松《かどまつ》、注連飾《しめかざ》り、書初《かきぞめ》などを持ち寄って焼く行事です。その火で焼いた餅を食べると、その年の病を除くともいわれています。平安時代に宮中では、清涼殿の東庭で毬杖《ぎっちょう》を三本立て、短冊や扇子を焼く行事が行われていました。これが民間に伝えられて、正月飾りや書初などを広場、神社、海岸など一か所に集めて燃やすようになりました。江戸時代には、どんど焼きは火災の原因になりやすいため、江戸では禁止されていましたが、地方では盛んに行われました。近年は、健康面などの問題からどんど焼きを自粛するところもあります。

どんど焼き・左義長の行われている地方の一例は下のとおりです。

どんど焼き・左義長の行われている地方の一例

- 一月十四日夜　北浜海岸の左義長／神奈川県中郡大磯町
- 一月十四日夜〜十五日　大崎八幡宮《おおさきはちまんぐう》のどんと祭／宮城県仙台市青葉区
- 一月十五日　三栖《みす》神社の左義長／京都市伏見区
- 二月十一日　今尾《いまお》神社の左義長／岐阜県海津市
- 二月最終土・日曜日　勝山《かつやま》左義長／福井県勝山市
- 三月中旬の土・日曜日　日牟礼八幡宮《ひむれはちまんぐう》の左義長まつり／滋賀県近江八幡市

防災とボランティアの日（十七日）

被災者を励まし、立ち直らせる支援活動の輪

戦後五十年の節目の年に大地震が日本を襲いました。平成七年（一九九五）一月十七日早朝に発生した、阪神・淡路大震災（M７・３）の犠牲者は六千四百人余でした。政府の危機管理体制の甘さや中央マスコミの取材姿勢が批判される一方で、延べ百七十万人ともいわれる国内外の多数のボランティアによって、救護・援護の温かい手が被災者に差し伸べられました。

これを機に、日本でボランティア活動が本格的にはじまり、平成七年十二月十五日、自主的な防災活動を呼びかけ、ボランティア精神を普及するために、この日を「防災とボランティアの日」とすることが閣議で決められました。毎年一月十七日早朝に、兵庫県神戸市など被災地では、被災者の追悼集会が開催され、仮にこのような大きな自然災害が発生しても、大きな被害に至らないようにしようという決意を新たにしています。

貴重な復旧・復興体験やボランティア活動は、十六年後の平成二十三年（二〇一一）三月十一日に発生した東日本大震災（M９・０）に際し、大きな教訓となりました。

今後も大地震、津波の襲来が予測されています。人は忘れる生き者です。「天災は忘れたころにやってくる」、この箴言《しんげん》を一日たりとも忘れたくないものです。

二十日正月《はつかしょうがつ》・骨正月《ほねしょうがつ》（二十日）

骨まで食べ尽くす、「関西の鰤対関東の鮭」

関東地方では六日、関西地方では十四日が「松納《まつおさ》め」とされており、この日に松飾りや注連縄《しめなわ》を取り外します。そして二十日をもって「正月の祝い納め」となります。

二十日正月《はつかしょうがつ》は、もとは旧暦の正月二十日の行事でしたが、今日では太陽暦の一月二十日に行われています。かつては、この日は正月の終わりとなる節目で、仕事を休み、忌日《いみび》とする一方、地方ごとにさまざまな行事が行われていました。

二十日正月という言葉は、今日ではほとんど死語となったようですが、「正月の料理を食べ尽くす」という風習は、わずかですが各地に残されています。

関西地方では、正月に用いた**年取魚**《としとりざかな》の鰤《ぶり》の頭や骨を酒粕（粕汁）の中に入れ、牛蒡《ごぼう》や大根などと一緒に煮て食べます。このことから、二十日正月を「骨正月《ほねしょうがつ》」ともいいます。

関西が鰤なら、関東は鮭です。これについては下をご覧ください。

群馬県では「棚探し」、岐阜県では「フセ正月」、岩手県では「二十日ワッパカ」といって、正月の御節《おせち》や餅を食べ尽くす風習があります。なお、二十日は関東各地では恵比寿講と重なるので、その行事と二十日正月が一体となっている面もあります。

年取魚

● 関西地方……関西地方では正月料理に鰤は欠かせない。鰤は本文に紹介したほかにも、年末には切り分けて塩焼きなどにする。旬は厳寒期、寒鰤は脂がのっておいしく能登鰤《のとぶり》（石川県産）の味は最高だが値段も高い。関西では出世魚といわれ、関西ではツバス、ハマチ、メジロ、ブリと幼魚から成魚まで呼び名が変わる。

● 関東地方……関東地方では正月料理に鮭は欠かせない。かつては年末に新巻鮭《あらまきざけ》（産卵のために川に上った鮭を甘塩でつくったもの）を一尾丸ごと購入するのが普通だった。塩鮭は切り身にして冷凍保存しておけば、かなり長いこと味は変わらず賞味できる。

初弘法《はつこうぼう》（二十一日）　**初不動《はつふどう》**（二十八日）　**初寅《はつとら》**（一月最初の寅の日）

弘法、不動尊、毘沙門天の特別のご加護を願い
正月の縁日は大賑わい

一月になると、五日は水天宮《すいてんぐう》、八日は薬師如来《やくしにょらい》、十日は金毘羅《こんぴら》、十八日は観音《かんのん》、二十一日は弘法大師《こうぼうだいし》、二十四日は地蔵菩薩《じぞうぼさつ》、二十五日は天神《てんじん》、二十八日は不動尊《ふどうそん》など、それぞれ「初」のついた縁日《えんにち》が続きます。もちろん、普段の月にも縁日があるのですが、正月と暮れは格別の賑わいです。ここではそのうち、初弘法《はつこうぼう》（二十一日）、初不動《はつふどう》（二十八日）、初寅《はつとら》（一月最初の寅の日）をご紹介しましょう。

真言宗の開祖弘法大師（空海上人《くうかいしょうにん》）は、平安時代初期の承和二年（八三五）三月二十一日に入寂《にゅうじゃく》したところから、毎月二十一日、大師の命日にちなむ縁日が各地で行われています。この日に参詣すると特別な功徳《くどく》が得られるとされるところから重んじられ、弘法大師ゆかりの寺院には多くの参拝者が訪れ賑わいます。

なかでも、京都洛南の東寺《とうじ》（京都市南区九条町）は、弘法大師が平安京に開いた最初の真言宗の寺院であるところから、一月二十一日の縁日は「初弘法」ということで、その年の無病息災を祈願する参拝者が全国から駆けつけます。御影堂《みえいどう》では大師の遺徳を偲《しの》び法要が行われます。また、この日は**弘法の市**が立ち、各地の骨董商や陶器商、特産品

弘法の市

東寺の弘法の市は室町時代からすでにあったようだが、当時は「一服一銭」という値段で、簡素な屋台で茶を商う茶店があったと記録されている。江戸時代には植木屋や薬屋の露店も出るようになり、次第に今日の市の形になった。十二月の縁日「終《しま》い弘法」の骨董市は、近年では世界的に知られ、外国から買い出しに来るバイヤーたちの姿も珍しくなくなった。

や植木などを扱う露店が境内いっぱいに並び、掘り出し物を探そうとファンが集まります。

憤怒《ふんぬ》の形相をした不動明王《ふどうみょうおう》は仏教の明王の一つで、大日如来《だいにちにょらい》が悪魔調伏《ちょうぶく》のために化身したものとされています。

不動明王の力で厄除けを願う参拝者が、二十八日の「初不動」に集まりますが、なかでも千葉県の成田山新勝寺《なりたさんしんしょうじ》（千葉県成田市成田）が知られています。

不動尊を江戸でも参拝できるようにと東京・深川《ふかがわ》に勧請《かんじょう》したのが、成田山別院深川不動堂《ふかがわふどうどう》（東京都江東区富岡）です。

成田山新勝寺の大阪別院が成田山大阪別院明王院《みょうおういん》（成田不動尊　大阪府寝屋川市成田西町）で、昭和九年（一九三四）に創建されました。また、中京地域に昭和二十八年（一九五三）に創建されたのが、犬山成田山《いぬやまなりたさん》（愛知県犬山市犬山北白山平）です。

京都洛北の狸谷山不動院《たぬきだにさんふどういん》（京都市左京区一乗寺松原町）の初不動で供される、護摩《ごま》の火で温めた笹酒「狸谷飲み放題」は、がん封じとして有名です。

七福神の一つ毘沙門天の縁日は、一・五・九月の第一の寅の日です。なかでも一月の「初寅」が重んじられています。

京都洛北の鞍馬寺《くらまでら》（京都市左京区鞍馬本町）の「初寅大祭」は、「鞍馬の初寅」として地元では親しまれています。初寅大祭は、寅の日の前後三日間行われています。

毛越寺《もうつうじ》の延年《えんねん》（二十日）

参列者も悪口を言う古風な芸能大会

延年《えんねん》とは、寺院で法要ののちに催されるさまざまな芸能の総称です。平安時代中期以降、各地の寺院で催され、寺や仏をほめ、参列者の長寿を祈りました。延年で行われた諸芸には後世、能の大成に役立つものがあったといわれています。

今日、延年の行事が伝わっているのは、毛越寺《もうつうじ》（岩手県西磐井郡平泉町平泉大沢）、輪王寺《りんのうじ》（栃木県日光市山内）、根知山寺《ねちやまでら》日吉神社（新潟県糸魚川市山寺）、長滝白山神社（岐阜県郡上市白鳥町長滝）などです。

毛越寺の延年（「二十夜祭」ともいう）では、まず修正会《しゅしょうえ》（主として寺院で行われる豊作を願う正月行事）の法会《ほうえ》が古式にのっとり催され、続いて古風な延年の舞が常行堂《じょうぎょうどう》で奉納されます。「呼立《よびたて》」「田楽踊」「唐拍子《からびょうし》（路舞《ろまい》）」「祝詞《のっと》」などが演じられます。このうちもっとも重要な「祝詞」の内容は秘密とされ、鬼高面をつけ、口中でつぶやくように唱えていると、神が出現して極楽往生の願いを成就するとされます。

舞い手の寺僧に対して、この日に限って、参列者が悪口を言うのがしきたりで、悪口がひどいほど豊作になるといわれています。延年は夕刻にはじまり、翌朝まで続けられます。

毛越寺の延年
天台系寺院である毛越寺の本尊は薬師如来《やくしにょらい》であるが、後方の奥殿に摩多羅神《まだらじん》が祀《まつ》られ、舞が奉納される常行堂は念仏の道場である。このことから延年芸能は修正会、蘇民祭《そみんさい》が習合した正月儀礼といえよう。なお、蘇民祭とは厄病除けの神である蘇民将来《そみんしょうらい》を祀る祭礼で、黒石寺《こくせきじ》（岩手県奥州市）での裸の夜祭り「黒石寺蘇民祭」が知られる。

若草山山焼き《わかくさやまやまやき》（第四土曜日）

年に一度山全体を燃やす山焼きの見物は麓からがお勧め

奈良公園の東に連なる小高い山並みのうち、樹木の生えていない若草山《わかくさやま》（奈良県奈良市）の山焼きは、奈良の観光行事としても有名です。その**起源**は諸説ありますが、現在では、害虫を除き、蕨《わらび》や薄《すすき》などの芽が出やすいようにするために行われているのです。若草山は普段は青々とした芝に覆われ、それを鹿があちらこちらで食べている風景はおなじみでしょう。山焼きののち、春に新しい草が生えるまでの間は、黒々とした姿を冬空の下にみせています。

安全祈願ののち午後六時ころに、消防団員が吹き鳴らす火つけのラッパ、花火師の上げる打ち上げ花火を合図に、白頭巾《しろずきん》に黒装束《くろしょうぞく》の寺僧がいっせいに山麓の大篝火《おおかがりび》に点火します。燃焼時間はおよそ四十分間ほどですが、山焼き前の雨量や当日の天候などによって、よく燃える年と、途中で消えてしまう年があります。あまり雨の日が多く燃焼しにくいときや、乾燥しすぎて危険なときは、山焼きを延期・中止することがあります。

この日、冬空に赤々と燃える山焼きの光景を眺める人々が奈良の街にあふれます。たとえば、平城京跡《へいじょうきょうあと》の朱雀門《すざくもん》あたりから見るのもいいのですが、若草山の麓の春日野園地などで見物すれば迫力があります。

起源
山焼きの起源については諸説あり、東大寺《とうだいじ》（奈良市）と興福寺《こうふくじ》（奈良市）の境界争いを水に流すためにはじまったとする説、また、若草山の山上にある鶯塚古墳《うぐいすづかこふん》の被葬者の霊を慰めるためという説もある。山焼きは、長らく一月十五日の成人の日に行われていたが、近年は一月第四土曜日に行われる。

黒川能《くろかわのう》（一〜二日）　黒森歌舞伎《くろもりかぶき》（十五、十七日）

黒川能は五百年、黒森歌舞伎は二百七十年の歴史を誇る
演じるのは伝統を受け継ぐ地元住民

国指定重要民俗無形文化財の**黒川能《くろかわのう》**は、羽黒三山《はぐろさんざん》南麓の黒川地区の鎮守、春日《かすが》神社（山形県鶴岡市黒川宮の下）の長寿を祝う王祇祭《おうぎさい》で奉納される神事能です。王祇祭は五百年以上前から続いています。農民の能とはいえ、昔の黒川は農村でしたが、現在は農家だけではありません。地域結束の証《あか》しでもある黒川能の伝承は、並大抵の努力ではできないことですが、その根底には氏子の春日神社に対する崇敬の念があるからでしょう。

春日神社には上下二つの宮座がありますが、それがそのまま上座《かみざ》、下座《しもざ》の二つの能座を形成しており、それぞれ能太夫《のうだゆう》（座長）を中心に運営されています。両座合わせての演目は能五百四十番、狂言《きょうげん》が五十番余り、能面二百三十点、能装束《のうしょうぞく》四百点とかなりの規模です。

現在、年四回ある例祭に毎回舞われていますが、もっとも重要なものは二月一〜二日の王祇祭の能です。一日の早朝、王祇祭の御神体である二体の王祇様を、春日神社から両座のそれぞれの当屋《とうや》（当番の家）に迎えます。そして村の家々の総点呼（座狩《ざがり》）があり、出席を確かめたうえで翌年の当屋を決めるなどの儀式を終えたあと、名物の「凍《し》み豆

黒川能
黒川能は室町時代から庄内地方の歴代の領主であった、武藤・上杉・最上・酒井氏などの庇護《ひご》を受け、農民の間で互いに競い合って発達し、今日まで継承されてきた。室町時代の能面や古い装束とともに、独自の形や演式をもち、現在の能五流に伝わっていない能の演目を残している。現在の春日神社の氏子は約二百三十戸、能役者は囃子方《はやしかた》、子供から長老といわれる人たちまで含めて百六十人ほどという。

腐」が振る舞われます。

夕方、幼児の「大地踏み」の神事が行われ、祝言の朗唱があり、それからはじまる式三番、能五番、狂言四番が夜を徹して演じられ、二日早朝、王祇様は神社に還御《かんぎょ》します。ここでも両座による能、狂言の競演があり、終わると神送りの神事となり、王祇様は春日神社の神殿に納まります。すべてが終了するのは夕方です。

同じ山形県内の酒田市街の黒森《くろもり》地区でも、江戸時代から連綿と続く**黒森《くろもり》歌舞伎《かぶき》**が十五日と十七日に黒森日枝《ひえ》神社（酒田市黒森村中）の祭礼で奉納されます。

演じるのはやはり地元の人です。舞台は境内にある黒森歌舞伎演舞場です。雪の季節ですから、近郷近在の観客、それに遠方から駆けつけた歌舞伎ファンたちは、雪の上に筵《むしろ》や座布団を敷いて、飲食をしながら見物するところから、「雪中芝居」ともいわれています。

黒森歌舞伎の起源は、北前船《きたまえぶね》（江戸時代後期に日本海方面の物資を西回りで大阪へ運んだ買積み回船）が上方歌舞伎《かみがたかぶき》を伝えたと考えられています。

現在、役者は二十人（全員男性）ほどいて、それぞれが芸名を名乗っています。演目は下のように「太夫振舞《たゆうぶるまい》」というくじ引きの神事により決まります。このときに配役も決められますが、若手が大事な役を担当し、ベテランは脇にまわっているそうです。

黒川能と黒森歌舞伎は、雪国の厳しい寒さの中で、世襲的に受け継がれてきた伝統と絆の尊さ、大切さを教えてくれます。

黒森歌舞伎

演目は『仮名手本忠臣蔵《かなでほんちゅうしんぐら》』『奥州安達ケ原《おうしゅうあだちがはら》』『義経千本桜《よしつねせんぼんざくら》』など五十本ほどあるそうだが、上演は一本のみでかならず通し狂言で演じられる。演目は毎年変わるが、その決め方は独特である。総会で候補を十本挙げて、話し合いで三本に絞り込む。そして社殿での神饌《しんせん》（枡《ます》に盛った米）の上に演目を書いた三枚の紙を載せ、水垢離《みずごり》をとって身を清めた若手役者が、これを棒につけた「ほこざき（紙縒《こよ》り）」で釣り上げる。演目が決まると上演まで一年間かけて稽古する。

厄落《やくおと》し（一日ころ）

一生には忌み慎まねばならない年齢がある 人生の通過儀礼の一つ

人の一生のうちには、さまざまな災厄が身に降りかかるものですが、特に多いとされる一定の年齢があるといわれています。厄の年齢については地方によって違いがありますが、成人で共通しているものについてご説明します。

代表的な厄年は、男性が二十五歳、四十二歳、六十一歳、女性は十九歳、三十三歳、三十七歳とされていますが、このうち、男四十二歳、女三十三歳を大厄《たいやく》といい、もっとも忌《い》み慎むべき年齢とされています。一般的に大厄の当該年には、それぞれカッコ内のように前年に前厄、後年に後厄があります（年齢は数え年）。

●男性
（二十四歳）二十五歳（二十六歳）
（四十一歳）四十二歳（四十三歳）
（六 十 歳）六十一歳（六十二歳）

●女性
（十 八 歳）十 九 歳（二 十 歳）
（三十二歳）三十三歳（三十四歳）
（三十六歳）三十七歳（三十八歳）

厄落しの行事を行う神社の一例

- 十二月二日……厄落しの大根焚《こだ》き（御会式《おえしき》）／三宝寺《さんぽうじ》（京都市右京区）三宝寺は日蓮宗の寺院で三月一日の水行祈禱会《すいぎょうきとうえ》でも知られる。
- 一月一日……初詣《はつもうで》・厄除開運祈願祭／松尾寺《まつおでら》（奈良県大和郡山市）日本最古の厄除霊場。
- 一月一～三日……新年初詣祈願大祭／千葉厄除け不動《ふどう》

厄を祓《はら》い落とす方法とされるものが厄落《やくおと》しです。これは、厄年にあたった者が、身近な寺社へ参拝し、神仏へ祈願するものです。昔から各寺社では、毎年日を定めて**厄落しの行事**を催しています。後述の節分《せつぶん》の日に、寺社で豆撒《ま》きをするのは、年男・年女の他に厄男・厄女がすることもあります。また、特に日を定めないで神社でお祓いをしてもらうことも一般的に行われています。

厄落しは各家でも古くから行われています。

秋田県横手市（旧・雄物川町）などには、「歳重ねの祝い」という厄落しの行事があります。門松《かどまつ》を立てたり、餅を搗《つ》いたり、正月の行事をそのまま繰り返すのですが、この行為によって厄年が終わって、次の年になったとするわけです。

厄落しには、身につけているものをわざと落としたり、捨てたりする風習もあります。身についた厄を品物に付着させて除くという意味からで、これは古代からある人形《ひとがた》に厄を移して、厄を落とす習慣の名残です。

厄落しのため、正月行事を二度あるいは三度行う歳重ねの日取りは、月遅れの正月（二月一日）のほか、小正月《こしょうがつ》（一月十五日）、二十日正月（一月二十日）、節分（二月三日）、事始《ことはじ》めの日（二月八日）などがあります。

厄落し、まじないなどは、中国古代の思想である陰陽五行説《いんようごぎょうせつ》を背景として、室町時代に盛んになり、それが現代日本に脈々と生き続けているわけです。それは何も特別な人だけでなく、日本人の誰もが行っている日常的にみられることなのです。功罪はともかく、その事実に驚嘆させられます。

尊《そん》（妙泉寺　千葉県東金市）。関東厄除け三不動の一つ。あとの二つは目黒不動尊（滝泉寺《りゅうせんじ》　東京都目黒区）、飛《とび》不動尊（正宝院《しょうほういん》　東京都台東区）。大祭以外も毎日祈願を行っている。

●一月二～四日……正月一番祈禱／和田《わだ》神社（和田宮《わだみや》　兵庫県神戸市兵庫区）兵庫七福神の一つで弁財天を祀《まつ》る。

●毎年旧暦の一月十三日……国府宮《こうのみや》はだか祭（追儺《ついな》神事）／尾張大国霊《おわりおおくにたま》神社（国府宮神社　愛知県稲沢市）旧暦の一月十三日に行うので毎年日にちが違う。平成二十六年（二〇一四）は二月十二日。

●二月十一～十二日……厄除初会式／薬王寺《やくおうじ》（徳島県海部郡美波町）薬王寺は四国第二十三番霊場。

節分《せつぶん》（三日）

ユニークな節分会が催され大勢の参拝者で賑わう神社仏閣

☯どちらが本当の新年？「立春と正月一日」

節分《せつぶん》とは、本来は季節の分かれ目という意味ですから、年四回あります。旧暦（太陰太陽暦）では、春は立春《りっしゅん》から、夏は立夏《りっか》から、秋は立秋《りっしゅう》から、冬は立冬《りっとう》からとしますから、この四立《しりつ》の前日が各季節の最終日であり、節分です。なかでも、冬から春にかけての節分は一年の分かれ目でもあるため重視され、節分といえばこの立春の前の日を指すようになりました。

節分には年の変わり目にふさわしい、数々の行事があります。そのなかでも代表的なものは豆撒《ま》きで、「追儺《ついな》」「鬼やらい」という別名もありますが、もとは宮中で大晦日《おおみそか》に行われた行事でした。季節の変わり目には邪気（鬼）が生じると考えられ、それを追い払うための行事で、これが「暦の上」で年の変わり目にあたる節分の行事になったといわれています。

太陽暦ではおおむね節分は二月三日、立春はその翌日になっていますが、旧暦では前年の十二月の後半から翌年正月の前半に巡ってきました。前者を「年内立春」といい、

後者を「新年立春」といいます。年内立春と新年立春の回数はほぼ同数ですし、新年立春のうち十年に一回くらいは、元日と立春が重なることがありました。

古くから年内立春を冬（旧年）とみるか、春（新年）と考えるべきか問題になっていました。そのつど引き合いに出されるのが、『古今和歌集《こきんわかしゅう》』冒頭にある、平安時代の歌人在原元方《ありわらのもとかた》の次の和歌です。

「年の内に　春は来にけり　ひととせを　去年《こぞ》とやいはむ　今年とやいはむ」

作者の元方は、今は今年なのか去年なのか、と戸惑っています。これは旧暦がダブルスタンダードであることによる混乱、つまり、月の運行を基準とするか（旧暦本来の考え方）、太陽の運行を中心とするか（天文学的な立春の考え方）によるものです。この勅撰和歌集の部立《ぶだて》が四

⇧浅草寺の節分会（『江戸名所図会』）

季立てであるため、立春の歌が最初にきて目立ちました。著者に言わせれば、この和歌

が十二月に詠まれたのなら、これは立春の部ではなく冬の部に置かれるべきです。立春

は正月節ですが、年内立春は前月（前年の十二月）に含まれます。

☯どちらを食べるのが本当？「豆撒きと恵方巻き」

節分の行事は地域、家によってさまざまですが、一般的には豆撒きを中心としていま

す。昔は、豆撒きの豆は大豆が用いられ、各家で煎《い》って福枡《ふくます》に盛って神棚に供えました。

夕暮れどきに一家の主人、あるいは年男《としおとこ》が正装して、「福は内、鬼は外」などと唱えな

がら、家の各所に豆を撒きます。撒いたら鬼が再び入らないように雨戸を閉めます。

残った豆は、年の数だけ食べると不老長寿や家内安全に効があるとされます。豆が用

いられるのは鬼が嫌うためとか、呪力があるためなどといわれます。豆が発芽する再生

力、生命力から生じた考えによるものと思われます。

節分には、柊《ひいらぎ》の小枝に鰯《いわし》の頭を刺したものを門口に立てます。鰯のように臭いものは

鬼が嫌うからといいます。鰯の代わりに大蒜《にんにく》や韮《にら》を使うこともあります。柊は葉に棘《とげ》が

あり、これも鬼が嫌うものです。

近年、節分の日には、デパートやスーパーマーケットの食料品売り場などでは、盛大

に「恵方巻《えほうま》き」（「丸かぶり寿司」ともいう）を売り出します。干瓢《かんぴょう》、椎茸《しいたけ》、胡瓜《きゅうり》、田麩《でんぶ》、

穴子《あなご》、卵焼き、高野豆腐《こうやどうふ》などたくさんの具を巻き込んだ太巻寿司です。

これには食べ方があり、その年の恵方に向かって、太巻の寿司を丸ごとガブリと食べ

ると縁が切れない、福を得るといいます。

　この風習は、近年定着したようですが、一説では大阪の鮓商《すししょう》組合や海苔問屋組合が考案したものを、コンビニエンスストアが大々的に宣伝・販売したところ、たちまち全国に広まったとのことです。二月と八月は俗に「二八《にっぱち》の枯《か》れ」といわれ、それを打開するためのアイディアだったようですが、さすが商都大阪と感心させられます。

☯どちらが本当？「福は内、鬼は外」「福は内、鬼は内」

　節分で豆撒きをして鬼を追い払うことを追儺（「儺」は「難〈苦しみ、災い〉」の意味。「鬼やらい」ともいう）といいます。追儺は、もとは中国の王宮で疫鬼《えきき》を追い払う行事でした。それが奈良時代に中国から日本へ伝わった当時は、年末の行事でしたが、さらに時期がずれて節分に移ったとされています。

　では、全国各地の神社仏閣で行われる、ユニークな追儺をご紹介しましょう。

　鬼鎮《きじん》神社（埼玉県比企郡嵐山町《ひきぐんらんざんちょう》）は、鬼を祭神とする珍しい神社です。境内には、奉納された大小さまざまな「鬼の金棒《かなぼう》」が立っていますし、お守りも極小サイズの金棒です。鬼鎮神社では、節分に豆を撒くときに「福は内、鬼は内、悪魔は外」と唱えます。やはり祭神として鬼を祀《まつ》っている稲荷鬼王《いなりきおう》神社（東京都新宿区歌舞伎町）でも、「福は内、鬼は内」と唱えます。けっして「鬼は外」と唱えませんから、鬼に豆を投げつけることもしません。

　鬼鎮神社や稲荷鬼王神社は特別かと思えば、そうではありません。奈良・吉野山に鎮座する金峯山寺《きんぷせんじ》（奈良県吉野郡吉野町）の節分会《せつぶんえ》でも、「福は内、鬼は内」と唱えます。この節分会は、節分に追われた全国の鬼たちを、ここの蔵王堂に招き入れて調伏《ちょうぶく》する行事（鬼の調伏式）です。

青森県や秋田県では、「鬼は外、福は内、天に花咲け、地に実なれ」と唱えます。長野県の諏訪《すわ》地方では、「鬼は外、福は内」と小声で言ってから、「鬼の眼《まなこ》をぶっつぶせ」と大声で唱えます。

⇧亀戸天満宮の追儺（『東都歳事記』）

東京・上野の五条天神社《ごじょうてんじんしゃ》（東京都台東区上野公園）の「うけら」の神事では、黄金四つ目の面、熊の毛皮をかぶり、黒と赤の派手な衣装をつけて戈《ほこ》と楯《たて》を持った方相氏《ほうそうし》（陰陽道の神）が登場して鬼をやっつけ退散させます。追儺の主役である方相氏は、逆に追われる役になっているところもあります。方相氏が鬼に変わったとして追われる側になっているのは亀戸天神社《かめいどてんじんしゃ》（東京都江東区亀戸）の追儺で、四つ目の赤鬼、青鬼として現れます。

　京都の寺社でもさまざまな節分会が行われますが、一例として東山山麓の吉田《よしだ》神社（京都市左京区吉田神楽岡町）の「疫神祭《えきじんさい》」「追儺式」「火炉祭《かろさい》」をご紹介しましょう。神事はまず二日に疫神祭が行われます。大元宮《だいげんぐう》門外に疫神を祀り、「荒ぶることなく山川の清き地に鎮まります」と祈願します。夜には、古式にのっとる追儺式が行われ、大《おお》舎人《とねり》が方相氏となり桃の弓と葦の矢を射って鬼を追い払います。そして節分当日に火炉祭が行われます。本宮《ほんぐう》前の三の鳥居前の広場に、参詣者が納めた古い神札を積み上げます。お祓《はら》いしてから八角形の火炉に納め、三十六枚の土器《かわらけ》を並べて濁酒《にごりざけ》を注ぎ、古い神札の山に忌火《いむび》を点じ、その火の中に土器を投げ入れます。この土器を、参拝者たちは争って奪い合い、厄除けとして持ち帰ります。

　最後は「子泣き相撲」と呼ばれる、元気よく泣いた子が勝ちという風変わりな行事です。「西の高野山《こうやさん》」と呼ばれる最教寺《さいきょうじ》（長崎県平戸市岩の上町）は、慶長十二年（一六〇七）、平戸藩初代藩主、松浦鎮信《まつらしげのぶ》が禅宗寺院の勝音院《しょうおんいん》を焼き払ったうえ、宗旨替えをして建立しました。その怨念から亡霊が出るようになったのですが、あるとき赤子の泣き声がしたため、亡霊が退散しました。これを起源として子泣き相撲が行事として行われるようになったといわれています。鬼は赤子の泣き声を嫌うといわれており、節分にふさわしい行事といえるでしょう。

初午《はつうま》（二月最初の午《うま》の日）

農村部では五穀豊穣、都市部では商売繁盛の縁日

稲荷《いなり》神社は主なものだけで全国に三万社あるといわれていますが、それ以外にも街角や路地の祠《ほこら》、さらに個人的に設置され屋敷神としても祀《まつ》られていますから、無数といえるでしょう。すでに江戸時代に、江戸の町で多いもののたとえとして、「伊《い》勢《せ》屋《や》、稲荷に、犬の糞」といわれたほどです。なお、伊勢屋とは出店《でみせ》という意味です。

初午《はつうま》は、二月最初の午の日に稲荷神を祀る行事です。稲荷信仰には大別して、神道系と仏教系の二派があります。まず神道系の代表は、全国の稲荷神社の総本宮《そうほんぐう》である京都洛南の伏見稲荷大社《ふしみいなりたいしゃ》（京都市伏見区深草藪之内町）ですが、同じく東寺（京都市南区九条町）でも稲荷神を鎮守として祀ったところから、真言密教の荼吉尼天《だきにてん》と習合してしまいました。仏教的な稲荷信仰の中心は、曹洞宗の豊川稲荷（妙厳寺《みょうごんじ》　愛知県豊川市豊川町）で、ここに本尊ではない荼吉尼天を祀っています。江戸時代には神社と仏閣は明確には区別されてい

ませんでした。

伏見稲荷大社は、はじめはこの地の豪族秦氏《はた》の氏神でした。奈良時代の和銅四年（七一一）二月初午の日に、大社の裏山の稲荷山から稲荷神が馬に乗って降臨したことから、毎年二月初午の日に稲荷神の祭りをするようになりました。初午大祭には、全国から遠路をいとわず商売繁盛、家内安全などを祈願するために大勢の人が大社へ参拝します。参拝者には「験の杉《しるし》」が授与され、持ち帰り庭に植え、根づけば願い事がかなうといわれています。なお、七月の本宮祭《もとみやさい》については一九三頁をご覧ください。

稲荷神はイネナリ神のことで、稲作神であり、農業神であるところから、各地の稲荷神社で、春先の農事のはじめに五穀豊穣を祈って神事が行われます。田の神として山から田に移すところもあり、養蚕の神オシラサマとして蚕《かいこ》の生育を祈る地方もあります。また、商売繁盛や漁業の神として祀る地方もあります。

初午には前夜の宵宮から子供たちが太鼓を叩いたり、お籠《こ》もりをしたり、みんなで飲んだり食べたりして賑やかに過ごします。「正一位《しょういちい》稲荷大明神」の神階を書いた赤い幟《のぼり》や、五色の紙幟などを参道に立て、灯明《とうみょう》をあげ、稲荷神やその神使いの狐の好物とされる油揚げ、赤飯や鰯《いわし》などを神前に供えます。

関東地方では、スミツカリまたはシモツカレなどと呼ばれる大豆、大根、人参《にんじん》、塩鮭の頭などを煮込んだものを、藁苞《わらづと》に入れて供える習慣があります。関西地方では、この日に厄落《やくおと》しをするところもあります。厄年にあたる人は、投げ餅をして厄を祓《はら》います。

下のように**初午に関する言い伝え**も各地にあります。

⇨稲荷社初午詣（『都林泉名勝図会』）

初午に関する言い伝え

- 「初午が早い年は火事が多い」　初午のころは空気が乾燥して火事の多い時期なので、火事にちなんだ言い伝えがある。これは二月に入ってから早々に午の日が巡ってきて、初午になる年のことである。
- 「三の午まである年は火事が多い」　二月二番目の午の日を二の午というが、初午が二月四日（閏年《うるうどし》には五日）までにあると、その年は三の午まである。
- 「初午に茶を飲まない。初午には風呂に入らない」　どちらも火を使うことになるので、火事を警戒してのことであろう。

建国記念の日（十一日）

国の行事は行われていないが、さまざまなイベントがある

　昭和四十一年（一九六六）に、「建国をしのび、国を愛する心を養う」を法定の趣旨として、「建国記念の日」が国民の祝日に制定されました。この日の由来は、『日本書《にほんしょ》紀《き》』に、「辛酉年《かのととりのとし》（西暦紀元前六六〇）正月庚辰朔《かのえたつのついたち》」に、初代神武《じんむ》天皇が大和国《やまとのくに》（現・奈良県）橿原宮《かしはらのみや》で即位した、と記されているのを太陽暦に換算したものです。

　明治五年（一八七二）十一月十五日に、神武天皇即位の年を元年とした「神武天皇即位紀元」（皇紀）が制定され、即位の日（旧暦の元日）を明治六年（一八七三）の太陽暦に換算した一月二十九日として盛大に祝いました。しかしこの方式だと、毎年日付が変わることになり、また、旧暦を廃して太陽暦に改暦したのに、毎年旧の元日を国の祝日とすることになります。

　そこで明治六年十月十四日に、即位の年の正月朔日を太陽暦に換算して、日付を二月十一日に固定するとともに、名称も「神武天皇即位日」から「紀元節《きげんせつ》」と改められました。そののち紀元節は第二次世界大戦終結まで、四方拝《しほうはい》（元日）、天長節《てんちょうせつ》と並んで三大節（昭和二年〈一九二七〉から明治節〈十一月三日〉が加えられ四大節《しだいせつ》）として、年間で

もっとも重視される祝日の一つとなりました。

戦後、新しく国民の祝日を選定するに先立って行われた世論調査では、元日、天皇誕生日などと並んで建国記念日を希望する意見がきわめて多かったのですが、見送られました。というのも、戦時中「建国祭」として国粋主義や戦意高揚に利用されてきたことや、神武天皇の建国は神話であって歴史的根拠が乏しいことなどとともに、当時は連合国による占領下にあり、進駐軍への配慮もあったためといわれています（昭和二十年〈一九四五〉～二十七年〈一九五二〉は占領期）。日本の独立後の昭和二十七年ころから、建国記念日復活の動きが盛んになり、これを実現しようとする政府・与党と、これに反対する革新政党・市民団体の間で激しい論争が起きました。

結局、昭和四十一年に「敬老の日」や「体育の日」と抱き合わせで、「建国記念の日」が国民の祝日に追加されました。「建国記念の日」の名称自体に「の」の字があるのは、この日は歴史的に建国された日ではなく、建国されたという事柄を記念する、という意味だとの主張が反映されたものです。日取りについては最後まで決着がつかず、妥協策として有識者による審議会が設置され、その答申の結果、二月十一日とする案が賛成多数で決定され、公布されました。

今日この日に国の行事は行われていませんが、全国各地の神社では「紀元節祭」として祭儀があり、また、地方自治体のなかには記念のイベントを開催しているところもあります。

バレンタインデー（十四日）　ホワイトデー（三月十四日）

「愛の告白」に本命チョコはお似合いだが、「義理チョコ」は大人の流儀とは思えない

バレンタインデーは、日本独自の「女性からチョコレートをプレゼントする日」としてすっかり定着しました。二月十四日のだいぶ前から、デパート、スーパーマーケット、コンビニエンスストアなどの売り場には、プレゼント用のチョコレート菓子が山積みされ、異常な賑わいを呈しても、誰もが気にしないようになりました。

バレンタインデーの起源には諸説ありますが、その一説をご紹介しましょう。聖バレンタインは西暦二七〇年ころのキリスト教の司祭でしたが、時のローマ皇帝クラウディウス二世が兵士の結婚を禁じたのに反対したために捕らえられ、殉教死《じゅんきょうし》しました。その日二月十四日が「聖バレンタインの日」となったとするものです。殉教者は少なくはないのですが、聖バレンタインは特にその死を悼《いた》まれ、同名の教会も建てられました。やがてキリスト教でこの日は、愛を与える日、人類愛を称える日とされるようになり、十四世紀ころになると、この日は愛のプレゼントの日に変わっていきました。

欧米のキリスト教国ではこの日に、恋人や夫婦間でお互いに花やケーキ、カードなどをプレゼントし合う習慣があります。

日本でバレンタインデーに女性が男性にチョコレートを贈ることは、某菓子メーカーが第二次世界大戦後にはじめたことで、昭和五十年代になり若い女性の間で大流行するようになりました。甘くて香りのよいチョコレートは本来、好意をもっている男性に愛を告げるための絶好のツールでしたが、次第にエスカレートし、職場や知人の男性に季節の贈答品的意味合いで「義理チョコ」をプレゼントするようになりました。

高級品志向が影響して、この時期にはデパートでは世界の一流品のチョコレート菓子のフェアを開催するところもあり、欧米の高価なチョコレートも盛んに用いられます。最近は「本命の彼」にプレゼントするときは、チョコレートはサブ、メインは別の何か高品質のブランド物にして、カードを添えたりして直接手渡すのだそうです。

バレンタインデーに贈り物をもらった男性は、三月十四日の「ホワイトデー」にクッキー、キャンデー、マシュマロ、下着などのお返しをします。「お返しの日」まで決められ、しかも昨今のように「倍返し」が一般的となると男はつらいよ、でしょう。大人の流儀としては、悪評の高い義理チョコなどはこの際きっぱりとやめてしまい、いっそ自分へのご褒美にしたらどうでしょうか。

いずれにしても、日本のバレンタインデー、ホワイトデーの風習は、製菓産業や小売業者に巧みに利用された感じがしますが、本来の愛の記念日としての風習は、世界的に広がりをみせているようです。中国では情人節と呼んで、熱烈な求愛運動が展開されていますし、韓国でも同様のようです。

横手《よこて》のかまくら・ぼんでん（十五～十六日）　六郷《ろくごう》のかまくら（十一～十五日）

北国の冬の風物詩二景
甲乙つけがたい趣

ご承知のように、かまくらとは竈《かまど》の形をした、雪を固めてつくった雪室《ゆきむろ》のことです。雪室に祭壇を設け、御幣《ごへい》を立てて、水神《すいじん》様を祀《まつ》ります。横手市内だけで百個ほどのかまくらがつくられます。ミニかまくらも無数にあり、中ではロウソクの火が揺れています。祭りの当日は、子供たちがかまくらの中で水神様にお供え物をし、餅を焼いたり甘酒を飲んで楽しい夜を過ごします。中から子供たちが、近くを通る人々に、「はいってたんせ」「おがんでたんせ」などと声をかけます。誘われるままにかまくらに入り、水神様に賽銭《さいせん》をあげると、甘酒を勧められたりもします。

横手のかまくら・ぼんでんには四百年もの歴史があります。この起源には諸説ありますが、田畑の害鳥を追い払う鳥追い、水神祭り、どんと焼きなどの諸行事が習合したものと考えられています。

一方、秋田県仙北郡美郷町六郷《ろくごう》の「六郷のかまくら」は、七百年以上も続いている行事で、天筆《てんぴつ》や鳥追いなど一連の行事からなります。

十一日の蔵開きの日に、子供たちは緑、黄、赤、白、青色の五色の紙を貼り合わせて、三〜五メートルほどの短冊型にしたものに「奉納鎌倉大明神　天筆和合楽　地福円満楽　あらたまの年のはじめに筆とりて万《よろず》の宝かくぞあつむる」などと墨書し、氏名と年月日を書き込みます。十二日には、この天筆を高さ七〜九メートルもある長い青笹つきの竹竿《たけざお》の先に結びつけ、家の出入り口の脇に立てます。

これと同時に、空き地に雪を積み上げ、天井に筵《むしろ》を渡し掛け、雪の祠《ほこら》をつくり、内に鎌倉大明神を祀ります。子供たちはこの「鳥追い小屋」の前で「鳥追い唄」を歌ったり、甘酒や福取餅を食べて過ごします。

この鳥追い小屋が横手市のかまくらにあたります。しかし、横手のかまくらの幻想的な情景に比べ、六郷のほうは激しいのです。

十五日になると、門松《かどまつ》や正月の飾り物、古いお札を集め、諏訪《すわ》宮《ぐう》前の広場で燃やします。午後七時ころになると木法螺《きぼら》が鳴らされ、それを合図に町内の若者たちが南北両軍に分かれ、長い青竹で勇壮に打ち合う「竹打《たけぶ》ち」がはじまります。二回の竹打ちをすませたら、松鳰《まつにお》に点火し、広場に集められた天筆が焼かれます。そのとき燃えた色紙が高く舞い昇れば吉とされます。ここで三回目の竹打ちが行われ、そのときの掛け声や打ち合う勢いで勝敗が決められます。これで北軍が勝てば豊作となり、南軍が勝てば米価が上がるといわれています。

⇦鳥追い櫓とかまくら（『北越雪譜』）

閏日《うるうび》（二十九日）

閏日・閏月・閏年には秘密がある

平成二十四年（二〇一二）は**閏年**《うるうどし》でした。著者の教えているカルチャーセンターの生徒さんから、「閏」について質問をいただきました。この仕組みには、ちょっとした謎解きの面白さがあります。一年の実際の長さは三百六十五日と約四分の一日ですが、暦では四分の一日という端数はつけられませんから、一年は三百六十五日とします。したがって、四年たつと約一日、暦のほうが先に進んでしまうので、二月二十八日の次の二十九日に閏日《うるうび》を設けています（旧暦では一か月の閏月が設けてある）。なぜ閏日が二月なのかがよく話題になります。これは、今の太陽暦の基本になった古代ローマの暦では、一年のはじめが三月で、二月は年末だったためです。閏月や閏日のような余分のものは年の途中にあるより、いちばん最後の月のあとにあったほうが何かと扱いやすいと考えて二月に置かれました。現行の太陽暦では、通常四年に一回で、西暦が四で割り切れる年が閏年です。ところが、日本では西暦が公認されていません。ではどうやって閏年を決めるかというと、初代神武《じんむ》天皇即位の年（紀元前六六〇年）を元年としました。いまさら神武天皇即位紀元（皇紀）を持ち出したところで、ちんぷんかんでしょうが……。なお、閏月について一部に誤解がありますので、詳しくは三〇四頁をご覧ください。

閏年
閏年は四年に一回だが、西欧諸国では西暦が「四」で割り切れる（整除できる）年としている。しかし、実際の一年に比べてほんのわずか長くなってしまい、約百二十八年で一日の差がでるので、この誤差を修正するために、四百年間に三回、閏日を省略している。その方法は西暦が百の倍数のとき、百で割って残りの数が四で割り切れる年（一六〇〇年、二〇〇〇年……）は閏年、それ以外（一七〇〇年、一八〇〇年、一九〇〇年……）は平年としている。日本で閏年を決めるための法的根拠になっているのは、明治三十一年（一八九八）五月十日の勅令第九十号である。

春の巻

●春の巻のはじめに……………

魂を揺さぶる桜花 春風に誘われて 春を満喫する

「暑さ寒さも彼岸《ひがん》まで」といわれるように、春の彼岸を境に水もぬるんで、うららかな春らしい気候になるのが三月です。三月の行事でまず挙げられるのは、雛《ひな》祭りと涅槃会《ねはんえ》でしょう。家々から心華やぐ雛祭りの唄、寺院からは念仏唱和ののどかな響きが聞こえてきます。

三日の雛祭りは、陽《よう》の数（奇数）「三」が重なるこの日を上巳《じょうし》として祝う古代中国の行事と、日本の雛遊《ひいな》びや、人形《ひとがた》に罪や穢《けが》れを移して川に流す平安時代からの風習が習合したものとされます。この日の雛飾り、雛御膳にも関東地方と関西地方では違いがあります。

涅槃会は、釈迦《しゃか》が入滅した日とされる旧暦二月十五日に法会《ほうえ》が催されていましたが、現在は新暦四月八日に釈迦の入滅を描いた涅槃図を掛け、釈迦の誕生を祝って法要が営まれます。

春本番の四月は桜の季節です。日本各地で花見の宴が催されます。京都では花《はな》鎮祭《しずめさい》、大念仏狂言《だいねんぶつきょうげん》、花街《かがい》の春の踊りと、連日多彩な伝統行事が繰り広げられます。

五月は祭りの月です。京都では、新緑の美しい薫風《くんぷう》のこの季節に、遠い王朝の優美を今に伝える雅《みやび》な葵祭《あおいまつり》が繰り広げられます。また、東京では三社祭《さんじゃまつり》、神田《かんだ》祭《まつり》が盛大に行われ、神輿《みこし》が下町を練《ね》り歩きます。

こうした春を彩る諸行事は、旧暦の日取りのままに行われる行事と、旧暦の日取りをそのまま新暦に移したものがまざっているおかげで、日本の文化的な生活がより豊かになっているといえるでしょう。

春　主な行事のスケジュール

三月　弥生《やよい》

1〜14日　修二会《しゅにえ》→92
3日　雛《ひな》祭り→96
3日　裸押合祭《はだかおしあいまつり》→102
9日　雨乞祭《あまごいまつり》→104
9日　鹿島祭頭祭《かしまさいとうさい》→105
10日　帆手祭《ほてまつり》→106
第2日曜日　高尾山薬王院火渡祭《たかおさんやくおういんひわたりまつり》→107
15日　涅槃会《ねはんえ》→108
15日　田県神社豊年祭《たがたじんじゃほうねんさい》　15日直前の日曜日　大県神社豊年祭《おおあがたじんじゃほうねんさい》→110
22〜24日　法隆寺小会式《ほうりゅうじおえしき》　4月22日　四《し》天王寺聖霊会《てんのうじしょうりょうえ》→112
3月下旬〜5月上旬ころ　潮干狩《しおひが》り→113

四月　卯月《うづき》

4月上旬〜5月上旬　花見《はなみ》→114
3日　土解祭《とげさい》→120
5日ころ　清明《せいめい》→121
7日　青柴垣神事《あおふしがきしんじ》→122
8日　灌仏会《かんぶつえ》→124
10日　桜花祭《おうかさい》→125
第2日曜日　やすらい祭《まつり》→126
14〜15日　高山祭《たかやままつり》→127
29日〜5月5日　壬生狂言《みぶきょうげん》→128
丑《うし》と未《ひつじ》の年の4月上旬〜5月下旬　善光寺《ぜんこうじ》御開帳《ごかいちょう》→129
寅《とら》と申《さる》の年の4〜6月　御柱祭《おんばしらまつり》→130

五月　皐月《さつき》

1〜5日　春の藤原《ふじわら》まつり→134
2日ころ　八十八夜《はちじゅうはちや》→136
3日　先帝祭《せんていさい》→135
3〜6日　くらやみ祭り→138
3〜5日　青柏祭《せいはくさい》→139
5日　こどもの日　端午《たんご》の節句《せっく》→140
14日　当麻寺練供養会式《たいまでらねりくようえしき》→144
14〜16日　戸隠《とがくし》神社の春祭り→145
15日　葵祭《あおいまつり》→146
15日近くの土・日曜日　神田祭《かんだまつり》→150
第3金・土・日曜日　三社祭《さんじゃまつり》→152
第3日曜日　三船祭《みふねまつり》→154
17〜18日　日光東照宮渡御祭《にっこうとうしょうぐうとぎょさい》→155
24日　とげぬき地蔵大祭《じぞうたいさい》→156

＊→以下は本文の解説ページを示します。
＊新暦／旧暦対応、二十四節気の日付は巻末付録をご覧ください。
＊およそ日付順に載せましたが、移動開催などで実際の日取りが前後したり、変更になることもありますのでご注意ください。

修二会《しゅにえ》（一～十四日）
千二百年以上も途絶えることなく続く東大寺二月堂の春迎えの神事

☯十一面観音に懺悔する法会

修二会《しゅにえ》（「お水取り」「お松明《たいまつ》」ともいう）は、東大寺《とうだいじ》（奈良県奈良市雑司町《ぞうしちょう》）の旧暦二月の法会《ほうえ》であることから、一月の修正会《しゅしょうえ》に対して修二会と名づけられました。

関西地方では、「お水取りが終わらないと春が来ない」とされるくらい、十二～十三日のお水取りは庶民の生活に密着した、春迎えの代表的な行事です。

東大寺二月堂の修二会は、天平勝宝四年（七五二）、東大寺開山良弁《ろうべん》僧正の高弟で二月堂を創建した実忠《じっちゅう》和尚《かしょう》がはじめたとされますから、千二百年以上も続いています。

修二会は正式には「十一面悔過《じゅういちめんけか》」といい、私たちが日常に犯しているさまざまな過ちを、東大寺二月堂（東大寺大仏殿東方の斜面に建つ堂）の本尊である十一面観世音菩薩《かんぜおんぼさつ》（救済者としての観音の能力を十一の顔で表したもの。通称「十一面観音」）に懺悔《ざんげ》する結願《けちがん》法要《ほうよう》です。

この「悔過作法」と称される行法を人々に代わり勤める僧侶を、練行衆《れんぎょうしゅう》といいます。

修二会の二週間、選ばれた練行衆十一人は、日によっては、翌日の午前四時ころになる

修二会
かつては東大寺二月堂以外にも各地で修二会が行われていたが、現在では長谷寺《はせでら》（奈良県桜井市）で二月十四日に行われている「だだおし」（正しくは「追儺会《ついなえ》」）が知られるくらいである。これは八日にはじまる修二会の最終日の結願の日に行われる火祭り法要。

⇦南都二月堂水取の図（『諸国図会年中行事大成』）

まで、食事はもとより水を飲むことも禁じられる「別火《べっか》」という精進生活に入ります。

この間、練行衆は本堂に籠《こ》もり、日中、日没《にちもつ》、初夜、半夜、後夜、晨朝《じんじょう》の六回にわたって悔過作法を行います。

「南無《なむ》頂上《ちょうじょう》」などと唱えながら、内陣を六十回近く走り回る「走りの行法」は、三月五日からの三日間および三月十二日からの三日間に行われます。

期間中、全国の神々の名を記した神名帳《しんめいちょう》と過去帳《かこちょう》の奉読が行われます。

お水取りの儀式

有名なお松明の儀式は、十二日の夕方より十三日早朝にかけて二月堂内で行われます。お松明は期間中は連日行われるのですが、この日は一回り大きな籠松明《かごたいまつ》が登場するので見応えがあります。

畿内の崇拝者（信者）が奉納した長さ八メートル、重さ七十キロ前後の籠松明を修行僧が担ぎ、百余段の石段を駆け上がって二月堂の回廊で大きく振り回します。

飛び散る火の粉を浴びると災厄が祓《はら》われるといわれ、参拝者は先を争うように火の粉を受け、無病息災を祈ります。

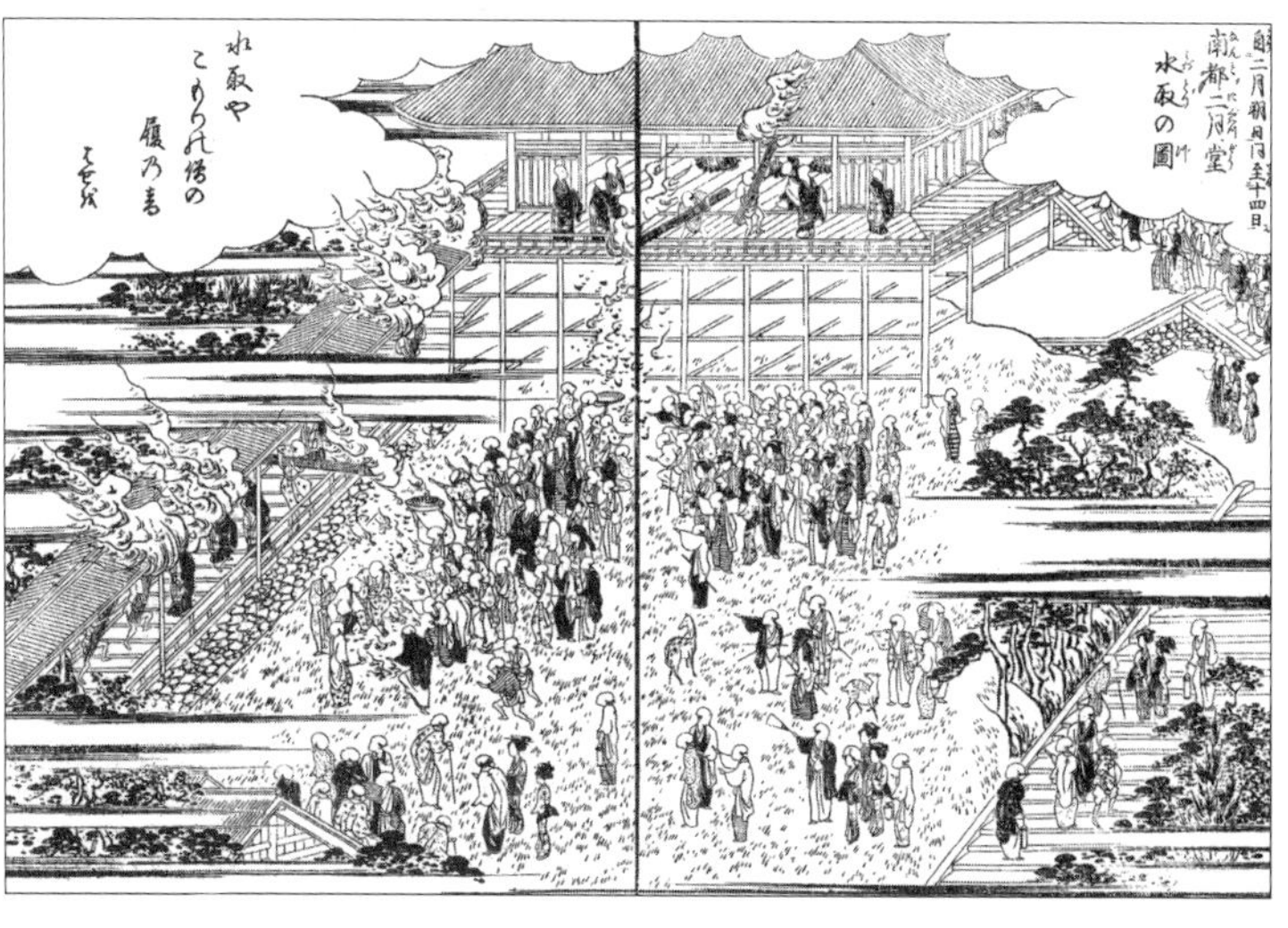

翌十三日午前二時ころにお水取りの儀式がはじまります。『二月堂縁起《にがつどうえんぎ》』には、魚を採っていて二月堂への参集に遅れた若狭国《わかさのくに》（現・福井県）の遠敷明神《おにゅう》が、お詫びとして二月堂のほとりに清水を湧き出させ、観音様に奉ったという、お水取りの由来を伝えています。

お水取りは、十二日の後夜の悔過作法の途中で、行法を中断してはじまります。笙《しょう》、篳篥《ひちりき》が堂内に響くと、寸胴型の咒師《しゅし》松明に先導されて、練行衆が牛王杖《ごおうづえ》と法螺貝《ほらがい》を手にして続きます。

練行衆は二月堂下の閼伽《あか》井《い》に降りて、本堂仏前に供える一年分の香水《こうずい》を汲《く》み上げます。汲み取った香水は、参拝者にも振る舞われます。

十二〜十四日には、「達陀《だったん》の行法」が行われます。金色の鏡がついた達陀帽をかぶった八人と、達陀松明を持った練行衆らによるこの行法は、インドで行われていた火法とも、達陀人の踊りとも、天人《てんにん》が二月堂に降り立ち舞った不思議な舞をうつしたともいわれています。なお、達陀（韃靼）は蒙古・トルコ系民族のことです。

修二会終了後、達陀に使用した達陀帽を子供にかぶせると賢い子に育つという言い伝えから、幼児を連れた参拝客で賑わいます。

☯お水送りの儀式

東大寺二月堂のお水取りに用いられる香水の水源は、はるか遠くの福井県小浜市とされています。

若狭国の一宮《いちのみや》である**若狭彦《わかさひこ》神社**（福井県小浜市）に近い遠敷川《おにゅうがわ》の上流の根来《ねごり》白石の鵜《う》の瀬の水が、地下水となり東大寺の若狭井に湧き出るといわれています。**若狭神宮寺《じんぐうじ》**（福井県小浜市神宮寺）では毎年、十二日の東大寺二月堂のお水取りに先がけて、二日に「お水送り」の儀式が行われます。この神事も千二百年以上続いているといわれます。

お水送り神事は、午前十一時ころ、下根来八幡宮《しもねごりはちまんぐう》で営まれる「山八神事《やまはちしんじ》」からスタートします。これは豊作祈願で、赤土を御神酒《おみき》で練ったものを祈禱してから舐《な》めて、残り土で柱に「山」と「八」の字を書き込みます。

午後六時ころ、神宮寺本堂で修二会を営み、達陀の行法となります。身を清めた僧侶が大松明を掛け声とともに左右に振り回します。大松明が夜の回廊の闇を走り、火の粉は火の滝になって降り注ぎます。午後七時半過ぎ、山伏《やまぶし》や僧侶など三千人ほどの松明行列が、神宮寺から鵜の瀬に向かって出発します。

神宮寺から二キロ上流の鵜の瀬に護摩壇《ごまだん》が設けられ、白装束《しろしょうぞく》の住職が瀬の岩頭に立ち、送水文を読み上げ、邪気祓いをしたのち、神宮寺から持参した竹筒の香水を遠敷川に注ぎます。

この香水が地下水脈となり若狭井に通じ、十日後に東大寺二月堂のお水取りで汲み上げられるとされています。

若狭彦神社　若狭神宮寺　若狭彦神社は上社の若狭彦神社、下社の若狭姫《わかさひめ》神社（遠敷明神　福井県小浜市）に分かれている。両社を合わせて遠敷明神と呼ぶこともある。別表《べっぴょう》神社（特に扱いを重くするよう定められた神社）の若狭神宮寺（「神願寺」ともいう）は宝物の『詔戸次第《のりとしだい》』で知られる。

雛《ひな》祭り（三日）

雛御膳に雛菓子 女の子がワクワク待ちわびる「雛の節句」

曲水の宴、雛遊び

草木の萌え出る春に家庭や寺社で行われる雛《ひな》祭り行事では、季節に彩りを添える桃の花が欠かせません。南北に細長い日本列島の花の開花時期には大きな地域差があり、桃の花が咲くのは、平均的には三月下旬から四月上旬です。東京あたりでは梅の花が終わるころに、桃色や緋《ひ》色や白色の花が咲き誇ります。

雛祭りは新暦（太陽暦）の三月三日に行うところのほかにも、月遅れや旧暦（太陰太陽暦）で催すところもあります。

旧暦の三月三日は、太陽暦に換算すると早い年で三月二十四日ころ、もっとも遅い年で四月二十五日ころですから（平成二十六年〈二〇一四〉は四月二日）、この行事に欠かせない桃の花の蕾《つぼみ》がまだ固かったり、逆にとっくに花が散ってしまっていたりするのです。

雛祭りが「桃の節句」ともいわれるのは、旧暦三月三日ころは、平均的に自生の桃が花盛りになるからです。「昔は旧暦だったために、桃の節句と桃の開花が一致した」な

寺社で行われる雛祭り行事の一例

- 二月二十五日～三月三日……かつうらビッグひな祭り／遠見崎《とみさき》神社（千葉県勝浦市）このイベントは六十段の石段に千二百体の雛人形が飾られ壮観。同じ勝浦の縁で徳島県勝浦郡勝浦町から里子として七千体の雛人形を譲り受けたといい、この期間には市内各所に二万五千体以上が飾られる。
- 三月一日～四月三日……ひなまつり／宝鏡寺《ほうきょうじ》（京都市上京区）宝鏡寺は「人形寺」として知られ、春・秋に人形展が開催されるが、春は雛祭りを兼ねる。本堂に歴代の内親王たち愛玩の雛人形の数々が並び、島原《しまばら》太夫《だゆう》による舞の奉納などが行われる。
- 三日直前の日曜日……江戸

どと説明したものもありますが、これでは一知半解、いや間違いです。旧暦の雛祭りでは、いつでもちょうど桃の花が咲いていると思い込むのは正しくありません。旧暦では年中行事が季節にぴったりと合うのは、月に関係した行事のみです。

では、新暦ではどうでしょうか。雛祭りに用いられるものは自然の恵みが多いため、やはり問題なのです。前述のように、桃の花の時期にはまだ早く、開花していませんし、雛祭りにつきものの蛤《はまぐり》を潮干狩《しおひが》り（一一三頁参照）で採ったりはできません。

そこで著者からの提案です。雛祭りは、新暦と旧暦の両方で、二回お祝いしたらどうでしょうか。もしくは、季節に合わせられ、昔からの日付も守れる月遅れで祝うのも無難のようです。

ここで雛祭りの由来を簡潔にまとめておきましょう。

この行事は古代中国に起源をもちます。中国で上巳《じょうし》とか上巳節と呼ばれていたのは、三月最初の巳《み》の日に行われたからです。中国では、邪気に見舞われやすい忌日《いみび》として、三月はじめの巳の日に、水辺で体を清め、桃の酒を飲んで邪気を祓《はら》う風習がありました。桃の酒を飲むのは、この時期に咲く桃の花が、魔や穢《けが》れを祓う力を秘めているとされているうえ、桃がたくさんの実をつけることから強い生命力の象徴と考えられているからです。要するに、水辺に出てお祓いをし、酒宴を催したというのがその起源の一つです（「曲水《きょくすい》〈「ごくすい」とも〉の宴《えん》」説）。

わが国では古《いにしえ》より穢れを恐れ、それを祓い清めることを重視しました。たとえば、天皇の穢れや不浄を祓う「七瀬の祓い」、自分の災いや穢れを形代《かたしろ》、人形《ひとがた》に移して、川や

流しびな／江戸流し雛振興会　願い事を書いた短冊つきの紙の雛を隅田川《すみだがわ》に流す。吾妻《あずま》橋親水テラスと隅田公園が会場。

●三日……神宮《じんぐう》の森のひなまつり子供大会／明治神宮《めいじじんぐう》（東京都渋谷区）　参加した親子が、願い事を書いた短冊つきの雛を境内の北池に流す。明治神宮児童文化会のイベントだが拝観者も参加できる。

●三日……ひいなまつり／市《いち》比売《ひめ》神社（京都市下京区）
　市比売神社は女人守護の神として知られ、男女が内裏雛に扮する「ひとびな」が見どころ。雛菓子の引千切と抹茶《まっちゃ》の接待もある。

●三日……流し雛／下鴨《しもがも》神社（賀茂御祖《かもみおや》神社　京都市左京区）　この流し雛は上巳の節句の古式を今に伝えて

海に流す「流し雛」です。室町時代末期ころ、この流し雛と平安時代からの公家の女児の人形遊びであった「雛《ひいな》遊び」が結びついて、雛祭りが生まれました。御人形（雛）がだんだん立派になり、雛人形になったといわれます（「雛遊び」説）。

昔から、雛祭りが終わったら、すぐに人形を片づけるという習わしがあります。現在でも、三日を過ぎて雛人形が飾られたままだと「お嫁に行くのが遅くなる（行けなくなる）」という言い伝えが守られているのは、根拠はともかく、雛祭りの祓いという本来の意味が伝えられているからでしょう。

以上のように、曲水の宴と雛遊びが習合して雛祭りという風習が誕生したと考えられます。

☯雛飾り、流し雛

雛の節句は、女の子の節句として、初節句（女の子が生まれてはじめて迎える節句）の家を中心に**雛人形**を飾ってお祝いしています。

雛祭りの主役である雛人形は、のちに室町雛《むろまちびな》と呼ばれる立雛《たちびな》や紙雛《かみびな》が室町時代末期ころに創案されますが、これはまだ人形《ひとがた》の名残をとどめていました。江戸時代以降、寛永《かんえい》雛《びな》、元禄雛《げんろくびな》、享保雛《きょうほうびな》といった座雛《すわりびな》が登場してきます。

このころには頭《かしら》や装束《しょうぞく》の専門の職人も現れます。考案者である京の人形師の名を取った雛屋次郎左衛門雛《ひなやじろざえもんびな》（立雛）、有職故実《ゆうそくこじつ》にのっとり、きらびやかな装束をまとった有職雛（座雛）、江戸・日本橋の人形師原舟月《はらしゅうげつ》が古代雛を参考に、より写実的に精巧につく

いる。神事は午前十時半よりはじまり、穢れを移した人形を水に流すことで厄を祓う。衣冠束帯、十二単衣《じゅうにひとえ》の男女が桟俵《さんだわら》に男女一対の和紙の雛人形を載せ、境内の御手洗川《みたらしがわ》に流して無病息災を祈念する。下鴨神社を訪れた多くの参拝者も御手洗川に雛を流し、それぞれの無病息災を願う。

●三日……雛流し／淡嶋《あわしま》神社（和歌山県和歌山市）　江戸時代以来、安産、子授けなど女性の神様として知られる和歌山市加太《かだ》の淡嶋神社では、全国から奉納された雛人形に願い事を書き、白木の雛舟に載せて海に流す。この日に限らず境内は常時、人形で埋め尽くされており、その異観でも知られる。

●上巳の日……桃花神事《とうかしんじ》／上《かみ》賀茂《がも》神社（賀茂別雷《かもわけいかづち》神社

り上げ、目の玉にガラスや水晶が用いられた古今雛《こきんびな》（座雛）が創案されるなど、時代を追うごとに豪華になっていき、飾り方も工夫されるようになります。

現在の雛人形は内裏雛《だいりびな》（「親王飾《しんのうかざ》り」ともいう）が主流ですが、これは古今雛の系譜を引くものです。

雛人形という名称は江戸時代になってから生まれたもので、今日のような平安時代の宮中を模した雛壇ができるようになるのも江戸時代末期からです。しかし、江戸時代に雛人形を雛壇に飾ることができたのは、裕福な商家であり、庶民の家ではもっぱら土や紙の雛人形を飾って、娘たちの無事と息災を祈っていました。庶民が雛壇飾りを行うようになったのは、明治時代以降になってからです。

また、最近は吊し雛が静かなブームのようです。端切れの布で縁起物をつくり、赤い糸で雛人形の前や横に吊して飾ります。昔は、初節句を迎える娘のために、雛人形代わりに母親が手づくりしたものです。

☯ちらし寿司、蛤の吸い物

雛祭りには、春の食材をふんだんに使った、見た目も鮮やかなご馳走が並びます。主な雛御膳《ひなごぜん》、雛菓子をご紹介しましょう。

これは東京と京都では少し違います。東京の定番は、ちらし寿司《ずし》、蛤の吸い物（「潮《うしお》汁《じる》」ともいう）、菱餅《ひしもち》、草餅《くさもち》、雛あられなどがお祝いとして用意されます。

まずは、ちらし寿司です。海老《えび》の赤色は魔除け、蓮根《れんこん》はたくさん穴が空いて見通しが

京都市北区）神前に神饌《しんせん》（桃の花、草餅など）を供え、女の子の健やかな成長を祈る。

●旧暦三月三日……流しびな／流しびなの館（鳥取県鳥取市）鳥取市用瀬《もちがせ》町では、男女一対の紙の雛を千代川《せんだいがわ》に流す風流な流しびなの行事が名高い。また、町内の旧家では雛飾りを公開している。

雛人形

雛壇の段数には三・五・七段があるが、七段飾りでは最上段には向かって右側に皇后を模した「女雛」、左側には天皇を模した男雛（男女一対を総称して内裏雛という）、次段から三人官女、五人囃子、随神《ずいじん》（左大臣・右大臣）、三《さん》仕丁《じちょう》を順に配置する。下の二段は道具類。なお、向かって

よいなど、縁起のよい具材を集めてつくります。

「桃の節句は貝尽くし」と食通が言うように、この時期は貝類が豊富ということもあり、雛祭りの料理には貝類が多く使われ、その代表格が蛤の吸い物です。浜吸いのほんのりとした塩味が海を思い起こさせ、懐かしい気持ちに包まれます。蛤は二枚貝（二つの殻がしっかり合わさっている）であることから、夫婦和合の願いが込められている縁起物であり、女の子の幸せを願う意味があります。

菱餅も雛祭りの定番です。通常、赤色、白色、緑色三枚を重ねたものが壇上に飾られます。三色はそれぞれ桃の花、白酒《しろき》（しろざけ）、蓬《よもぎ》を表していて、赤色は魔除け、白色は清浄、緑色の蓬には邪気を祓う意味が込められているといわれています。餅が菱形に薄く切られているのは、龍に襲われそうになった娘を救うのに菱（水草の一種）の実を使って退治したという、仏典の説話に由来するようです。この重ね方、合わせ方には地域差があります。

雛祭りは「草餅《くさもち》の節句」ともいわれていますように、草餅は欠かせません。昔は、それぞれの家で蓬を摘み茹《ゆ》で、餅に搗《つ》き混ぜてつくっていました。蓬は薬草として知られ、邪気を祓う魔除けの効果があると考えられています。

雛菓子には、黒豆や大豆などを煎《い》ったものに砂糖をからめた雛あられもあります。昔は、煎ったときによくはじけると吉、あまりはじけないと凶と、その年の吉凶をこれで占ったともいわれています。

この日には、古くは白酒（蒸した糯米《もちごめ》と清酒でつくられた白色の酒）や桃の花を浮かべ

右に女雛、左に男雛を置くのは、明治末に外国の影響からはじまったものであり、関西では本来、古式にのっとり男女雛二体をこの逆に配置する。これは古来、左が上位とされた伝統に従っているからである。

た桃花酒《とうかしゅ》が飲まれていましたが、最近では甘い白酒《しろざけ》（米や米麹に酒を混ぜて五十〜六十日間置き、のちに砕いて醸造させたもので独特の香りがある）がそれらに取って代わりました。

以上は東京の場合をご紹介しましたが、**京都の雛御膳、雛菓子の定番**は以下のようになります。まず、吸い物は蜆《しじみ》の澄まし汁が一般的です。貝類を使った「てっぱい」と姫《ひめ》鰈《がれい》も欠かせません。雛菓子としては引千切《ひちぎり》がつきものです。詳しくは下をご覧ください。

京都の雛御膳、雛菓子の定番

- 蜆の澄まし汁……主に瀬田の蜆を用いる。
- てっぱい……山菜と旬の貝の酢味噌和え。「てっぽう和え」とも。
- 引千切……餅と餡《あん》でつくられた京菓子の一種。「あこやもち」とも。

⇧雛祭り（『温古年中行事』）

裸押合祭《はだかおしあいまつり》（三日）

厳冬の中で水垢離をとった裸の男たちが激しい押し合いをする祭礼

浦佐毘沙門堂裸押合祭《うらさびしゃもんどうはだかおしあいまつり》は、雪に埋もれながら、若い男性の群れが白い短パン一つで勇壮に押し合う祭礼で、日本三大奇祭の一つといわれています。

裸押合祭は、真言宗普光寺《ふこうじ》（新潟県南魚沼市浦佐）毘沙門堂の毘沙門天本尊を御開帳《ごかいちょう》して行われ、例年多くの参拝者で賑わいます。ここの山門に鎮座する不動明王《ふどうみょうおう》は日本最大といわれます。

以前は毎年旧暦（太陰太陽暦）の正月三日に、男女で行われていましたが、いつしか男のみとなったようです。明治六年（一八七三）に新暦（太陽暦）に改暦されてからは、三月三日に行われるようになりました。

前夜の前夜祭からこの日の夕方にかけて諸行事が行われ、午後六時からはじまる本祭は、クライマックスの裸押合を迎えて興奮が高まっていきます。境内にはスピーカーを通して「さんよ節」の歌声が流れます。

「〽越後浦佐の毘沙門様は　国の宝よ福の神よ　三月三日にゃ深雪の中で
裸はだしの押合祭　ハア　サンヨ　サンヨ　サンヨ　サンヨー」

裸押合祭

厳冬下での激しいこの裸押合祭は、江戸時代にはすでに知られていたようである。江戸後期の随筆家、鈴木牧之《すずきぼくし》が北《ほく》越《えつ》（現・新潟県北部）の雪国に住まう人々の暮らしを紹介した『北越雪譜《ほくえつせっぷ》』には「浦佐の堂押」として、次のように記されている。

「昔よりこの毘沙門堂において、毎年正月三日の夜に限りて堂押という事あり、……昔より有り来たる神事なり。正月三日はもとより雪道なれども十里二十里より来たりてこの浦佐に一宿し……（以下略）」

水行参拝の先陣を切るのは地元の青年団の若者たちです。全員が白鉢巻き、白短パンに白腹巻の姿で編隊を組んで境内に現れ、「サンヨ、オウサイ、ヨサコイ」「サンヨ、オウサイ、ヨサコイ」と呪文を唱えながら不動明王像前へと進みます。その前後を付き人たちが火を灯した大ロウソクを抱え、やはり呪文を唱えながら進みます。

青年団の若者四人が、不動明王像の前の氷の張った手水鉢《ちょうずばち》に身を浄《きよ》めるために飛び込むと、見物人から悲鳴が上がります。一組目が水から上がると次々に飛び込み、約百五十人の若者が身を浄めます。

水垢離《みずごり》をとった若者たちは、体から湯気を立ち上らせながら、毘沙門堂に繰り込み、堂内は立錐《りっすい》の余地もなくなります。堂内の天井の隅々に重さ四十キロもある大ロウソクが数百本置かれ、若者がそれを守るように高い位置につきます。人一人立つのが精一杯のスペースしかなく、落ちる危険もあるので、背後に張られた綱に片手をかけています。

やがて水垢離を終えた男子中学生が、毘沙門堂内へなだれ込みます。少年たちは大声を上げながら揉《も》み合います。やがて大勢の参拝者たちも水垢離をとって身を浄め、その年の除災招福を祈願しようと押し合い、揉み合いながら、扉の前に来た者から参拝します。福札の撒与《さんよ》が何回か行われ、祭りが終わるのは十一時ころです。

新潟県下ではこれと似た裸押合祭が数多く行われており、また、どやどや（大阪・四天王寺《てんのうじ》《し》）、会陽《えよう》（岡山・西大寺《さいだいじ》）などの類似した祭礼が全国各地、各様の名称、日取りで開催されています。

雨乞祭《あまごいまつり》（九日）降雨と豊穣を祈る、水を司る貴船神社の祭礼

貴船山《きぶねやま》と鞍馬山《くらまやま》との谷間《たにあい》から源を発する貴船川の右岸に鎮座する貴船《きふね》神社（京都市左京区鞍馬貴船町）は、平安奠都《てんと》以前から祀《まつ》られている長い歴史をもつ神社です。奠都後には京都御所《ごしょ》の御用水となる賀茂川《かもがわ》の水源地となり、水を司る女神（高龗神《たかおかみのかみ》）を本宮《ほんぐう》に祀り、雨乞い、雨止めの神として、朝廷から一般庶民にまで深く信仰されました。日照りや長雨のときには、朝廷より使者が遣わされ、雨乞いには黒馬を、雨止めには白馬《あおうま》を奉納し、祈願したといいます。現在は、本殿前の石垣から御神水が湧き出ています。

この日、貴船神社の拝殿前では、白装束《しろしょうぞく》の神職が五穀豊穣を願い、降雨の祝詞《のりと》を読み上げ、太鼓や鈴を鳴らして、「雨もたれ、雨もたれ、雲にかかれ、鳴神《なるかみ》じゃ」と唱えながら、御神水を榊《さかき》の枝で振りまきます。

この**雨乞祭**《あまごいまつり》の起源は定かではありません。農作業がはじまる時期の前にその年の降雨を祈願するのは、それだけ庶民の水に対する思いが切実だったからでしょう。

同じ日、境内では絵馬供養《えまくよう》が行われます。雨乞いに際して馬を神前に献上したことを起源にもつ絵馬が燃やされ、炎となって天に昇っていくさまから、雨乞祭と同じ思いが感じとれます。

雨乞祭
雨乞祭は古くは旧暦二月九日に行われていた。拝殿での儀式が終わると、奥宮へ参詣して雨乞の滝で、「大御田《おおみた》のうるほふばかり　堰《せ》きかけて　井関に落とせ　川上の神」という和歌を奉納し、川を堰き止めたという。その水を神職にかけるとかならず雨が降るといわれ、参拝者が競って神職に泥水をかけたとも伝わる。

鹿島祭頭祭《かしまさいとうさい》（九日）

奈良時代以来の鹿島灘一帯の春待ち祭り

鹿島祭頭祭《かしまさいとうさい》は、常陸国《ひたちのくに》（現・茨城県）の一宮《いちのみや》であり旧・官幣《かんぺい》大社《たいしゃ》の鹿島神宮《かしまじんぐう》（茨城県鹿嶋市宮中）の祭礼で、いわば「春待ち祭り」です。祭頭とは祭りの準備・主宰役のことで、頭屋《とうや》ともいいます。

色鮮やかな襷《たすき》を掛けた男たちが円陣を組み、太鼓の音に合わせて手にした長い樫《かし》の棒を振り上げては組み、組んでは解いて、「イヤーホエ鹿島の豊竹トホヨトヤ　イヤートホヨトヤアアヤレソラ御社楽めでたいイヤーホエ……」と声高らかに囃《はや》し歌を歌って鹿島神宮に詣《もう》でます。

午後から参道ではじまる祭頭囃《さいとうばやし》は派手で躍動感あふれるものです。行列を引き連れるのは、「新発意《しばち》」と呼ばれる甲冑《かっちゅう》姿の大総督《だいそうとく》です。これを務めるのは五歳の男の子で、冑《かぶと》をかぶり、大人の人に肩車されて現れる姿はかわいらしいものです。この行列のあとに神職など三百人と、色とりどりの鉢巻き、襷姿の派手な衣装の囃子方《はやしかた》の若者が続きます。彼らは輪になって、手に持った長い樫の棒をピラミッド状に高く組み合わせ、また崩すという動作を繰り返します。その中に太鼓を持った男が躍り込み、即興の祭頭歌を歌いだして祭礼を盛り上げます。行列は町を練り歩きながら神宮へと向かいます。

⇧祭頭日中の図（『鹿島志』）

鹿島祭頭祭

鹿島祭頭祭は奈良時代の防人《さきもり》の出立《いでた》ちと帰還の姿を今に伝える祭りといわれる。「鹿島立つ」という言葉が今もあるように、九州防備のため東国の男たちが防人として駆り出され集結したのが鹿島。祭りの衣装は、唐からの戦利品をまとって鹿島神宮にお礼参りしたことにはじまるとされるが、この説は日本が軍国主義に傾いたころに唱えられたものであり、本来は、囃し言葉からもわかるように五穀豊穣、天下泰平を願う祭礼。

東北随一の大社塩釜神社の火伏せ祭り

帆手祭《ほてまつり》（十日）

帆手祭《ほてまつり》は、天和《てんな》二年（一六八二）に塩釜《しおがま》地区が大火災に見舞われ、港に出入りする船も減少してこの地域が衰退したときに、火災の鎮圧と景気回復を祈って陸奥国《むつのくに》（現・宮城県）の一宮《いちのみや》の塩釜神社（宮城県塩釜市一森山）ではじめられ、今も火伏《ひぶせ》の祭りとして続けられています。

享保十八年（一七三三）に、欅《けやき》づくりの大神輿《おおみこし》が氏子から奉納されたころから、北国を代表する神輿祭りとして盛大なものになりました。以前は、漁師町らしく神輿が町中を奔放に暴れ回り、日本三大荒神輿の一つといわれました。

神輿渡御《とぎょ》には、毛槍《けやり》を持った羽織袴《はおりはかま》姿の大人たち、剝製《はくせい》の鷹を手にした鷹匠《たかじょう》姿の男や、刀や弓を持った稚児《ちご》たち、また、造花を飾りつけた巫女《みこ》姿の少女たちなど五百人もが付き従い、華やかです。見物客が固唾《かたず》をのんで見守るなか、重さ一トンもの豪華な二基の神輿が、烏帽子《えぼし》、白装束《しろしょうぞく》の氏子たちに担がれて、鈴の音とともに塩釜神社の二百二段の急な石段をゆっくりと降りていきます。十二時半ころのこの石段下りが祭りのハイライトです。町に出た神輿は、荒々しく練り歩き、午後八時に再び表参道の正面石段を登ります。二基の神輿は、それぞれ別のコースをたどって夕刻に神社に戻ります。

帆手祭

帆手祭は、氏子たちが昔、神輿の幟旗《のぼりばた》を船の帆のように仕立てて練り歩いたことに由来する。明治十四年（一八八一）に帆手祭と改称し、祭日もそれまでの正月二十日から現在の三月十日に変更された。帆手祭、花祭（四月第四日曜日）、みなと祭（七月第三月曜日）の三つを氏子三祭という。塩釜神社の名の由来は、別宮の祭神である塩土老翁神《しおつちのおじのかみ》が製塩法をもたらしたことによると伝えられる。

高尾山薬王院火渡祭《たかおさんやくおういんひわたりまつり》（第二日曜日）

全員で火の上を渡り、諸願の成就と春の訪れを寿ぐ

山伏《やまぶし》が修行をした修験道《しゅげんどう》の霊山《れいざん》は、天台《てんだい》系と真言《しんごん》系に二大別されますが、高尾山薬王《たかおさんやくおう》院《いん》（東京都八王子市高尾町）は、成田山新勝寺《なりたさんしんしょうじ》（千葉県成田市成田）、川崎大師平間寺《かわさきだいしへいけんじ》（神奈川県川崎市川崎区大師町）と並び真言宗智山《ちざん》派の三大本山として、関東地方の代表的な修験道場です。

この火渡《ひわたり》は火の行として、水行《すいぎょう》（一〇二頁の「裸押合祭」がその一例）と並ぶ荒修行です。

高尾山薬王院火渡祭《たかおさんやくおういんひわたりまつり》では、四方に大きな注連縄《しめなわ》が張りめぐらされた祭場の護摩壇《ごまだん》に、法螺貝《ほらがい》の音とともに山伏たちが登場します。まず山伏たちを招き入れる儀式「柴灯大護摩《さいとうおおごま》」が行われ、護摩《ま》木が焚《た》かれ、読経《どきょう》が響き渡ります。修行のラストの「火生三昧《かしょうざんまい》」でクライマックスを迎えます。火が消えた炭火を平らにして、禊《みそぎ》の塩を撒《ま》いてから、その上を歩く山伏たちを、参拝者は固唾《かたず》をのんで見守ります。

山伏に続いていよいよ「御信徒火渡り」です。人々は諸願の成就を願い、火の上を素足で、恐る恐る走り抜けます。渡りきった人々の顔には、そこはかとなく達成感が漂っているようです。

高尾山薬王院火渡祭

この祭礼の目的は、「世界平和、息災延命、災厄消除、交通安全、身上安全」を願うという壮大なものである。本来の火渡りは山伏により高尾山山頂で人知れず行われ、山の奥から絶叫が聞こえてくるほどの荒行だったという。現在のように一般の人を交え、薬王院山麓の祈禱殿広場で行われるようになったのは戦後である。

涅槃会《ねはんえ》（十五日）

京都の寺院で釈迦が入滅した日に行われる
その遺徳を偲ぶ行事

釈迦《しゃか》が入滅した旧暦（太陰太陽暦）二月十五日に、その遺徳を偲《しの》んで涅槃会《ねはんえ》が各寺院で催されています。**涅槃会**では、釈迦入滅の様子を描いた**涅槃図**《ねはんず》を掲げたり、供物を捧げて、法要を営みます。

ここでは、京都の東福寺《とうふくじ》（京都市東山区本町）、泉涌寺《せんにゅうじ》（京都市東山区泉涌寺山内町）、清涼寺《せいりょうじ》（通称「嵯峨釈迦堂」京都市右京区嵯峨釈迦堂藤ノ木町）、真正極楽寺《しんしょうごくらくじ》（通称「真如堂《しんにょどう》」京都市左京区浄土寺真如町）で所蔵・公開する涅槃図をご紹介しましょう。

京都東山山麓の臨済宗東福寺の涅槃図は、室町時代の画僧明兆《みんちょう》の作です。この東福寺の涅槃図には、珍しく猫が描かれています。これについては諸説ありますが、その一つはこうです。釈迦の使い走りは鼠《ねずみ》がしますから、一般に涅槃図には猫は登場しません。この涅槃図を描いているとき、猫がどこかから岩絵具《いわえのぐ》の材料になる石をくわえてきて制作を助けたといいます。これに感激した明兆は、釈迦入滅を悲しむ百獣の中に猫を描き加えたといいます。縦十四・五メートル、横七・三メートルの大作です。

⇨嵯峨釈迦堂、涅槃会の柱たいまつ（『諸国図会年中行事大成』）

やはり京都東山山麓の真言宗泉涌寺の涅槃図は、江戸中期の画家古磵《こかん》の作です。天井に江戸時代初期の画家狩野探幽《かのうたんゆう》画『雲龍図《うんりゅうず》』が掲げてある本堂（仏殿）で公開されます。ここの涅槃図は縦十五・一メートル、横七・三メートルといいますから、これは東福寺の涅槃図よりも大きく、日本一大幅な涅槃図とされています。

京都嵯峨野《さがの》の浄土宗清凉寺の仏涅槃図《ぶつねはんず》は、縦七十・八センチ、横五十五・四センチとやや小ぶりです。鎌倉時代の制作とされていますが、作者は不詳です。

清凉寺では、涅槃会の十五日の夜、お松明式《たいまつしき》が行われます。これは入滅した釈迦が荼《だ》毘《び》に付される様子を表したのがはじまりで、江戸時代にはすでに行われていたとされています。「五山《ござん》の送り火《おくび》（二二六頁参照）」「鞍馬《くらま》の火祭（二六八頁参照）」と並んで京都三大火祭りの一つといわれます。午後七時ころより本堂で行われる涅槃会大法要ののち、お松明式のお練りがあり、お松明となります。本堂前に、逆三角錐形に組まれた松明（高さ七メートル、直径二メートル）三基が用意されます。松明は松や杉の枝葉を詰め藤《ふじ》蔓《づる》で縛ったものですが、その結び方は独特です。八時半に、合図とともに、護摩木《ごまぎ》の火を移した藁束《わらづか》を松明に投げ込んで点火されます。参拝者からの唱名《しょうみょう》の声とともに、火は大きな柱となって吹き上がり、火の粉がはじけ、夜空を焦がさんばかりです。

近在の農家では、三基の松明をそれぞれ早稲《わせ》、中稲《なかて》、晩稲《おくて》に見立て、それぞれの燃え具合で、その年の米の豊凶を占いました。やはり京都東山山麓の天台宗真正極楽寺の涅槃図は、江戸時代前期の画家海北友賢《かいほくゆうけん》ほかの作です。縦六・二メートル、横四・五メートルと大きなものです。三井家の女性たちにより寄進されたといわれます。

涅槃会　涅槃図
関東地方では東京・芝の増上寺《ぞうじょうじ》（港区）、東京・小石川の伝通院《でんづういん》（文京区）で三月十五日に涅槃会の法要が行われている。涅槃図では応徳三年（一〇八六）銘のある高野山《こうやさん》の金剛峯寺《こんごうぶじ》（和歌山県伊都郡高野町）のものが日本仏画最古の傑作として名高い（国宝）。

田県神社豊年祭《たがたじんじゃほうねんさい》（十五日）　大県神社豊年祭《おおあがたじんじゃほうねんさい》（十五日直前の日曜日）

御神体は男女の性器
おおらかな天下一の奇祭で外国人にも人気

本書には、いわゆる「奇祭」と称されるものをいくつかご紹介していますが、この両豊年祭は奇祭中の奇祭といえるでしょう。

田県《たがた》神社（愛知県小牧市田県町）の田県神社豊年祭《たがたじんじゃほうねんさい》は、別名「篇之古祭《へのこまつり》」、または、そのものずばりの「ちんこ祭り」と呼ばれて、大男茎形《おおおわせがた》と呼ばれる男性のシンボルを神輿《みこし》に載せて担ぎ、そのエネルギーを豊作に結びつけるという奇祭です。

この祭礼は朝十時、神社から八百メートルほど離れた御旅所《おたびしょ》で、大男茎形、神宝などを安置することからはじまります。巨大な大男茎形は、檜《ひのき》材で毎年新しくつくります。直径六十センチ、長さ二メートル余り、重さ約二百五十～三百キロもあり、宮大工の手になるものといいます。午後二時、大男茎型神輿が安置されている御旅所から田県神社に向かって神輿行列が出立します。神輿は三基で、鳳輦《ほうれん》には豊年の神である祭神で御《み》歳神《としのかみ》の神像が、御前神輿には子孫繁栄の神である祭神の玉姫命《たまひめのみこと》の夫である建稲種命《たけいなだねのみこと》の神像が乗り、陽物神輿《ようもつみこし》にはお供え物の大男茎形が納められます。

三基の神輿のあとに氏子の若者たちが大榊《おおさかき》を持って従います。榊の葉は神符とされており、女性はこの榊に良縁、子宝を託すところから、見物人が榊の葉を奪い合います。

玉姫命は尾張《おわり》地方の祖神大荒田命《おおあらたのみこと》の娘で、建稲種命に嫁いで二男四女を産み、夫亡きのち故郷の荒田の里、つまり、ここ濃尾《のうび》平野の地に戻り父を助けて開拓に励み、子供の養育にいそしんだといわれます。そのため、のちに御祭神と合祀されたのです。

陽物神輿は当年四十二歳の厄男《やくおとこ》たちによって担がれ、陽物神輿のうしろに二、三十代の巫女《みこ》姿の女性が木製の大きな男根を抱いて続きます。神輿は境内を行きつ戻りつしてから社殿に突っ込んでいきます。

玉姫命の父神大荒田命は、小牧市から三キロ離れた隣市犬山市の大県《おおあがた》神社（愛知県犬山市宮山）の祭神です。この大県神社豊年祭も、女性のシンボルをかたどった山車《だし》が練り歩く奇祭で知られ、地元では「於祖々《おそそ》祭り」と呼ばれています。

大県神社の豊年祭の日は、町のあちこちに女性器をあしらった大幟《おおのぼり》が立ち並び、境内には女性器の形をした姫石や木を集めた祠《ほこら》が目立ちます。オープンカーに乗った神主や巫女、それに続いて恵比寿神やお多福、花嫁姿の女性を荷台に乗せたトラックが町中を駆け抜けます。このパレードは神輿渡御《とぎょ》の代わりというわけですが、これとは別に天狗の面をつけた猿田彦《さるたひこ》を先頭にした行列が諸鑼《もろくわ》神社から大県神社へ渡御します。

両神社のこのおおらかな性の祭典は、海外でも評判で、いまや祭り見物の外国人ツアー客が多いことでも知られています。

法隆寺小会式《ほうりゅうじおえしき》（二十二〜二十四日）　四天王寺聖霊会《してんのうじしょうりょうえ》（四月二十二日）

聖徳太子の遺徳を称え供養する法要

法隆寺《ほうりゅうじ》（奈良県生駒郡斑鳩町《いこまぐんいかるがちょう》法隆寺山内）の聖霊院《しょうりょういん》で、聖徳太子《しょうとくたいし》の御正忌《ごしょうき》に行われる法会《ほうえ》を**小会式**《おえしき》といいます。これは聖徳太子の命日とされる旧暦二月二十二日（現在は月遅れの三月二十二日）を中心に、その遺徳を称え供養する法要で、法隆寺で行われる最大規模の行事です。

本堂の聖徳太子像の御前に供えられる大きな餅花《もちばな》などの供物の華やかさが、堂内の法要の荘厳な声とあいまって、まるで極楽世界を演出しているかのようです。

それらは二月末から準備されます。寺僧や法隆寺に働く人たち、あるいは奉仕者による手づくりです。聖霊院内陣の中央の花形壇には、日月や火焔の餅を花や果物で飾って三方《さんぼう》に載せたもの、それと五穀飾りや紅白の鏡餅などが供えられます。これらの供物は中世以来、綿々と伝えられてきたもので、その源流は朝鮮半島にあるといわれます。

同じく聖徳太子が創建したと伝わる大阪の四天王寺《してんのうじ》（大阪市天王寺区四天王寺）でも、四月二十二日に四天王寺聖霊会《してんのうじしょうりょうえ》が行われ、地元では親しみを込めて「おしょうらいさん」と呼んでいます。この日、四天王寺では種々の儀礼からなる法要があり、御堂外では舞楽が奉じられます。

小会式
十年に一度、法隆寺大講堂で行われる聖霊会を「大会式《おおえしき》」、毎年、聖霊院で行われる法要を「小会式」と称する。小会式のはじまりは、法隆寺の夢殿《ゆめどの》が建立されたのちの天平二十年（七四八）ころとされる。

潮干狩《しおひが》り（三月下旬～五月上旬ころ）

旧暦の三月三日は大潮で潮干狩りに最適

現在では、潮干狩《しおひが》りは春の行楽になっていますが、海辺に出て遊ぶ磯遊びにその起源があります。磯遊びは、雛祭《ひなまつ》りのときに水辺で行う祓《はら》えの行事に通じるものとも考えられています。静岡県の伊豆《いず》地方では、磯遊びで採ってきた貝類を雛人形に供えるといわれています。沖縄県には、旧暦（太陰太陽暦）三月三日に浜辺に下りて、季節の巡りを祝って潮で体を浄《きよ》める「浜下《はまう》り」という風習が残っています。本来の浜下りは女性の祭りで、厄除けの意味があったといわれます。

潮干狩りは、一般的には三月下旬から五月上旬ころ、特にゴールデンウィーク（大型連休）のころが最適でしょう。この時期に潮干狩りをするのは、旧暦三月三日（平成二十六年〈二〇一四〉は四月二日）が春の大潮の時期で、一年のうちでもっとも**潮の干満の差**が大きいからです。冬中は砂の奥に潜っていた蛤《はまぐり》が、水がぬるむと表へ出てきます。また、浅蜊《あさり》がいちばんおいしいのは四月といいます。

関東地方では、早くも三月中旬の週末には、富津《ふっつ》海岸（千葉県富津市）、走水《はしりみず》海岸（神奈川県横須賀市）などでは、潮が引いた遠浅の浜辺で、潮干狩りを楽しむファミリーの姿が見受けられます。

潮の干満の差
潮の干満には月の引力が大きくかかわるが、同時に太陽も関係する。新月や満月では、太陽・月・地球が一直線に並ぶために二つの引力が重なり、潮の干満差がいちばん大きい大潮となる。潮の干満はだいたい旧暦の日付と一致する。潮干狩りには「潮見表《しおみひょう》」で確認してから出かけたい。

⇦汐干の図（『住吉名勝図会』）

花見《はなみ》（四月上旬〜五月上旬）

日本人にもっとも春を感じさせる桜花
花見には弁当持参で出かけよう

☯桜アラカルト

桜は日本の国花です。桜は日本人がもっとも親しんでいる花で、花見といえば桜を見て楽しむことを指すのが古くからの常識です。著者のささやかな趣味は切手の収集ですが、桜はわが国の切手の絵柄としてもぴったりで、何種類も発行されています。

桜についてアラカルト風にまとめておきましょう。

桜の咲くころの行事としては、誰しも入学式を真っ先に思い浮かべるはずですが、桜が満開のころ新学年がはじまるようになったのは、意外と新しいのです。明治三十三年（一九〇〇）に制定され、翌年から実施された「小学校令細則」によるものですから、二十世紀になってからです。ついでですが、大学の入学式が四月になったのは大正八年（一九一九）です。最近、東大の秋入学構想が話題になっていますが、日本でも大正の半ばまで大学は九月入学の七月卒業でした。

桜を愛《め》でる歌は『万葉集《まんようしゅう》』にもありますが、しいて名歌を一つ挙げれば、『山家集《さんかしゅう》』にある西行法師《さいぎょうほうし》の次の一首でしょう。

⇧花見（『温古年中行事』）

「願はくは花のもとにて春死なん　その如月《きさらぎ》の望月《もちづき》のころ」

桜見物に吉野山《よしのやま》（奈良県南部の山岳地帯のことで、この地で豊臣秀吉《とよとみひでよし》が豪華な花見の宴を催したことでも知られる）を訪れた西行は、涅槃会《ねはんえ》の営まれる満月のころ桜の木の下で死にたいという気持ちをこの歌に込めています。如月は二月の異称（和風月名）ですが、いったい二月ころに桜が咲くものでしょうか。

桜の開花時期には地域差があり、しかも昔と今では気温の差などがありますが、そうした条件は別として、わかりやすくご説明しましょう。

西行が生きていた十二世紀の終わりころの二月十五日を現行の太陽暦に換算してみますと、早い年で三月十日、遅い年でも四月八日となります。この時期に、西行庵のあった吉野山山頂はもとより、終焉《しゅうえん》の地河内国《かわちのくに》（現・大阪府）の弘川《ひろかわ》寺《でら》あたりに桜の開花を期待するのは無理のようです。西行は念願どおり、二月十六日に他界しましたが、果たして辞世の歌どおり枕辺に桜が咲いていたのでしょうか……。

桜の開花とそれに伴う花見は、地方では農作業に先立つ儀式としての側面も強いのですが、意外にも**桜が暦に記載される**のは十七世紀の後半です。

☯桜の見どころアラカルト

ご存じのように桜の開花予想は、**染井吉野**《そめいよしの》の標本木をベースにして、毎年三月はじめに気象庁が発表します。三月下旬に九州地方に上陸した桜前線（同じ日に開花が予想される地域を結ぶ線。気象庁では「さくらの開花予想の等期日線図」と称している）が日本列島を北上していき、四月下旬には東北地方へ達します。花の便りが待ち遠しい日々が続き、全国各地で花見が行われますが、桜見物の名所中の名所を、北から南の順に挙げておきましょう。

■東北地方

- 青森県弘前市《ひろさき》　弘前公園・弘前城（通称「津軽城」）付近に枝垂《しだれ》桜などが咲き誇る。本州最後の花見となるが、見ごろは四月下旬～五月上旬。
- 秋田県仙北市角館《かくのだて》町　武家屋敷で知られる角館の町全体が桜花で包まれる。見ごろは四月下旬～五月上旬。
- 福島県田村郡三春町　滝桜。樹齢千年を超す紅枝垂桜が満開となるころはまさに絶景。

桜が暦に記載される

桜が暦に記載されているのは、日本の七十二候《しちじゅうにこう》だけである。貞享暦《じょうきょうれき》の春分《しゅんぶん》（天文学的には太陽が黄経《こうけい》〇度のときをいい、三月二十一日ころ）の末《まっ》候《こう》に「桜始開《さくらはじめてひらく》」としたのが最初である。なお、次に採用された宝暦暦《ほうりゃくれき》から寛政暦《かんせいれき》は末候から次候《じこう》に移動している。

染井吉野

染井吉野は大島桜《おおしまざくら》と江戸彼岸の一代雑種である。植木職人が集まって園芸の一大拠点になっていた江戸近郊の染井村（現・豊島区駒込《こまごめ》界隈。現在は都立の染井霊園、染井吉野の桜並木の名所でもある）で、江戸時代後期につくられたといわれるが、その詳細は不明。いまや桜といえば染井吉野だが、染井吉野は明治以降に広まったもので、古くは桜とい見ごろは四月中旬〜下旬。

■関東・甲信越地方

●東京都各所　上野公園の桜は知名度なら都内随一だが、花見客のドンチャン騒ぎを嫌う向きは、落ちついた雰囲気の靖国《やすくに》神社境内、千鳥ケ淵《ちどりがふち》、六義園《りくぎえん》、播磨坂《はりまざか》、飛鳥山公園、隅田川《すみだがわ》土手、小金井公園（小金井市）、片倉城址公園（八王子市）などへどうぞ。見ごろは四月上旬。

●埼玉県幸手《さって》市　利根川《とねがわ》の支流権現堂川《ごんげんどうがわ》の堤に約一キロにわたり桜と菜の花が競演する。見ごろは三月中旬〜四月上旬。

●長野県伊那市高遠《たかとお》町　高遠城址公園の濃いピンク色の小彼岸《こひがん》桜は、遠く残雪の輝くアルプスの山々とのコントラストが映え美しい。見ごろは四月中旬〜下旬。

■関西地方

●京都市各所　上賀茂《かみがも》神社、京都御所《ごしょ》、平安神宮《へいあんじんぐう》、醍醐《だいご》寺、清水寺《きよみずでら》、円山公園《まるやまこうえん》、平野《ひらの》神社、嵐山《あらしやま》など、京都は桜の名所に事欠かない。それぞれ個性的な桜たちだが、あえてベスト3を挙げれば、平安神宮の南神苑《みなみしんえん》・栖鳳池《せいほういけ》の八重紅《やえべに》枝垂桜、五十種・五百本が咲き誇り「平野《ひらの》の夜桜」で知られる平野神社（北区平野宮本町）、奈良・吉野山の山桜を後嵯峨《ごさが》上皇が嵐山一帯へ移して以来、京都有数の桜の名所になった嵐山となるだろう。見ごろは三月下旬〜四月上旬。

●大阪市北区天満　造幣局《ぞうへいきょく》桜の通り抜けは、桜（八重桜）の花見時期の一週間だけ通り抜け（南門〜北門の構内通路）を公開する。約百二十三種・三百五十本が咲き乱れ、

えば山桜だった。寿命も山桜に比べて短い。

見物客は約六十五万人。見ごろは四月中旬～下旬。

• 奈良県吉野郡吉野町　吉野山では約三万本の山桜が八キロの尾根一帯に三週間にわたり山裾から山上へ順次咲き誇り、全山が白く見える様子を「照らず降らずの花ぐもり」という。見ごろは四月上旬～五月上旬。

■九州・沖縄地方

• 長崎県大村市玖島《くしま》　大村公園に、国の天然記念物の大村桜をはじめ約二十一品種・二千本が開花する。見ごろは三月中旬～下旬。

• 沖縄県名護《なご》市名護　名護城跡では日本一開花が早い桜と、沖縄で野生化した濃紅色の緋寒《ひかん》桜（彼岸桜とは別種）を見物できる。見ごろは一月下旬。

☯食べ物アラカルト

竹冠《たけかんむり》に旬《しゅん》と書いて筍《たけのこ》と読ませるのには、うまい字を考えたものだと感心させられます。成長が早く、一旬《いちじゅん》（約十日間）で竹になるところから筍と書きます。こればかりは食べどきに遅れると、煮ても焼いても食べられません。筍は掘りたてに限ります。孟宗竹《もうそうちく》の地下茎から地上に姿を見せた、若い芽が筍です。

一口に筍といっても、関東地方と京都では風味も違います。関東地方のものは、掘りたてでも糠《ぬか》と赤唐辛子《あかとうがらし》を加えて長時間茹《ゆ》で、さらに冷ましてからでないと食べられません。

一方、早朝に掘り出される京都の筍、いわゆる「京の朝掘り」は、軟らかくてえぐみ

筍

「暦の上」では夏になる立夏《りっか》（天文学的には太陽が黄経四五度に達したときをいい、五月五日ころ）の七十二候の末候は、「竹笋生《たけのこしょうず》」である。七十二候からみると五月中旬が筍料理の旬となるが、実際には家庭の食卓にはとっくに筍料理が並び、季節感を醸し出している。なお、食用になる筍には、孟宗竹のほか、淡竹《はちく》、真竹《まだけ》、根曲竹《ねまがりだけ》などがある。

⇦嵐山賞花の図（『諸国図会年中行事大成』）

もほとんどないため調理に手間暇《てまひま》がかかりません。鮮度満点の朝掘り筍は、鰹節《かつおぶし》たっぷりの土佐煮、シンプルな焼筍、新若芽《しんわかめ》と合わせた若竹椀《わかたけわん》、木の芽和え、白和え、天麩羅《てんぷら》など幅広く用いられます。この京都の名物筍を偏愛する人が各地に結構いて、これだけを食べるためにわざわざ京都を訪れていると聞くとちょっと驚かされます。

一般的に筍の旬は四月上旬から五月上旬です。この時期には、一度ならずたいがいの家庭の食卓に筍料理が並ぶことでしょう。花見には筍御飯（炊き込み御飯）をつくり、重箱に詰めて桜の花の下で広げると、いつものランチとは雰囲気が違い楽しめます。

食のもう一つの楽しみとして、この季節を代表する和菓子の桜《さくら》餅《もち》があります。これも関東と関西では材料や製法が違います。元祖は江戸時代から続く東京・向島《むこうじま》の長命寺《ちょうめいじ》の桜餅です。関東風は小麦粉の薄皮で餡を包み、塩漬けした桜の葉三枚でくるみます。一方、関西風は道明寺粉《どうみょうじこ》（水に浸して蒸した糯米《もちごめ》を乾燥させてから粗く突きつぶしたもの。「糒《ほしい》」ともいう）を用いて餡を包み、桜の葉を巻きます。このように東西で形に違いはありますが、いずれも桜の葉の風味が持ち味です。一度食べ比べてみてください。

土解祭《どげさい》（三日）

神社に今も残る豊作を祈願する儀礼

春を迎え、冬の寒さに凍《い》てついていた土が、暖かくなった陽気の中で解けだし、播種《はしゅ》の時期が近づいていることを土解《とげ》といいます。**土解祭《とげさい》**は、土地の災いを祓《はら》い、その年の豊作を祈願する、京都洛北の上賀茂《かみがも》神社（賀茂別 雷《かもわけいかづち》神社　京都市北区上賀茂本山）の重要な神事の一つです。

午前十時から本殿で豊作祈願祭が営まれたのち、細殿《ほそどの》前の土の上に神官が座り、卜占《ぼくせん》によって占われたその年に蒔《ま》く稲の種類が書かれた文に目を通します。そののち、稲と弓を持って参道横の芝生に向かい、弓を使って選ばれた稲種のお祓いをし、それを籠に入れて境内を回ります。そしてその年に蒔く種籾《たねもみ》の早稲《わせ》、中稲《なかて》、晩稲《おくて》の吉凶を占い、豊作とでた籾種を神田《しんでん》に蒔き、豊穣を祈願します。

土解祭は、**水口祭《みなくちさい》**の一種と考えられる豊作祈願神事です。水口祭は、田の苗代に種籾を蒔く日に、稲の無事な発育と豊作を祈願して、水を取り入れる水口のかたわらに、榊《さかき》などをさして、依代《よりしろ》とし、田の神を迎え、稲の開花と豊作を祈る種蒔き神事です。最近では、農作業の機械化などで土解祭、水口祭の風習もみられなくなってきました。

土解祭　水口祭

土解祭の神事が伝わる神社としては京都洛南の伏見稲荷大《ふしみいなりたい》社《しゃ》（京都市伏見区）がある。四月十二日、神田で栽培される種籾を苗代に蒔く神事「水《みな》口《くち》播種祭《はしゅさい》」が行われる。水口祭が伝わる神社には水口《みなくち》神社（滋賀県甲賀市）がある。四月二十日、巡行祭「水口曳山《みなくちひきやま》祭《まつり》」が行われる。

清明《せいめい》（五日ころ）

花見や山菜摘みに、陽春の野外へ遊ぶ

二十四節気《にじゅうしせっき》の一つ清明《せいめい》は旧暦（太陰太陽暦）三月の節気で、天文学的には太陽が黄経《こうけい》一五度の点に達したときです。

清明の語源は清浄明潔です。清明は白露《はくろ》（九月八日ころ）とともに、二十四節気のなかでもっとも美しい名称といえるのではないでしょうか。

清明の前後はうららとした桜の時期で、日本列島が桜の花に包まれます。

このころの天気・気象のキーワードは、「花曇り」と「朧月夜《おぼろづきよ》」です。空に春霞《はるがすみ》がかかって、遠景ははっきりとは見えません。花も霞も雲も一体となって定かでない景色を花曇りといいます。そして、昼間の霞と同じく靄《もや》などで、夜はぼんやりとした朧月夜となります。言いえて妙といえるでしょう。

春の暖かい雨が降り注いで、若芽が出る陽春のこの時期は、山菜《さんさい》が豊富に採れます。家族で散策がてら野山へ出かけて、蕗《ふき》の薹《とう》、蕨《わらび》、楤《たら》の芽、薇《ぜんまい》、独活《うど》、三葉《みつば》、虎杖《いたどり》、土筆《つくし》などの野草を摘《つ》んで食べるのは楽しいものです。山菜には概して灰汁《あく》がありますが、上手に灰汁抜きをして春の食べ物独特の苦みを味わってください。春に芽吹く野草は、大地の生命力に満ちたこのうえなく健康的な食材です。

清明
中国では清明の日を清明節と呼び、祖先の墓参りをし、草むしりをして墓の掃除をする日であった。日本では彼岸《ひがん》に墓参をするが、沖縄では清明節をウシーミー（御清明）といい、親族こぞって墓参をし、先祖の墓（「門中墓《むんちゅうばか》」という）の前で食事を楽しむ。これは近世になって中国の風習が入り、沖縄の祖先祭祀と習合したものと考えられる。

青柴垣神事《あおふしがきしんじ》（七日）

記紀神話に由来する復演祭 華やかな神事に先立つ厳しい斎戒

青柴垣神事《あおふしがきしんじ》は、美保《みほ》神社（島根県松江市美保関町《みほのせき》美保関）で毎年四月七日に行われています。この神事の特徴を三点に絞りご紹介しておきましょう。

第一に、美保神社の祭神、事代主神《ことしろぬしのみこと》（恵比須神）が大国主神《おおくにぬしのかみ》（大黒天）から国譲りの相談を受け、国譲りを決めたのち、みずから海中に青柴垣（神籬《ひもろぎ》を意味するといわれる。柴垣は古代の漁法の一つといわれる）をつくって隠れたという記紀《きき》の「国譲り神話」にちなんだ神事です。第二に、事代主神の死と再生がテーマで、大国主神の使いが相談に向かう場面を再現した、十二月三日に行われる諸手船神事《もろたぶねしんじ》（二二一頁参照）と対をなす神事です。第三に、青柴垣神事は美保神社の特殊神事ですが、中心となるのは神職ではなく氏子です。

主役となるのは頭屋《とうや》二人、小忌人《おんど》二人です。小忌人はそれぞれの頭屋の妻が務めます。頭屋は祭礼の一年前から海に入り禊《みそぎ》をし、真夜中の参拝など厳しい修行をします。例大祭の前日、同神社の隠殿に籠《こ》もって物忌潔斎《ものいみけっさい》に入り、断食をして、神がかった状態で頭屋行事にのぞみます。二組の頭屋夫婦は、青柴垣を飾った二隻の神船に乗せられ、笛や太鼓を賑やかに鳴らしながら、美保湾内を一周します。頭屋たちの乗る船は囲いを設け、四隅の柱に榊《さかき》の枝を立て、注連縄《しめなわ》が張られます。そののち美保神社に参拝・奉幣《ほうへい》する、これが神事のあらましです。

一週間にも及ぶ大祭のクライマックス青柴垣神事は、七日の例大祭後に行われます。朝から裃《かみしも》姿の宰領、鎧武者《よろいむしゃ》、獅子頭《ししがしら》、ササラっ子で構成される「オケド（御解度）」が、ササラを鳴らし、「オケドでござあー、トーメー」と触れ回りながら、町中を八回（七度半）練り歩きます。「七度半でござあー、トーメー」で、いよいよ青柴垣神事の神幸《しんこう》がはじまります。「御陣立て、御陣立て」の声を合図に、会所（祭場）はにわかに騒然となり、当屋の**大棚飾《おおたなかざ》り**が解かれ、参拝者のひしめく通りを、両頭屋は介添えに抱きかかえられながら神船へ向かいます。

青柴垣に見立てた幔幕《まんまく》と榊が巡らされた二隻の船は、「縄調べ」の指揮のもと、「ホーライエッチャ」の掛け声勇ましく、曳き縄を操って港の中心まで出て、宮灘《みやなだ》の浜辺から上陸します。神社から下向した猿田彦《さるたひこ》、天鈿女命《あめのうずめのみこと》の両役がそれを迎えます。化粧直しと饗膳《きょうぜん》が行われたのち、頭屋は特殊神饌《しんせん》を神前に供え、拝殿で奉幣行事を行います。これによって、頭屋は神（事代主神）から人に戻る（再生）のです。このことからして、この神事は事代主神の青柴垣籠もりの復演祭と考えられます。

神事を参拝したら宍道湖《しんじこ》の白魚《しらうお》をご賞味ください。お勧めは、生の白魚を二杯酢でいただく「おどり食い」です。

大棚飾り

大棚飾りは屋根を苫《とま》で葺《ふ》いた二段構えの大棚に、美しい祭器の数々を飾りつけたものである。中央に飾られるのは「八雲板」と呼ばれる二枚の鏡板で、裏の月像《つきがた》（げつぞう）には金地に銀色の兎、表の日像《ひがた》（にちぞう）には金地に三本足の烏が描かれ、それぞれ十二本の「光」と呼ばれる足に一本おきに幣が六つついている。

灌仏会《かんぶつえ》（八日）

お釈迦様の誕生を祝う「花祭り」

灌仏会《かんぶつえ》は釈迦《しゃか》の降誕《ごうたん》を祝う法会《ほうえ》です。ほかに「仏生会《ぶっしょうえ》」「浴仏会《よくぶつえ》」「龍華会《りゅうげえ》」「降誕会《ごうたんえ》」、俗に「花祭り」などとも呼ばれています。今から約二千五百年前ころに、釈迦はルンビニ（現・ネパール領）で摩耶《まや》夫人《ぶにん》を母に生まれました。夫人は白象が胎内に入る夢を見て懐妊したといわれます。釈迦は夫人の右脇腹から生まれるとすぐ七歩歩み、右手で天、左手で地を指して「天上天下唯我独尊《てんじょうてんげゆいがどくそん》」と唱えたと伝わっています。釈迦が誕生したとき、天から九頭の龍が降りてきて釈迦の頭上に甘露《かんろ》を灌《そそ》ぎ産湯《うぶゆ》にしたといわれます。この伝説にちなんで、色とりどりの花で飾った花御堂《はなみどう》に浴仏盆という水盤をしつらえ、天上天下を指した誕生立像を安置します。参拝者は竹の柄杓《ひしゃく》で甘茶《あまちゃ》をその頭上に灌いで祈ります。

灌仏会の歴史は古く、飛鳥《あすか》時代にはじまり、この行事は全国の寺院で行われていますが、特に東京・音羽の護国寺《ごこくじ》、東京・浅草の浅草寺《せんそうじ》、神奈川県鎌倉市の妙本寺《みょうほんじ》、京都市下京区の西本願寺《にしほんがんじ》、大阪市天王寺区の四天王寺《してんのうじ》、福井県永平寺町の永平寺とげぬき地蔵などでは、花祭りの呼び名にふさわしい、子供がつくり物の白象の山車《だし》を曳く稚児《ちご》行列が行われています。

⇨灌仏会（『東都歳事記』）

灌仏会の歴史
『日本書紀《にほんしょき》』の三十三代推古《すいこ》天皇十四年（六〇六）四月条に、「この年より初めて寺毎《ごと》に四月八日、七月十五日に設《せっ》斎《さい》す」と記載されているのが灌仏会の初出である。これにより灌仏会は盂蘭盆会《うらぼんえ》と並んで古い歴史があることになる。

桜花祭《おうかさい》（十日）

祭神を慰めるために行われる雅な祭り

「讃岐《さぬき》のこんぴらさん」として親しまれている**金刀比羅宮**《ことひらぐう》（香川県仲多度郡琴平町）は、大物主神《おおものぬしのかみ》を主祭神としています。この「こんぴらさん」の祭礼が桜花祭《おうかさい》です。この時期には各地で桜にちなんだ祭りが行われていますが、この桜花祭もその一つです。金刀比羅宮は桜の名所として知られ、数千本の薄紅色の桜が山全体を彩るころ、祭神を慰めようと行われるのが桜花祭です。

午前九時三十分ころ、冠に桜の花を飾った神職たち、赤い単衣《ひとえぎぬ》の上に襅《ちはや》という薄物をまとい、髢《かもじ》にも桜を差し、手に桜の枝を携えた巫女《みこ》たち、行列の調度品にもすべて桜があしらわれ、まるで絵巻物を見るような雅《みやび》な一行が全山桜の中、大門から本宮《ほんぐう》までのゆるやかな桜並木を優雅に練り歩きます。

本宮に到着すると、十時ころから祭典が行われます。少女たちによる「八少女舞《やおとめまい》」や、神官の舞う「大和舞《やまとまい》」は、いずれも古式ゆかしい舞です。

秋（十月九〜十一日）の「金刀比羅大祭《ことひらたいさい》」も見逃せません。約五百人からなる深夜の宵宮が見どころです。

金刀比羅宮

香川県西部の大麻山《おおさやま》と尾根続きの琴平山《ことひらやま》の東側中腹に位置する金刀比羅宮は、海上交通の守り神として信仰を集めている。琴平山は、南東部分が象の頭に似ているところから象頭山《ぞうずさん》とも呼ばれるが、この急斜面に鎮座する奥社までは千三百六十八段の石段が続く。金刀比羅宮は桜の名所として知られ、数千本の薄紅色の桜が山全体を彩る見ごろは四月上旬。吉井勇《よしいいさむ》に次の一首がある。

「ことひらの桜まつりにゆきあひぬ　うれしかしこし旅人われは」

やすらい祭《まつり》（第二日曜日）

京都の春祭りのさきがけとなる鎮花祭

やすらい祭《まつり》は、平安時代後期、京の人々が花の霊を鎮《しず》めるために、風流《ふりゅう》を凝らして歌い踊り、無病息災を祈念したのがはじまりとされます。「やすらい」とは、「花よやすらかにおれ」の意味だといいます。

やすらい祭は、京都・紫野《むらさきの》の今宮《いまみや》神社（京都市北区紫野今宮町）の摂社《せっしゃ》である疫《えき》神社の祭礼です。今宮神社の西隣に建つ疫神社は、今宮神社が創建される以前からこの地に鎮座していました。やすらい祭は、もとは旧暦三月十日に行われていました。同じような花鎮祭《はなしずめまつり》は、京都や奈良などの古い神社でも行われています。

やすらい祭の主役は大きな赤い花傘です。社殿前で、桜、椿、若松、柳、山吹などで美しく飾った花傘の周りを、朱色の打ち掛けをまとった鬼たちが太鼓や鉦《かね》に合わせて踊り、「ハー、とみくさの花や、インやすらい花や、ヨーホイ」などと歌い囃《はや》して、氏子地域の厄を祓《はら》いながら今宮神社まで練り歩きます。最後に社殿前でさらに勢いよくやすらい踊りを奉納します。この花傘の下に入ると、その一年の厄を逃れ、無病息災で過ごせるといわれるところから、見物人は競って花傘の下に立とうとします。社頭では名物のあぶり餅が買えます。お土産によし、小腹がすいたら腹の足しにするもよしです。

⇨やすらい祭（『諸国図会年中行事大成』）

やすらい祭
六十六代一条《いちじょう》天皇の正暦《しょうりゃく》五年（九九四）、桜の散りはじめる旧暦三月ころに疫病《えきびょう》が流行したので、船岡山に疫神を祀《まつ》る御霊会《ごりょうえ》を行っていたが、のちに紫野に移して今宮神社で行うようになったといわれる。やすらい祭は、鞍馬《くらま》の由《ゆ》岐《き》神社の火祭、太秦《うずまさ》の広隆《こうりゅう》寺《じ》の牛祭とともに京都三大奇祭の一つに数えられている。

高山祭《たかやままつり》（十四〜十五日）

飛騨の匠の技が冴える豪華絢爛な屋台

飛騨国《ひだのくに》（現・岐阜県）は、江戸時代には幕府の直轄領（天領《てんりょう》）でしたから、高山（岐阜県**高山市**）は、武士は郡代関係者以外にはほとんどいない商人の町でした。

高山祭《たかやままつり》は春と夏、二度の祭礼の総称です。春が「山王祭《さんのうまつり》」と呼ばれ日枝《ひえ》神社（岐阜県高山市城山）の例祭で、秋に行われるのは「八幡祭《はちまんさい》」といい、これは桜山八幡宮《さくらやまはちまんぐう》（岐阜県高山市桜町）の例祭です。ここでは春の高山祭をご紹介しましょう。

高山祭の見ものは、「動く陽明門《ようめいもん》」（陽明門は日光東照宮の門）といわれる豪華絢爛な屋台《やたい》の巡行です。十四日には、飛騨匠《たくみ》（古代から評価の高い木工の名手）たちによる木彫が施された屋台十二台が登場します。夜になると各屋台に百余個の提灯《ちょうちん》が灯され、数百人の御神幸《ごしんこう》行列が市中を練り歩きます。

十五日は本祭です。屋台は御旅所《おたびしょ》前に曳き揃えられ、飛騨の匠たちの技術がいかんなく発揮されているからくり人形三台（石橋台《しゃっきょうだい》、龍神台《りゅうじんだい》、三番叟《さんばそう》）の奉納が行われます。御神幸行列が神社へ向けて出発した四時ころ、哀調を帯びた曳き別れ歌「高い山」とともに、氏子は町内を一巡し、屋台はそれぞれの屋台蔵へと曳き別れます。

高山市

高山市には江戸時代の面影を今に伝える街並み、伝統的な建造物などが随所に残されている。春の高山祭で屋台が曳き揃えられる中橋の前には、全国でただ一か所現存する幕府郡代所遺構の高山陣屋がある。午前中、陣屋前では高山名物の朝市が開かれ、人々で賑わう。

壬生狂言《みぶきょうげん》（二十九日～五月五日）

京都の春の仏教行事はのどかな無言劇

京都では、念仏狂言《ねんぶつきょうげん》と呼ばれる芸能が伝承されています。**京都三大念仏狂言**といわれるように主に三か所で行われていますが、なかでも名高いのが「壬生《みぶ》狂言」で、壬生《みぶ》寺《でら》（京都市中京区壬生梛《なぎ》ノ宮町）の法会《ほうえ》に伴う芸能です。鎌倉時代に中興の祖、円覚上人《えんがくしょうにん》によってはじめられ、念仏の教えをやさしく説くことが目的であったといいます。

境内の狂言堂で、「ガンデン　デン　ガンデンデンデン」というのびやかな鉦《かね》の音や、太鼓と笛の囃子《はやし》に合わせ、仮面をつけた演者によるゆっくりした動きの無言劇が演じられます。期間中は毎日『大原女《おはらめ》』『道成寺《どうじょうじ》』『大江山《おおえやま》』などが五番ずつ演じられ、最終日のみ六番となっています。連日初番に演じられるのは、炮烙《ほうらく》（素焼きの土器）を舞台から落とす『炮烙割《ほうらくわり》』です。炮烙売りの謀略に怒った羯鼓《かっこ》売りが、千枚に及ぶ炮烙を次々と叩き落としていく姿に、観客席から大歓声が上がります。この焙烙は、二月の節《せつ》分会《ぶんえ》の日に参拝者が氏名・生年月日を書いて奉納したものですが、割って厄を祓《はら》うまじないの意味があります。

壬生寺は境内に新撰組隊士《しんせんぐみたいし》の墓があることから、新撰組ゆかりの寺のイメージが強いのですが、本来は地蔵菩薩《じぞうぼさつ》を本尊とする律宗の寺です。

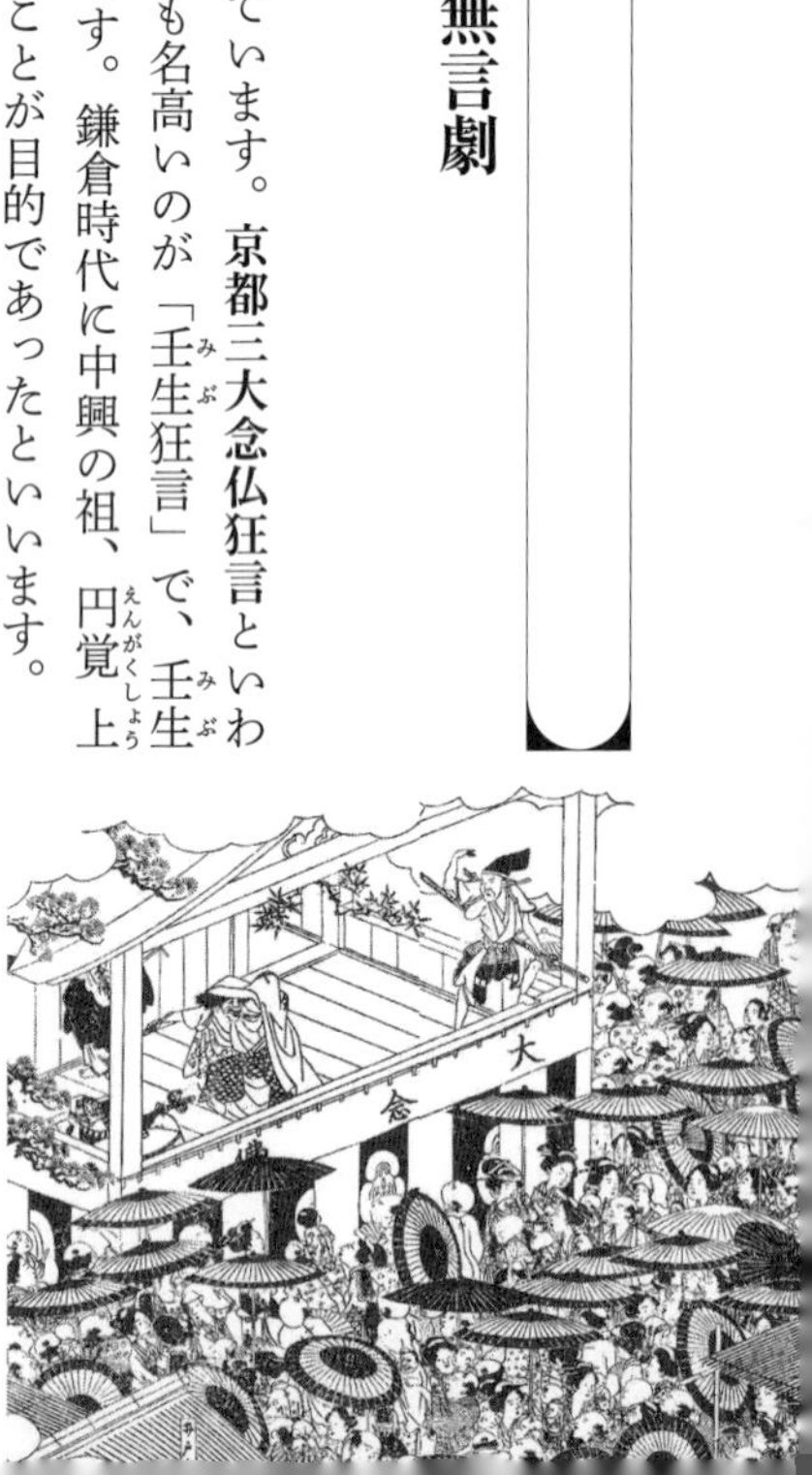

⇨壬生寺大念仏会（『諸国図会年中行事大成』）

京都三大念仏狂言
三月中旬の嵯峨《さが》お松明《たいまつ》に合わせて行われる「嵯峨大念仏狂言」（嵯峨釈迦堂《さがしゃかどう》　右京区）にはじまり、四月下旬からの壬生狂言、五月はじめの「千本閻魔堂《せんぼんえんまどう》狂言」（千本閻魔堂　上京区）と続き、それぞれ観客を集めて大いに賑わいをみせるが、このうち千本閻魔堂狂言のみセリフつき。

善光寺御開帳《ぜんこうじごかいちょう》（丑《うし》と未《ひつじ》の年の四月上旬〜五月下旬）

御開帳は六年に一度、約二か月間行われる一大イベント

長くて寒い信州長野県の冬がようやく明け、四月から春が訪れます。「牛に引かれて善光寺詣《ぜんこうじまい》り」として知られる善光寺（長野県長野市長野元善町）の、七年に一度（現在は丑《うし》と未《ひつじ》の年）の**御開帳**《ごかいちょう》が行われるのがこの時期です。

善光寺が無宗派の寺院なのは、日本で仏教が諸宗派に分かれる以前からあるためです。本尊の一光三尊阿弥陀如来《いっこうさんぞんあみだにょらい》は、日本最古の仏像（欽明《きんめい》天皇十三年〈五五二〉の仏教伝来にもたらされた仏像）ともいわれ、秘仏とされています。そのため、身代わりとして前立《まえだち》本尊が宝庫に安置されており、これを本堂に移して参拝者が自由に参拝できるようにするのが御開帳です。

御開帳の期間中、本堂前には高さ十メートル余、重さ三トンもの回向柱《えこうばしら》が建てられます。これは前立本尊の御手と善の綱（五色の紐《ひも》）でつながっているため、これに触れることで功徳《くどく》が得られるとされます。御開帳は約二か月間にわたって行われ、この間、信州名物のおやきを売る店や蕎麦《そば》屋などが立ち並ぶ参道は、善男善女（前回平成二十一年〈二〇〇九〉の御開帳の人出は約六百七十三万人）で賑わいます。次回は平成二十七年（二〇一五）の予定です。

御開帳

善光寺の御開帳は諸堂の建立や修理費用捻出のために行われる。御開帳には本寺で行われる居開帳《いがいちょう》と、三都などで行う出開帳《でがいちょう》がある。江戸時代以降途絶えていた善光寺の出開帳が、東日本大震災復興支援を目的に、平成二十五年（二〇一三）四月二十七日〜五月十九日に東京・両国の回向院《えこういん》（東京都墨田区）で開かれた。

御柱祭《おんばしらまつり》（寅《とら》と申《さる》の年の四〜六月）

七年目ごとに開催、準備に四年、二か月間続く諏訪大社の神事は「山出し、里曳き、建御柱」からなる

諏訪大社に本殿がない不思議

高い山脈、山地に囲まれ「日本の屋根」といわれる信州長野県には、伝統行事や風習、祭りが数多く伝えられています（「遠山《とおやま》の霜月《しもつき》祭り」「善光寺御開帳《ぜんこうじごかいちょう》」など。一九、一二九頁参照）。なかでも全国的に知られているのは、七年目ごと（寅《とら》と申《さる》の年、つまり六年に一度）に行われる諏訪大社《すわたいしゃ》の御柱祭《おんばしらまつり》（正式には「式年造営御柱大祭《しきねんぞうえいおんばしらたいさい》」という）でしょう。信濃国《しなののくに》（現・長野県）一宮《いちのみや》で旧・官幣大社《かんぺいたいしゃ》である諏訪大社は、全国に一万余ある諏訪神社の総本宮《そうほんぐう》です。

諏訪大社の創建年代は明らかではありませんが、古くから諏訪地方の氏神として広く信仰を集めていたといいます。諏訪大社は県内で最大の面積をもつ諏訪湖畔にある四つの境内地からなっています。諏訪湖の南側の上社本宮《かみしゃほんみや》（長野県諏訪市中洲宮山）と上社前宮《まえみや》（茅野市宮川）、北側の下社《しもしゃ》春宮（諏訪郡下諏訪町）と下社秋宮（諏訪郡下諏訪町）です。

実は、諏訪大社には本殿がありません。代わりに上社では**御神山**を、下社では御神木

御神山
上社の御神山とされる守屋山《もりやさん》（一六五〇メートル）は、信州の霊峰の中心に位置するとともに、鹿島神宮《かしまじんぐう》（茨城県鹿嶋市宮中）の真西にあたる。また、前宮の参拝方向は守屋山の頂上を向いており、守屋山の里宮であることがうかがえる。

（春宮＝一位《いちい》の木、秋宮＝杉の木）を拝するのです。

上社の祭神は建御名方神《たけみなかたのかみ》（大国主神《おおくにぬしのかみ》の次男）と八坂刀売神《やさかとめのかみ》で、下社が上社の二神と八重事代主神《やえことしろぬしのかみ》であり、これらは一口に諏訪大明神とされています。諏訪大明神信仰の原点でもある上社前宮は、現在では宮があるのみで、御神体は祀《まつ》られてはいません。

☯樹齢約二百年の樅の木の不思議

諏訪大社の各社殿の四隅には、**御柱**と呼ばれる樅《もみ》の大木が建てられています。七年目ごと（寅と申の年）に、社殿とともにこの大木を建て替える神事を御柱祭といい、もっとも重要な神事とされます。

御柱祭は山出しから建御柱《たておんばしら》まで二か月にわたって行われる豪壮な祭礼です。

御柱となる樅の木は樹齢約二百年、長さ十七メートル、重さ十三トンもあり、それを十六本（四社各四本ずつ）、人力のみで諏訪盆地を囲む八ケ岳、霧ケ峰などの山から伐り出して曳いてくるのです。山々からエネルギーを人里へ引き入れる祭礼といえるでしょう。

御柱祭の歴史は古く、延暦《えんりゃく》二十三年（八〇四）、五十代桓武《かんむ》天皇の時代から盛大に催されるようになりました。現在では氏子総数二十万人のほか、見物人が約十万人も集まり、人々でごったがえすその様子は、「人を見たければ諏訪の御柱へ行け」といわれるほどです。

この神事は、山出し、里曳き、建御柱からなります。

御柱
上社の御柱である本宮四本、前宮四本の計八本を八地区の氏子が担当するが、どの御柱をどの地区が担当するかはくじ引きで決められる。もっとも太い木が本宮一之御柱とされる。下社は担当が決まっており、くじ引きは行われない。

☯木落としの不思議

前回の御柱祭は平成二十二年（二〇一〇）に行われました。このときの日程は、山出しが上社四月二〜四日、下社同九〜十一日、里曳きが上社五月二〜四日、下社同八〜十日、建御柱が上社六月十五日、下社五月七日でした（日程は毎回異なる）。

祭礼の主な流れを上社の場合でご説明しましょう。

四月初旬、まだ寒さの残る諏訪の地に、スタートの合図である木遣《きや》りが響き渡ります。木遣り衆の手には立派なおんべ（御幣《ごへい》）が握られています。七年目ごとの御柱祭を心待ちにしていた人々が見守るなか、御柱が原山（諏訪郡原村）の綱置き場から曳き出され、安国寺の御柱屋敷（茅野市宮川）までの十二キロの道のりを曳行されていきます。

多くの若者を**めどでこ**に乗せ、綱で曳かれた御柱はやがて穴山の大曲《おおまがり》と呼ばれる難所の急カーブにさしかかります。木遣りを合図に曳き手が息を合わせて綱を曳き、梃子棒《てこぼう》をかませて、ゆっくりと通過していきます。こののち、御柱は木落とし坂（茅野市の宮川小学校脇）まで曳かれていき、ここで初日は終了となります。

翌日に行われる木落としがこの祭礼のハイライトです。身もすくむような斜度約三〇度の坂を、下で待ち受けている見物人に向かって御柱が落とされるのです。「ここは木落としお願いだー」の木遣りにのって、大勢の若衆を乗せた御柱が落とされると、見物人から大きな拍手と喚声が沸き起こります。

御柱を次に待ち受けるのが、山出し最後の難所、宮川の川越しです。水温一〇度を切る雪解け水の中に、御柱を曳く綱を渡すために男たちはわれ先にと飛び込み、御柱も水

めどでこ
漢字表記は「目処梃子」。「めど」ともいう。御柱の前後につけられた、V字型になった角《つの》のような柱のことである。これは上社の御柱のみで下社の御柱にはなく、上社の男神を表すシンボルとされている。

に入ります。渡り終えた御柱は御柱屋敷に安置されます。このようにして八本すべてが曳き終わり、五月の里曳きを待つのです。

里曳きの日がやってきました。御柱屋敷から前宮まで一キロ弱、本宮まで約二・五キロの短い道のりを、**御柱迎えの御舟**《おふね》や騎馬行列、花笠踊、長持行列、龍神の舞なども加わり、ゆっくりと曳行されていきます。山出しの豪快さとは打って変わって、華やかで優雅な行列風景です。

前宮までできた御柱は、建御柱の場所に行くために三百メートルの階段を上がり、いよいよ祭礼もフィナーレ、建御柱を迎えました。数々の難所を越えて曳かれてきた御柱を各宮の四隅に建てるのです。柱の頭を三角錐に切り落とす冠落としが行われ、ワイヤーを御柱に巻きつけ、車地という道具で巻き上げて建てていきます。

御柱には大勢の男たちが乗り、賑やかな雰囲気の中、御柱が建てられたのち、穴埋めの儀が行われ、大勢の参拝客が酔い痴《し》れるうちに祭礼は幕を閉じます。諏訪大社の御柱祭の次回開催は、平成二十八年（二〇一六）の予定です。

御柱迎えの御舟
御柱が御柱屋敷を出るころ、本宮から御舟と呼ばれる神輿《みこし》を担いだ山作り衆や神官などの一行が、行列をつくって御柱を迎えに出発する。先陣を切る本宮一之御柱と合流したところから、御柱を先導して本宮へと向かう。

春の藤原《ふじわら》まつり（一〜五日）

奥州藤原氏と源義経を偲ぶ大祭

中尊寺《ちゅうそんじ》（岩手県西磐井郡平泉町《にしいわいぐんひらいずみちょう》平泉）、毛越寺《もうつうじ》（同上）で行われる大祭ですが、この起源は昭和二十四年（一九四九）と意外と新しいものです。

藤原《ふじわら》まつりは、平安時代末期に奥羽二国《おううにこく》（陸奥《むつ》、出羽《でわ》　現・青森、岩手、宮城、福島、秋田、山形の六県）を支配した**奥州藤原氏三代の栄華**、そして源義経《みなもとのよしつね》を偲《しの》ぶものです。

この祭礼のハイライトは三日に行われる「源義経公東下《あずまくだ》り行列」です。兄頼朝《よりとも》と不和になった弟義経は、やがて都を追われ、奥州平泉の藤原秀衡《ふじわらのひでひら》のもとに身を寄せます。行列は、よく知られたこのストーリーを再現したものです。

三日、午前十時ころ、追われた義経を出迎えるための行列が中尊寺から毛越寺へ進み、大泉が池で義経と秀衡が対面します。そして義経一行を迎えた行列は、午後一時三十分ころに毛越寺を出発し、三時ころに中尊寺へ戻ります。当時の姿を模した行列は人々の目を楽しませるだけでなく、タレントなど著名人が義経、秀衡、北の方、弁慶《べんけい》役に扮するので人気があります。

「秋の藤原まつり」は十一月一〜三日に行われています。

奥州藤原氏三代の栄華
藤原氏三代（清衡《きよひら》、基衡《もとひら》、秀衡）の栄華を偲ぶものの代表は、いうまでもなく中尊寺金《こん》色堂《じきどう》である。清衡が十五年の歳月を費やして建立したもので、須弥壇《しゅみだん》の内部に藤原氏の遺体が安置されている。すべてに金箔《きんぱく》を押し、蒔絵《まきえ》、貝の螺鈿《らでん》を用いるなど贅が尽くされており、貴族文化の地方波及の代表例とされる。

先帝祭《せんていさい》（三日）

歴史の悲劇を背景に哀感の込められた祭礼

文治元年（一一八五）、**壇《だん》ノ浦《うら》の合戦**で亡くなった八十一代安徳《あんとく》天皇を追悼する先帝《せんてい》祭《さい》は、赤間神宮《あかまじんぐう》（山口県下関市阿弥陀寺町《あみだじちょう》　赤間は下関の古称）で行われる祭礼です。赤間神宮の祭神の安徳天皇は、八歳で祖母二位尼《にいのあま》（平清盛《たいらのきよもり》の妻時子《ときこ》）に抱かれて入水《じゅすい》し、多くの平家一門の人々や女官たちもこの海に没しました。後年、後白河法皇《ごしらかわほうおう》が安徳天皇を供養した法会《ほうえ》がこの祭礼のはじまりとされます。

ハイライトは三日午後一時からの上臈道中《じょうろうどうちゅう》です。壇ノ浦合戦のおり、地元の人に助けられた平家の女官たちは遊女に身を落として生きながらえ、安徳天皇の命日には香華《こうげ》を手向《たむ》けるなど菩提《ぼだい》を守り、先帝祭のときには女官の装束《しょうぞく》に威儀を正して参列しました。そのときの行列に、上臈道中は由来します。上臈行列は、江戸吉原《よしわら》の花魁《おいらん》を模した五組の上臈（上級の官位をもつ女性）が市内の新地を出発し、東に進んで神宮に参入します。この祭りのときに限り、水天門から拝殿まで天橋という陸橋がつくられ、その橋を太夫が外八文字《そとはちもんじ》という独特の足さばきで歩きながら渡って、赤間神宮の社殿前で拝礼します。

この祭りは「関の先帝　小倉の祇園《ぎおん》　雨が降らねば金が降る」といわれるほどで、西日本一豪華といわれています。

壇ノ浦の合戦

旧暦（太陰太陽暦）三月二十四日、源平最後の戦いが行われた長門国《ながとのくに》（現・山口県）壇ノ浦（現在の下関市壇之浦町　国道関門トンネルの入り口付近）は早鞆瀬戸《はやとものせと》と呼ばれ、潮流が速く、しかも半日周期で流れが変わる。この日、午後になると潮はそれまでとは逆に、内海から外洋に向かって激しく流出、これにより戦況は俄然源氏に有利となり、九郎判官義経《くろうほうがんよしつね》を総大将とする源氏軍が勝利した。

八十八夜《はちじゅうはちや》（二日ころ）

茶摘みがはじまるなど農事の目安となる日

八十八夜《はちじゅうはちや》は、立春《りっしゅん》から八十八日目で、例年五月二日ころです（厳密にいえば、立春が二月四日の場合、平年ならば五月二日、閏年《うるうどし》ならその前日となる）。

昔から八十八夜は、新茶の摘み取りをはじめ、さまざまな**農作業の目安**とされてきました。

「〽夏も近づく八十八夜
野にも山にも若葉が茂る
あれに見えるは茶摘《ちゃつ》みじゃないか
あかねだすきに菅《すげ》の笠《かさ》」

この「茶摘」の歌は、かつて小学唱歌として広く愛唱されていましたが、この歌は「せっせっせ」の遊びにも歌われましたから、特に女の子に人気がありました。「あかねだすきに菅の笠」という、歌詞後半の茶摘娘の凛々《りり》しい姿に、自分自身を投影させたのかもしれません。

⇨宇治茶摘（『都名所図会』）

ところで、この唱歌の冒頭に「夏も近づく」とありますが、著者は子供のころ、この歌詞が気になっていました。「夏も近づく」というのは、ちょっと気が早いような気がしたのです。子供にとって夏とは夏休みのころだからです。

実は、この夏とは立夏《りっか》のことなのです。立春から三か月、九十一日たつと、二十四《にじゅうし》節気《せっき》の立夏です。「暦の上」ではこの日から夏となります。立夏は五月五日か六日にあたりますから、八十八夜の四日後です。このようなわけで「夏も近づく」という歌詞が納得できたのは、学生時代でした。

それにしても、昔から暦には立夏というものがあるのに、なぜ雑節《ざっせつ》の八十八夜を特別に重視するのでしょうか。言い換えると、農作業の繁忙期と八十八夜がなぜ結びついたのかということです。その疑問には、「八十八」という文字が答えてくれます。これを一字にまとめると「米」という字になります。米になるまでには、八十八回手間がかかるから、米と書くのだといいます。

一般庶民にとっては、啓蟄《けいちつ》だの穀雨《こくう》だのというのは、難しくてなかなか覚えられません。それよりも「八十八夜」「二百十日《にひゃくとおか》」や「二百二十日《にひゃくはつか》」のほうがよほどわかりやすいわけです。そのうえ、米という字は八十八とか八木と書くということは、子供のころから教わっているため、八十八夜は絶対忘れられない大切な日として頭に入っているのです。

ところで、なぜ八十八夜といい、八十八日とはいわないのでしょうか。これについて著者は、霜との関連だと考えます。つまり、霜は夜のうちに降りるからです。

農作業の目安

江戸時代以来、八十八夜が農作業の大切な目安になっていたことを示すものとして、農家には以下のような言い伝えがある。

- 「八十八夜の別《わか》れ霜《じも》」　この時期を過ぎると、ようやく霜が降りなくなり、被害がなくなるという意味。
- 「八十八夜の毒霜《どくじも》」　茶摘みもはじまり、作物もすくすくと伸びてくるが、南北に細長い日本列島では気候のずれがあり、時として遅霜《おそじも》が発生して、思わぬ被害を受けるのを警戒していう。
- 「八十八夜の針丈《はりたけ》」　稲の苗がようやく針のような細い芽を出したころのことで、大事な時期のたとえ。

くらやみ祭り（三〜六日）

古式の神事の形を厳しく守り執り行われる

くらやみ祭りは**大国魂神社**《おおくにたま》（東京都府中市宮町）の祭礼です。昭和三十五年（一九六〇）までは、深夜に町中の灯火を消して暗闇の中を神輿《みこし》の渡御《とぎょ》が行われたので、今でもくらやみ祭りといわれています。

大国魂神社は古くは武蔵国《むさしのくに》（現・東京都、埼玉県、神奈川県の一部）の総社で六所宮《ろくしょのみや》と呼ばれ、武蔵国内の主な神社の祭神を境内に合祠しており、御神幸《ごしんこう》にも六社の神輿が随奉します。祭礼は四月三十日の神職らによる品川沖の海上禊祓式《かいじょうみそぎはらいしき》にはじまり、二日から四日にかけて御鏡磨祭《みかがみまつり》、競馬式《こまくらべしき》、御綱祭《みつなさい》などの数々の古式神事が執り行われます。

五日、種々の儀式ののちにいよいよ本社神輿の「宮出し」です。午後六時に号砲を合図に御先払い以下、各宮の太鼓を先導として、一宮《いちのみや》（小野大神）、二宮《にのみや》（小河大神）、三宮《さんのみや》（氷川大神）、四宮《しのみや》（秩父大神）、五宮《ごのみや》（金佐奈《かなさな》大神）、六宮《ろくのみや》（杉山大神）、本宮《ほんぐう》（大国魂大神）の神輿が正面大鳥居を出て、旧・甲州街道を西へ進み、これらと別に御霊《ごりょう》宮の太鼓と神輿が西鳥居を出て、八基の神輿すべてが祭神の降臨した御旅所《おたびしょ》に入り、秘儀が行われます。翌朝午前四時に八基の神輿は御旅所を出発し、夜明けの町々を回り、七時ころまでに神社に戻り、鎮座祭が行われて御神幸祭は終わります。

⇨お祭りをくらやみでする府中宿（『絵本柳樽』）

くらやみ祭り　大国魂神社

大国魂神社の主祭神の大国魂大神（素戔嗚尊《すさのおのみこと》の御子）は武蔵国の国魂《くにたま》（国土を守護する神霊）で、大国主神《おおくにぬしのかみ》と同一とされる。大国魂神社の境内は古代、武蔵国国府のあった場所と考えられ、くらやみ祭りは当時の国府祭の伝統を受け継ぐものといわれる。くらやみ祭りは「六所祭」「ちょうちん祭」「出会い祭」などとも称される。昔はこの祭りのときには、男女が自由に交際できたという言い伝えがある。

青柏祭《せいはくさい》（三〜五日）

巨大な曳山「でか山」が見ものの例祭

青柏祭《せいはくさい》は、古くは四月の申《さる》の日に行われていましたが、近年では五月三日からの三日間となりました。この青柏祭には**中世以来の長い伝統**があります。

青柏祭は、古くから能登《のと》地方に鎮座し、地元では「山王《さんのう》さん」と親しまれている大地《おおとこ》主《ぬし》神社（石川県七尾市山王町）の春の祭礼です。このとき神前に供える神饌《しんせん》を青柏《あおがしわ》の葉に盛るところから、青柏祭と呼ばれます。

この祭りは「北陸を代表する曳山《ひきやま》（山車《だし》）祭り」といわれ、別名を「でか祭り」といわれているように、「でか山」と呼ばれる大きな曳山三基が出ることで知られています。曳山は三日から連日市内を巡行しますが、三基の曳山は高さが十二メートルもあり、それぞれの上段に歌舞伎の名場面などを表した人形などを飾った豪華なもので、能登地方の曳山の代表とされています。

名物の曳山は、市内の各山町《やまちょう》（府中、鍛冶、魚町の三町）から一基ずつ曳き出されます。四日の夜には、でか山に飾る人形を各町の祝い事のあった家に飾って見せる「人形見」という習慣があります。五日の曳山の巡行のハイライトは、曳航中の「木遣《きや》り」や、大きな車輪を方向転換させる「辻回《つじまわ》し」などです。

中世以来の長い伝統
社伝によれば青柏祭は天元四年（九八一）にはじまったという。文明五年（一四七三）、能登地方の守護職であった畠《はたけ》山義統《やまよしむね》が三基の鉾山《ほこやま》を大地主神社に奉納し、「三葉柏」の家紋の使用を許すなどして青柏祭が復興した。例年の祭礼は厳重に執り行われ、いまや北陸地方を代表する祭礼である。

こどもの日　端午《たんご》の節句《せっく》（五日）

新しい工夫がなされて いまや永遠不滅の伝統行事

☯こどもの日と端午の節句

青葉若葉の五月は、一年を通してもっとも気持ちのよい時期です。ゴールデンウィーク（大型連休）もあり、四月二十九日の「昭和の日」から、五月五日の「こどもの日」を挟んで五月の第二日曜日の「母の日」まで、北国の人はようやく到来した春を満喫し、南国の人は暑からず寒からずの初夏を迎えます。

こどもの日は、「こどもの人格を重んじ、こどもの幸福をはかるとともに、母に感謝する」ことを法定の趣旨としています。こどもの日の五日は、古くから「端午《たんご》の節句《せっく》」ともいわれてきました。端午の節句は男子の節句ですが、もとは女子の節日でした。端午の節句の由来を簡潔にご説明しましょう。

端午とは、「月のはじめの午《うま》の日」という意味です。旧暦（太陰太陽暦）では五月は午の月であり、午は五と音通《おんつう》（同じ音）でもあるところから、旧暦五月五日を端午として祝うようになりました。

古来、中国ではこの日、野に出て薬草の菖蒲《しょうぶ》を摘んで軒下に飾ったり、菖蒲湯《しょうぶゆ》（菖蒲の葉茎の束を入れた湯）に入ったりして邪気を祓《はら》う風習が行われていました。

この端午節《たんごせち》が平安時代に日本へ伝わり、貴族の間から次第に民間へと普及していきました。鎌倉時代には武家社会の発展とともに、菖蒲が尚武《しょうぶ》（武勇を重んじること）に音通であるところから、端午の節句が武家の男子の成長を祝う行事になっていきます。江戸時代になってからは、五節句の一つとして幕府の式日と定めて重んじられるようになりました。江戸中期から、男子のいる家では、町家でも武家を真似て祝うようになりました。

一方、日本では古くから旧暦五月、つまり、田植えがはじまる時期を、「皐《さ》月忌《つきい》み」と称して、五月五日または前日に物忌《ものいみ》をしていました。田植えをする早乙女は家に籠《こ》もって穢《けが》れを祓い清めたのでした。

また、五月四日の夜から五日にかけて、「女天下」といい、家の畳半畳分もしくは家全体を、女性が取り仕切る慣習（「女の家」「女の宿」）のある地方もあります。

まとめますと、端午の節句と潔斎《けっさい》にかかわる節日とが習合して、五月五日は男子の初節句を祝う日となりました。

鯉幟と武者人形

今では、男子のいる家では鯉幟《こいのぼり》を揚げたり、武者人形《むしゃにんぎょう》を飾って、子供の健やかな成長を祝っています。

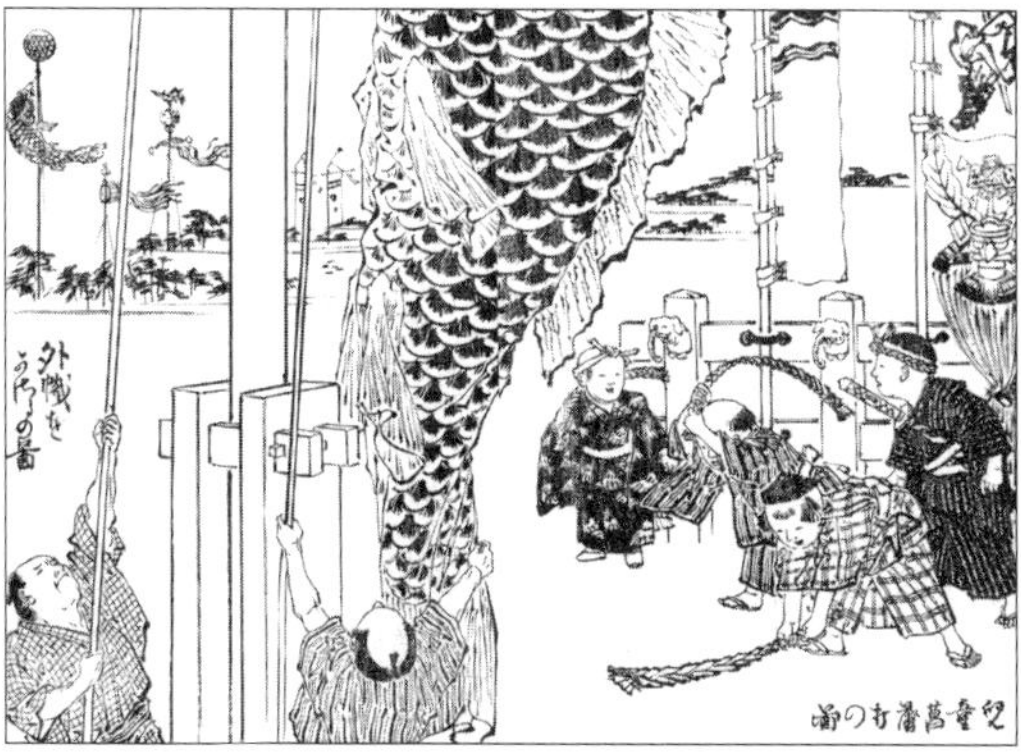

⇦外幟（鯉幟）と菖蒲打ち（『温古年中行事』）

江戸時代中期以降から、鯉幟は出世魚の鯉（「鯉は滝を上って龍となる〈登龍門《とうりゅうもん》〉」という故事があるように、出世のシンボルとされた）のように、わが子に立身出世してほしいとの願いから掲げられるようになりました。また、兜の上に趣向を凝らした人形を載せることが流行《はや》り、これが武者人形に変わっていきました。武者人形は、男子に強さ、逞《たくま》しさを期待する意味から飾られるようになりました。

江戸の町の空に鯉幟が泳いでいる浮世画を歌川広重《うたがわひろしげ》、英一蝶《はなぶさいっちょう》らが残しています。鯉幟には、かならずといっていいほど鍾馗《しょうき》が描かれていて、これを鐘馗幟と呼んでいます。鍾馗は古代中国の玄宗《げんそう》皇帝の夢に現れた架空の人物といわれていますが、武者人形にもつくられています。鯉幟につきものの吹き流しは五色ですが、これは古代中国の陰陽五行説《いんようごぎょうせつ》にもとづくものです。

明治時代になり、富国強兵の国是《こくぜ》とあいまって、鯉幟や武者人形などがさらに普及することになりました。その当時の鯉幟は和紙でつくった紙幟（現在は布製）が主で、鯉は真鯉《まごい》でした。

近年は、家庭では使われなくなった鯉幟を集め、河川の両岸にロープを渡して、川を横切るようにたくさんの鯉幟を飾ったイベントが各地で行われています。この川渡しは高知県の四万十川《しまんとがわ》（五百匹）、熊本県の杖立川《つえたてがわ》（三千五百匹）が最初のようです。

☯粽と柏餅

端午の節句には粽《ちまき》や柏餅《かしわもち》が欠かせません。主に東日本では柏餅が、西日本では粽が好んで食されています。

粽も中国の故事に由来します。戦国時代の七雄の一つ楚《そ》の国の武将で憂国の詩人屈原《くつげん》（紀元前三四〇～前二七七ころ）が、戦に敗れ五月五日に汨羅江《べきらこう》に身を投じて亡くなりました。その骸《むくろ》を鯉がくわえて故郷の屈原の姉のところへ届けたのです。その霊を弔うために、屈原の姉が粽をつくって鎮魂のために川に投げ入れたのがはじまりといわれています。

粽は、糯米《もちごめ》または粳米《うるちごめ》の粉を練ったものを笹などの葉で包み、蒸《ふか》したり茹《ゆ》でたりした、円錐形をした餅のことです。ルーツが中国の粽は、わが国でも平安時代中期にはすでにつくられていました。各地に特徴のある粽がありますが、なんといっても京都のものが有名です。なかでも川端道喜《かわばたどうき》の道喜粽は今も京都を代表する銘菓の一つです。道喜粽は糯米ではなく吉野葛《よしのくず》を材料にしていて、ほのかな甘み、笹の葉の香りが特長です。

一方、柏餅は、餡《あん》（小豆や味噌）入りの上新粉の餅を柏の葉でくるんで蒸したものです。柏餅が端午の節句に登場するのは、江戸時代からとされています。柏の木は冬になって葉は枯れても、翌年新芽が出るまで落ちないところから、子孫繁栄のシンボルとして使われているといわれています。同じ柏餅でも、関東地方では柏の葉、関西地方では山帰来《さんきらい》の葉が用いられることが多いようです。

⇦内幟と武者人形（『温古年中行事』）

当麻寺練供養会式《たいまでらねりくようえしき》（十四日）

中将姫伝説を再現するお練り供養

中将姫《ちゅうじょうひめ》は継母《ままはは》に捨てられ、当麻寺《たいまでら》（奈良県葛城市当麻）に入り、仏の導きによって一夜にして蓮茎《はすぐき》の糸で曼荼羅《まんだら》を織り上げ、その功徳《くどく》によって、生きたまま極楽往生を遂げたと言い伝えられています。

練供養会式《ねりくようえしき》は、当麻寺一山の僧衆と菩薩講の人々によって午後四時ころから営まれます。龍樹菩薩《りゅうじゅぼさつ》、観世音菩薩《かんぜおんぼさつ》、勢至菩薩《せいしぼさつ》などの面をつけた二十五聖衆《しょうじゅ》が、極楽浄土に見立てた曼荼羅堂《まんだらどう》から現世に見立てた娑婆堂《しゃばどう》まで、来迎橋と呼ばれる仮橋を渡御《とぎょ》します。これは通称「お練り供養」と呼ばれますが、その名にふさわしく観世音菩薩と勢至菩薩は、一歩前進半歩後退を繰り返しながら、独特の所作で進みます。娑婆堂では、安置されてあった中将姫坐像から宝冠阿弥陀坐像を取り出して、観世音菩薩の持つ蓮台に載せて、再び曼荼羅堂へ行道します。この行事は、阿弥陀如来が二十五聖衆を供して、引《いん》接《じょう》往生《おうじょう》を遂げさせるありさまを、宗教劇として示したものです。その歴史は古く、鎌倉時代から続いているといわれています。西方極楽浄土に見立てられる本堂の曼荼羅堂には、かつては中将姫が織ったと伝えられる当麻曼荼羅が安置されていましたが、現在は別の場所に保存されており、当麻曼荼羅を模写した絵画の曼荼羅が安置されています。

中将姫

中将姫は伝説上の人物とされるが、その一生をなぞってみる。天平十九年（七四七）に大化の改新で功績のあった藤《ふじ》原鎌足《わらのかまたり》の曾孫として生まれ、詩歌管絃にも優れた才媛であった。しかし五歳で母と死別、継母に糸我の雲雀山《ひばりやま》に捨てられ、世の無常を感じ二上《ふたかみ》山《やま》（にじょうさん）山麓の当麻寺で尼となった。十六歳で『称賛浄土経』千巻を書写。二十六歳のおり、仏の導きにより一夜にして蓮の茎で曼荼羅を織り上げたという。この『蓮糸曼荼羅』は現存せず、『絹糸綴織《つづれおり》曼荼羅』（国宝）が秘蔵されている。享年二十九。

戸隠《こがくし》神社の春祭り（十四～十六日）

日替わりで行われるパワースポットでの祭事

長野市の北西に位置する戸隠山《とがくしやま》（一九〇四メートル）は、天照大神《あまてらすおおみかみ》が天《あま》の岩屋《いわや》に隠れたときに、天手力雄命《あめのたぢからおのみこと》が投げ飛ばした岩屋戸が地上に落ちてできたと伝えられる霊山です。

二千年の歴史を誇り、樹齢八百年を超える杉の木立に囲まれた戸隠《とがくし》神社（長野県長野市戸隠）では、さまざまな祭礼が行われており、数多くの参拝者が訪れています。戸隠神社は五社からなりますが、なかでも**奥社**《おくしゃ》（本社）、**中社**《ちゅうしゃ》、**宝光社**《ほうこうしゃ》は「戸隠三社」と呼ばれ、春祭り（祈年祭）は十四日が中社、十五日が奥社、十六日が宝光社で行われます。

春祭りに奉納される太々御神楽《だいだいみかぐら》は、天の岩屋に隠れた天照大神に出ていただこうと、岩屋戸の前で舞われた舞を起源とします。

諸神事に続いて行われる太々御神楽には、諸悪や災いを祓《はら》う舞や五穀豊穣を祈る舞、優美な巫女《みこ》舞、そして天の岩戸開きの神事にちなんだ舞など、十種類の舞があります。この神楽は神職家の当主により継承されています。

この祭礼に参加したら、名物の戸隠蕎麦《とがくしそば》をご賞味ください。戸隠は蕎麦の本場です。門前の蕎麦屋では、霧の下で育った蕎麦が、戸隠工芸の竹笊《たけざる》に盛って供されます。

奥社　中社　宝光社

奥社では大晦日《おおみそか》には大祓式《おおはらえしき》、元日には歳旦祭《さいたんさい》が行われる。社務所のある中社の社殿には、江戸時代後期の浮世絵師河鍋《かわなべ》暁斎《きょうさい》が描いた『龍の天井絵』が平成十五年（二〇〇三）に復元され掲げられている。宝光社は奥社に次ぐ創建で、中社と同じく社殿は入母屋造《いりもやづくり》、奥社社殿は流造《ながれづくり》という壮大な建築様式。なお、ほかの二社は九頭龍社《くずりゅうしゃ》、火之御子社《ひのみこしゃ》。

葵祭《あおいまつり》（十五日）

王朝風の華麗な大行列が
新緑の都大路を進む勅祭

☯賀茂上下両社の祭礼

葵祭《あおいまつり》は、祇園祭《ぎおんまつり》（一七八頁参照）、時代祭《じだいまつり》（二六四頁参照）と並んで京都三大祭の一つに数えられますが、そのうちでもっとも歴史が古いものです。

この祭礼は正式には賀茂祭《かもまつり》ですが、葵祭といわれるのは、社殿や祭員の衣冠、牛車《ぎっしゃ》などが、葵（双葉葵《ふたばあおい》）の葉と桂《かつら》の小枝で装われるところからです。

葵祭は、**賀茂御祖神社**《かもみおや》（下社《しもしゃ》　京都市左京区下鴨泉川町）と**賀茂別雷神社**《かもわけいかづち》（上社《かみしゃ》　京都市北区上賀茂本山）両社の神事です。糺《ただす》の森に鎮座する下社（通称「下鴨神社」）、賀茂街道の御薗橋《みそのばし》を渡るとすぐに鎮座する上社（通称「上賀茂神社」）を合わせて賀茂社（賀茂神社）と呼んでいます。ともに京都一古い神社で、しかもこの一帯は京都人も憧れる景観のよいところです。

社伝によると、初代神武《じんむ》天皇の時代に、比叡山《ひえいざん》西麓の御蔭山《みかげやま》に賀茂建角身命《かもたけつぬみのみこと》が降り、祭神となったのが下社の起こりとされます。また、同じく北方の神山《こうやま》に降りた賀茂別《かもわけ》雷　神《いかづちのかみ》を祀《まつ》ったのが、上社の起こりと伝えられています。

賀茂御祖神社　賀茂別雷神社
賀茂御祖神社と賀茂別雷神社は、山城国の一宮《いちのみや》であり、旧・官幣大社《かんぺいたいしゃ》である。両社は、古代に京都盆地の北部の豪族であった賀茂氏《かもし》の氏神を祀った。西部の秦《はた》氏の氏神であった松尾大社《まつのおたいしゃ》（京都市西京区）と南部の伏見稲荷大社《ふしみいなりたいしゃ》（京都市伏見区）とともに三代信仰圏をなしていたが、のちに秦氏の信仰も合わせたといわれる。賀茂御祖神社は八世紀半ばに賀茂別雷神社から独立したと伝わる。両社とも平成六年（一九九四）に世界文化遺産に登録された。

では、賀茂祭の起源をみてみましょう。二十九代欽明《きんめい》天皇の時代に全国的風水害により、人々が苦しみました。そこで、卜部伊吉若日子《うらべのいきわかひこ》に占わせたところ、賀茂大神の祟《たた》りであるとの報告がありました。早速、鈴を懸けた馬に猪《いのしし》の頭《かしら》をかぶらせた人を乗せて駆け回らせる盛大な祭礼を行ったところ、幸い五穀が豊かに実ったといいます。これを恒例として賀茂祭ははじまったとする説が有力のようです。

　賀茂祭は賀茂地域だけの祭礼ではなく、山背国《やましろのくに》（現・京都府　平安奠都《てんと》以降「山城」と表記した）全域から人々が集まり、一時は禁令が出るほど賑やかな祭礼でした。賀茂祭は、平安奠都後の大同《だいどう》元年（八〇六）には、四月中酉日《なかとりのひ》に執り行われる**勅祭**《ちょくさい》となりました。賀茂別雷神社は、弘仁《こうにん》元年（八一〇）には、伊勢神宮《いせじんぐう》の斎宮《さいぐう》に倣《なら》って斎院《さいいん》を置き、五十二代嵯峨《さが》天皇の皇女有智子内親王《うちこないしんのう》を初代の斎王《いつきのみこ》としました。斎王の制度は、鎌倉時代初期に主に経済的な理由から廃止され、現在は斎王代《さいおうだい》が参列し、その役割を務めています。

勅祭

勅祭とは、天皇からの勅使が参向する祭祀のこと。春日大《かすがたい》社《しゃ》（奈良県奈良市）の春日祭（三月十三日）、石清水八幡宮《いわしみずはちまんぐう》（京都府八幡市）の石清水祭（九月十五日）とともに三勅祭であり、国家的な祭りになった。

☯本祭はさながら王朝絵巻

　葵祭の本祭は「宮中《きゅうちゅう》の儀」「路頭《ろとう》の儀」「社頭《しゃとう》の儀」の三部からなっていますが、このうち一般の人が見物できるのは、大行列が京都御所《ごしょ》から賀茂社へと向かう路頭の儀です。

　路頭の儀は昔から京の人々の楽しみでした。勅使の出発する京都御所から、途中で斎王が合流した華麗な行列の路頭の儀を見物するため、上皇（院）、摂関家《せっかんけ》をはじめとする京中の貴賤が群集しました。その見物の場所をめぐり争った様子が、紫式部《むらさきしきぶ》『源氏《げんじ》物語《ものがたり》』の「葵の巻」に、葵上《あおいのうえ》（光源氏の正妻）と六条御息所《ろくじょうみやすどころ》（愛人）の車争いの場面として描かれています。

葵祭は鎌倉時代ころから次第に衰えはじめ、室町時代の文亀《ぶんき》二年（一五〇二）から中断されましたが、江戸時代の元禄七年（一六九四）に至って、賀茂社の神職関係者による復帰運動、それに応えた朝廷、幕府、町衆《まちしゅう》の後援によって再興されました。江戸時代から葵祭と呼ばれるようになったのは、約二百年間途絶えていたこの復興に力を注いだ、徳川将軍家の家紋（三つ葉葵）の影響もあったようです。

明治維新後、東京に奠都されたこともあって明治三年（一八七〇）から、それまでどおりの儀式ができなくなりましたが、明治十七年（一八八四）に再興され、祭日は太陽暦の五月十五日に改められました。第二次世界大戦前から戦後にかけて、この祭礼にも幾度か変遷がありましたが、昭和三十一年（一九五六）に中世以来絶えていた斎王に代わり斎王代を中心とする女人行列が加えられ、葵祭は華麗なものになりました。葵祭では本祭以外にも重要な**神迎えの神事**が行われますが、それは下をご覧ください。

☯斎王代と女人行列が人気

葵祭の圧巻の路頭の儀である行列の**コースと見どころ**を簡潔にご説明しましょう。五月十五日十時三十分ころ、路頭の儀の行列が京都御所正門の建礼門《けんれいもん》前から出発します。堺町御門《さかいまちごもん》から丸太町《まるたまち》通を東行し、河原町通を経て下鴨神社へ十一時三十分ころに到着し、社頭の儀が行われます。

神迎えの神事

賀茂社では本祭に先だって重要な神事が行われる。本祭の三日前の十二日昼、下社の荒《あら》御魂《みたま》を比叡山《ひえいざん》山麓の御蔭《みかげ》神社（京都市左京区）から下鴨神社にお迎えし、糺の森で舞人《まいうど》による東游《あずまあそび》が奉納される（御《み》蔭祭《かげまつり》）。同日夜、上社では御《み》阿礼木《あれぎ》（榊《さかき》）を神馬《しんめ》に乗せて本殿へ運ぶ神事が行われる（御阿礼祭《みあれまつり》）。これらの神々を迎える儀式は秘儀とされる。

コースと見どころ

新緑の映える都大路《みやこおおじ》を進む葵祭の行列は、さながら王朝時代にタイムスリップしたようで、見物人は時のたつのを忘れて魅せられる。葵祭の見物には、交通規制がなく行列もゆるりゆるりと進む賀茂街道の、樹木が緑陰をつくる賀茂川河畔あたりがお勧め。

午後二時ころ、再び祭列を整えて北大路《きたおおじ》通を西行し、北大路橋を渡り、賀茂街道を進み、賀茂川畔の道を通り、御薗橋を東に渡り、上賀茂神社に到着後、再び社頭の儀があって、走り馬が行われます。無事に祭儀を終えた行列が京都御所に帰るのは、初夏の日の落ちるころです。

葵祭の祭列は総勢五百余人（ほかに多数の牛馬などが連なる）で一キロにも及び、通過に約一時間を要する大行列で、大きく五列に分けられます。このうち、第一列から第四列までが勅使の祭列です。牛に曳かれた御所車に取り巻かれた勅使列は、この祭礼の主役にふさわしく華やかです。この役を務めるのは旧・公卿の人々です。

最後を行く第五列が、ヒロイン斎王代と供奉《ぐぶ》する女性だけの行列です。本来、斎王は皇女でしたが、現在は京都在住の一般の未婚女性の中から選ばれています（葵祭は京都御所のほかにも、葵祭行列協賛会、葵祭供の会などが協力して運営されている）。往事を偲《しの》ばせる腰輿《ようよ》に乗る斎王代を中心に、命婦《みょうぶ》、童女《めのわらわ》、騎女《うまのりおんな》、蔵人所陪従《くろうどどころばいじゅう》、女別当《おんなべっとう》、内侍《ないし》、采女《うねめ》など、斎王代に奉仕する女性四十七人が女人列のメンバーです。

葵祭の行列は平安時代のしきたりが重視され、服装そのほかも当時のありさまをできる限り忠実に再現している、日本一雅《みやび》な行列といえるでしょう。

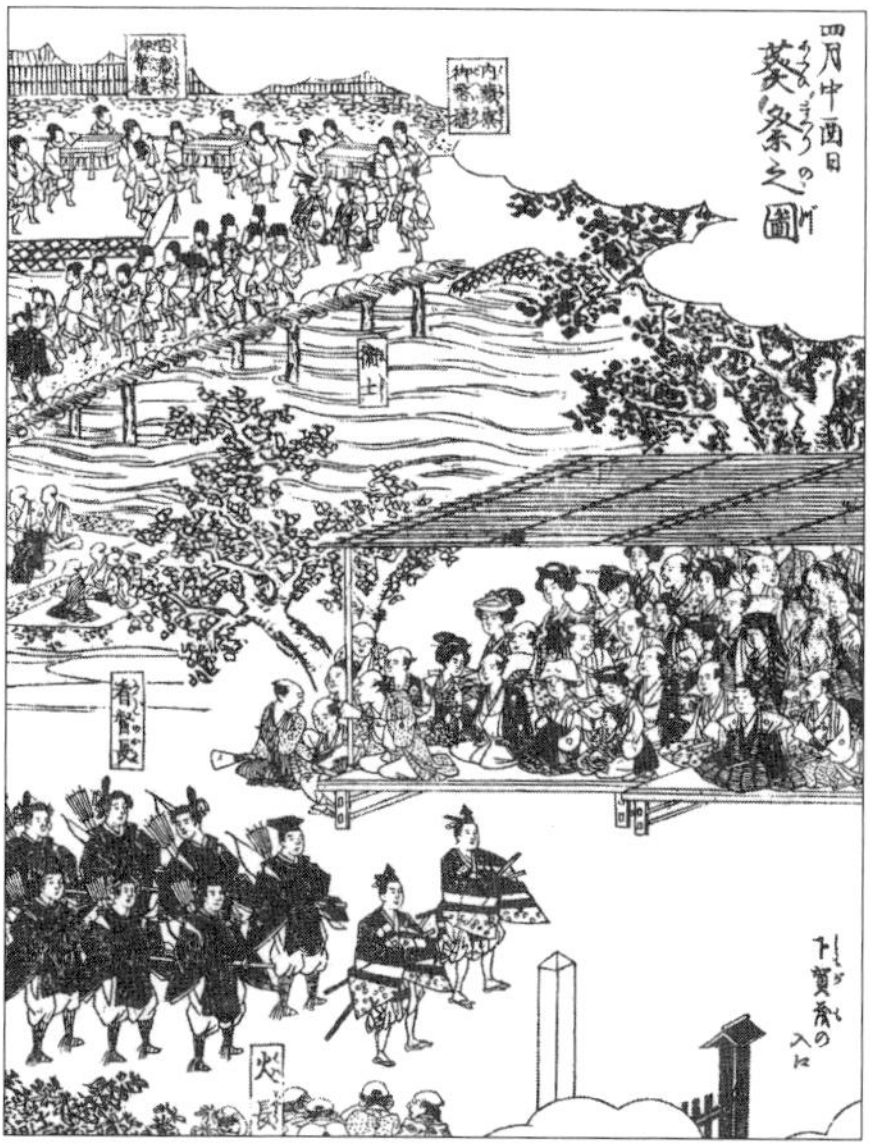

⇦葵祭（『諸国図会年中行事大成』）

神田祭《かんだまつり》（十五日近くの土・日曜日）

神田界隈は神田囃子が流れ、祭り一色の三日間
ハイライトは町神輿の宮入

東京の下町は、五月中旬から本格的な夏祭りの時期を迎えます。そのトップバッターは、江戸三大祭りの一つ、**神田《かんだ》神社**（「神田明神」ともいう　東京都千代田区外神田）の神田祭《かんだまつり》です。

神田神社は、東京の真ん真ん中の神田、日本橋、大手町、丸の内、秋葉原、旧・神田市場、築地市場など百八町の総氏神です。かつては氏子でしたが今は大田区に移転した、神田青果市場の江戸神社大神輿《おおみこし》も宮入《みやいり》に参加しています。

祭礼は大祭と陰祭とを隔年に行い、平成二十五年（二〇一三）は大祭にあたり、神幸祭《しんこうさい》や神輿宮入が行われました。

神幸祭は十五日に近い土曜日に行われる神事です。

木遣音頭《きやりおんど》で出発した行列は、御祭神の一宮大己貴命《おおなむちのみこと》（大黒天）、二宮少彦名命《すくなひこなのみこと》（恵比寿神）、三宮平将門《たいらのまさかど》の鳳輦《ほうれん》が、平安装束《しょうぞく》に身を包んだ人々に付き添われ、一日がかりで行進します。

⇨神田明神祭礼（『江戸名所図会』）

この祭礼のハイライトは日曜日に行われる神輿宮入です。氏子各町の神輿九十余基が出て大賑わいとなります。

ここで神田祭の歴史を振り返ってみましょう。昔は今と比べて以下のような違いがありました。

第一に、昔は、開催日が旧暦（太陰太陽暦）九月十五日でした。これが現在の日取りになったのは、九月は台風のシーズンというのが理由ですが、本当のところは秋では神田っ子気質が許さなかったようです。つまり、明治時代に今の日付に変更になった最大の理由は、農村部の秋祭りとは違うという江戸っ子の見栄のようです。

第二に、現在では、山車《だし》が曳かれることはなくなりましたが、かつては多数の絢爛豪華な山車が存在し、曳山《ひきやま》が主役でした。これが消えたのには交通事情などさまざまな理由があります。そして、今は氏子各町から出される町神輿が、私たちの目にする神輿です。一方、本社神輿も水天宮《すいてんぐう》の寄進により、平成十二年（二〇〇〇）に復活しました。

第三に、元禄時代には、神田祭は神輿が江戸城に入っての将軍上覧もあり、山王祭《さんのうまつり》（二六八頁参照）とともに「天下祭《てんかまつり》」と呼ばれていました。神田明神、山王権現の氏子であることが江戸っ子の誇りでした。

明治中期より町神輿へと転換し、今では神輿が町内を練り歩く、神輿行列中心の庶民の祭りになりました。それにより、練り物に法被《はっぴ》姿の若い女性も多く参加するようになり、見物人も加わって、大変な盛り上がりをみせるようになっています。

神田神社
二代将軍徳川秀忠《とくがわひでただ》が神田神社を現在地に移して江戸総鎮守としたことから、東西南北百八町会の氏神とされた。境内には将門社《まさかどしゃ》が祀《まつ》られているように、神田祭は平将門（承平《じょうへい》天慶《てんぎょう》の乱の反逆者だが、古くから東国では英雄視されていた）の怨念を鎮める祭儀に遡《さかのぼ》るという説もある。つまり、主祭神を平将門とする考え方である。現在も将門神輿が大手町の将門首塚を出発して大手町・丸の内地区を練り回る。

三社祭《さんじゃまつり》（第三金・土・日曜日）

子供から大人まで浅草っ子は祭り大好き
ハイライトは本社神輿の宮出し

東京に夏の訪れを告げる祭りの二番バッターが三社祭《さんじゃまつり》です。正和《しょうわ》元年（一三一二）にはじまるとされる**浅草《あさくさ》神社**（東京都台東区浅草）の祭礼で、いまや東京一の人気で百万人を超える見物客が下町に殺到します。

浅草寺《せんそうじ》境内に社《やしろ》を構える浅草神社は、明治六年（一八七三）に現在の浅草神社に改称されましたが、いまもって親しみを込めて「三社様」、または「三社権現《ごんげん》様」と呼ばれています。浅草寺には、本尊である聖観世音菩薩像《しょうかんぜおんぼさつぞう》を、推古《すいこ》三十六年（六二八）ころに宮戸川《みやとがわ》（現在の隅田川《すみだがわ》）から拾い上げた漁師の檜前浜成《ひのくまのはまなり》・竹成《たけなり》の兄弟と、その観音様を草堂に奉安した土地の識者土師真中知《はじのまなかち》（「はじのまつち」とも）が祀《まつ》られています。

祭礼は三日間にわたり執り行われます。

一日目は、本社神輿《みこし》神霊入れの儀式からはじまり、氏子や浅草三業地の芸妓《げいぎ》らによる仲町の名物大行列ののち、五穀豊穣を祈願する拍板舞《びんざさらまい》（田楽舞《でんがくまい》）が奉納されます。

二日目は、例大祭式典が斎行され、氏子各町の神輿の連合渡御《とぎょ》があります。浅草寺裏に集合した町神輿が神社でお祓《はら》いを受けたのち町へ繰り出します。

浅草神社

浅草寺に入ると左右に五重塔と二天門があり、その奥に三代将軍徳川家光《とくがわいえみつ》が社殿を創建したと伝えられる浅草神社がある。浅草神社は明治六年に改称されてこの名称となった。これは明治元年（一八六八）の神仏分離政策によるもの。隅田川から漁師が拾い上げた黄金の観音像は一寸八分（約五・五センチ）の小さなものであったが、その日には天から金鱗《きんりん》の龍が舞い降りたという故事があり、それにちなんで「浅草寺金龍の舞」が毎年三月十八日、十月十八日、十一月三日の観世音菩薩の縁日に奉納されている。

⇦三社祭神輿（『温古年中行事』）

三日目は、本社神輿三基（一基が一トンを超す大神輿）が各町へ渡御する「宮出し」です。

三基の本社神輿は、一宮檜前浜成、二宮檜前竹成、三宮土師真中知からなり、この三基の神輿を中心に四十二町会の町神輿百余基が練り出して、祭りはハイライトを迎えます。一宮、二宮、三宮という三基の神輿の構成は、神田祭と同じです。

この日は、早朝の本社神輿の宮出しを迎え、一度はこの神輿を担ぎたいと各地からやってきたたくさんの担ぎ手の若者、そして大勢の見物客の熱気で、境内はいやがうえにも興奮の坩堝《るつぼ》と化します。殺到する担ぎ手でなかなか神輿は上がることができませんが、ようやく担ぎ上げられ、境内で二時間も揉《も》み合ってから、見物客をかきわけながら、一基ずつ各町内渡御に繰り出します。四十二の氏子町を終日回り、夜九時ころになりようやく本社神輿が宮入《みやいり》して、すべての儀式が終わります。

かつては隅田川を船で渡る神輿渡御が盛大に行われていました。平成二十四年（二〇一二）三月十八日に三社祭斎行七百年を記念して、本社神輿の「舟渡御」を再現し、斎行されました。三社祭ではないのに、三基の本社神輿が揃って仲見世《なかみせ》を渡御するのは珍しいことだそうです。

新緑の嵐峡で行われる王朝の優雅な舟遊び

三船祭《みふねまつり》（第三日曜日）

三船祭《みふねまつり》は、車折《くるまざき》神社（京都市右京区嵯峨朝日町）の神幸祭《しんこうさい》です。この祭礼は伝承によれば、昌泰《しょうたい》元年（八九八）九月二十一日に五十九代宇多《うだ》天皇が嵐山《あらしやま》の大堰川《おおいがわ》で舟遊びをされたことにはじまるといわれ、以後、天皇の行幸があるたびに舟遊びは恒例化しました。この故事を偲《しの》び、昭和三年（一九二八）に昭和天皇の即位御大典を記念してこの祭りが再興されました。

正午、神社で神幸祭が営まれ、午後一時ごろに行列が車折神社を出発、渡月橋《とげつきょう》を渡り、中ノ島公園の剣先から御座《ござ》船に乗ります。午後二時ごろから御舟遊びがはじまります。龍頭船では管絃楽、鷁首《げきす》船では迦陵頻《かりょうびん》や胡蝶の舞が奉納されます。このほか、飾り立てたさまざまな船が嵐峡一帯の川面を上下するさまは、さながら王朝絵巻を見るようです。御座船を先頭に、詩歌船、俳諧船、謡曲船、小唄船、書画船、献茶船、献花船、稚《ち》児《ご》船などさまざまな趣向の船が二十隻ほどにもなります。これらの随侍船は奉行船からの指図によって、次々に芸能を奉納します。ハイライトは、川に船から数千本の扇《おうぎ》が流される「扇流し」です。これは、**足利《あしかが》将軍の故事**によるものです。

神事はおよそ二時間で終わり、午後四時ころ渡月橋北詰の車折神社頓宮《とんぐう》へ還行されます。

三船祭
七十二代白河《しらかわ》天皇が大堰川へ行幸した際、漢詩、和歌、奏楽に長じた者を三隻の船に分乗させた優雅な舟遊びの故事に由来する。博識多芸で琵琶の名手でもある大納言　源《みなもとの》経信《つねのぶ》は、そのどれにも自信のあったためにわざと遅れて到着し、河岸から「どの船でもいいから漕ぎ寄せよ」と奏楽の船に乗り込み、漢詩、和歌をつくってその才を見せつけたという。

足利将軍の故事
足利将軍が天龍寺《てんりゅうじ》（京都市右京区）へ参拝のおり、お供の童子が過って扇を川に流してしまったさまが優美だと将軍が喜び、以後、将軍が天龍寺へ参拝のたびに、お供の面々が競って扇を川に流すようになったという。

日光東照宮渡御祭《にっこうとうしょうぐうとぎょさい》（十七〜十八日）

総勢千余人の大行列は日光の春の風物詩

日光東照宮渡御祭《にっこうとうしょうぐうとぎょさい》は、**日光東照宮**《にっこうとうしょうぐう》（栃木県日光市山内）の春季例大祭の神輿《みこし》渡御祭のことです。この渡御祭に供奉《ぐぶ》する行列が千人を超える大人数であることから、百物《ひゃくもの》揃千人武者行列《ぞろえせんにんむしゃぎょうれつ》ともいわれます。この祭礼は日光市でもっとも人気があります。

東照宮の祭神は徳川初代将軍の家康《いえやす》で、死後は東照大権現《とうしょうだいごんげん》と呼ばれています。日光東照宮は、全国に約百三十社あるといわれる東照宮の頂点に立ちます。明治元年（一八六八）の神仏分離で、神社の東照宮と日光二荒山《にっこうふたらさん》神社、寺の日光山輪王寺《にっこうさんりんのうじ》に分立しました。

東照宮の祭礼は、家康の命日である四月十七日に行われていましたが、明治以後、太陽暦の五月十七〜十八日になりました。祭りは十七日の午前中に例大祭が執行され、午後、三基（家康、豊臣秀吉、源頼朝）の神輿が二荒山神社に渡御し、宵成祭《よいなりさい》が催されます。本祭の翌十八日は午前十一時、二荒山神社を出発した神輿は神橋《しんきょう》近くの御旅所《おたびしょ》まで渡御しますが、これに供奉する神官、神馬《しんめ》、御旗《みはた》、鎧《よろい》・兜《かぶと》で身を固めた武者、山伏《やまぶし》、稚児《ちご》、掛面《かけめん》などの行列（いずれも氏子）は総勢千二百余人に達します。

御旅所では「三品立七十五膳《さんぼんだてしちじゅうごぜん》」という特殊な神饌《しんせん》の奉幣《ほうへい》、「八乙女舞《やおとめまい》」、神職による「東遊舞《あずまあそびのまい》」の奉納などののち、表参道を通って東照宮へ戻ります。

日光東照宮

徳川家康は元和《げんな》二年（一六一六）四月十七日に駿府城《すんぷじょう》（静岡市葵《あおい》区）で没した（享年七十五）。家康の遺言どおり、遺骸は久能山《くのうざん》（静岡市駿河《するが》区）に葬られたが、翌元和三年（一六一七）に造営された日光東照宮に改葬された。現在みられる渡御祭の行列は往時の柩《ひつぎ》を移したときの行列を再現したものに、もとあった二荒山神社の神事行列が加わったものといわれる。秋（十月十七日）の例大祭にも同じ行列が行われるが、春よりも規模は小さい。

とげぬき地蔵大祭《じぞうたいさい》（二十四日）

人波で埋まる「おばあちゃんの原宿」の縁日

東京のJR山手線《やまのてせん》の巣鴨《すがも》駅から旧・中山道《なかせんどう》沿いの狭い道を下っていくと、商店街の右手に「とげぬき地蔵《じぞう》」の名で親しまれている高岩寺《こうがんじ》（東京都豊島区巣鴨）があります。毎月「四」のつく四日、十四日、二十四日はとげぬき地蔵尊の縁日で賑わいますが、特に五月二十四日は地蔵大祭《じぞうたいさい》のため、この界隈《かいわい》は人波で埋まります。

「おばあちゃんの原宿《はらじゅく》」といわれ全国的に知られるとげぬき地蔵ですが、とげぬき地蔵（地蔵菩薩像）と「洗い観音」を勘違いする方がいるようです。本尊のとげぬき地蔵尊は秘仏ですから、縁日にも御開帳《ごかいちょう》されません。その代わりに、御影《おみかげ》（縦四センチ×横一・五センチの和紙に高さ二・三センチの地蔵菩薩立像が描かれている）と呼ばれる、とげぬきの御符を出しています。これが不思議ととげを抜くのに効果があるだけでなく、心のとげまで抜いてくれると評判になり、門前に町ができたのが、とげぬき地蔵のはじまりといわれています。一方、病気の平癒《へいゆ》を祈る人々の長い順番待ちの行列ができるのは、境内にある洗い観音です。観音様をタオルで拭くと効き目があるとされて人気です。

地蔵大祭の当日には、地蔵通りの商店街は特別サービス（巣鴨名物の塩大福など）をするし、参道には二百軒もの露店が立ち並びます。

旧・中山道
巣鴨の地蔵通りの入り口にある真性寺《しんしょうじ》の境内には、江戸時代に江戸の出入り口六か所に旅人の安全を祈って造立された、江戸六地蔵の一つで唐金づくりの大きな地蔵尊がある。江戸から下る旅人は旅の無事をこの地蔵に祈ったとされ、巣鴨地蔵といえばこちらを指したものだったが、いまどきの人はここを無視してとげぬき地蔵を一路目指す。曹洞宗万頂山《まんちょうざん》高岩寺（通称「とげぬき地蔵」）は古刹であるが、この地に明治二十四年（一八九一）に移り開かれた。

夏の巻

●夏の巻のはじめに……………………

日本ならではの、梅雨、夏祭り、盆のシーズン

旧暦時代には、立夏《りっか》からが夏でした。つまり、今は六～八月が夏ですが、昔は四～六月が夏でした。

六月は梅雨《つゆ》どきです。じとじとと降り続く長雨や気温が下がる梅雨寒《つゆざむ》に、体調も崩しやすく、じっと我慢の時期です。

このころ、この日までの半年間の罪や穢《けが》れを祓《はら》い無病息災を祈って、夏越祓《なごしのはらえ》の神事が各神社で行われます。茅《ち》の輪をくぐったり、形代《かたしろ》に移して海に流したりして穢れを祓います。

七月、京都の町は祇園祭《ぎおんまつり》一色になります。七月十六日宵山《よいやま》、翌十七日山鉾巡《やまほこじゅん》行《こう》という日付が決定したのは、明治六年（一八七三）、暦が新暦（太陽暦）に替わった年です。平安時代以来、旧暦六月七日だったのを、月遅れに直したのです。祇園祭には鱧《はも》料理がつきもので、特別に祭鱧《まつりはも》といいます。

八月は月遅れの盆（盂蘭盆会《うらぼんえ》）です。東京など関東地方は新暦の七月盆（十三～十六日）ですが、京都や大阪など関西地方だけでなく全国的に月遅れの八月（十三～十六日）に盆行事が行われているところが多くなっています。

先祖の供養を終えた十六日には、京都の人々は夏の夜空を彩る五山《ござん》の送《おく》り火《び》に手を合わせ、「先祖の冥福と家内安全、無病息災」を祈ります。こうして京都の盆は締めくくられます。

このころになると古都の朝夕には、秋の気配が感じられます。

夏　主な行事のスケジュール

六月　水無月 みなづき

1日　衣替《ころもが》え→160
5〜6日　県祭《あがたまつり》→161
10日　時の記念日→162
11日ころ　梅雨《つゆ》・入梅《にゅうばい》→164
15日前後の約10日間　山王祭《さんのうまつり》→168
17日　三枝祭《さいぐさまつり》→170
21日ころ　夏至《げし》　7月2日ころ　半夏生《はんげしょう》→171
旧暦5月4日　糸満《いとまん》ハーレー→172
24日　伊雑宮御田植祭《いざわのみやおたうえさい》→173
30日　夏越祓《なごしのはらえ》→174
30日〜7月1日　富士山・富士塚のお山開き　8月26〜27日　吉田の火祭り→176

七月　文月 ふみづき

1〜31日　祇園祭《ぎおんまつり》→178
1〜15日　博多祇園山笠《はかたぎおんやまがさ》　第3金・土・日曜日　小倉祇園太鼓《こくらぎおんだいこ》→182
6〜8日　朝顔市《あさがおいち》　9〜10日　四万六千《しまんろくせん》日《にち》・ほおずき市→184
7日　七夕《たなばた》（しちせき）→186
7日ころ　小暑《しょうしょ》　23日ころ　大暑《たいしょ》→188
14日　那智《なち》の火祭り→189
15日　中元《ちゅうげん》→190
中旬〜9月上旬　郡上《ぐじょう》おどり→191
20〜24日　恐山大祭《おそれざんたいさい》→192
土用入り後の初の土・日曜日または祝日　本宮祭《もとみやさい》→193
24〜25日　天神祭《てんじんまつり》→194
旧暦6月17日　厳島管絃祭《いつくしまかんげんさい》→196
最終土・日・月曜日　相馬野馬追《そうまのまおい》→198
27日以降最初の金・土・日曜日　宇佐神宮《うさじんぐう》　夏越大祭《なごしたいさい》→199
最終土曜日　隅田川花火大会《すみだがわはなびたいかい》→200
下旬の1日間　オロチョンの火祭り→201
30日〜8月1日　住吉祭《すみよしさい》→202
31日〜8月1日　千日通夜祭《せんにちつうやさい》（千日参り《せんにちまいり》）→203

八月　葉月 はづき

1〜7日　弘前《ひろさき》ねぷたまつり　2〜7日　青森ねぶた祭→204
1〜4日　盛岡さんさ踊り→206
3〜6日　秋田竿灯《あきたかんとう》まつり→207
6〜8日　仙台七夕《せんだいたなばた》まつり→208
7日ころ　立秋《りっしゅう》　23日ころ　処暑《しょしょ》→210
7〜10日　六道《ろくどう》参り　陶器市→212
9〜12日　高知よさこい祭り→214
12〜15日　阿波《あわ》踊り→215
13〜16日　盆（盂蘭盆会《うらぼんえ》）　16日　五山送《ござんおく》り火《び》→216
15日前後の数日間　深川八幡《ふかがわはちまん》祭り→220
15日　花背《はなせ》の松上《まつあ》げ→221
15日　終戦記念日　戦没者追悼式→222
22〜23日　京の六地蔵巡《ろくじぞうめぐ》り　23〜24日ころ　地蔵盆《じぞうぼん》→224
25日　吉祥院六斎念仏《きっしょういんろくさいねんぶつ》→225
旧暦8月1日　八朔《はっさく》→226

＊→以下は本文の解説ページを示します。
＊新暦／旧暦対応、二十四節気の日付は巻末付録をご覧ください。
＊およそ日付順に載せましたが、移動開催などで実際の日取りが前後したり、変更になることもありますのでご注意ください。

衣《ころも》替《が》え（一日）

今に生きる気分一新の日本的風習

季節に応じて衣服を替えることを衣替《ころもが》えといいます。この日には、多くの学校や職場などで、制服が冬服から夏服にいっせいに替わります。

江戸時代以来続くこの風習は、季節の区切りでけじめをつける、気分一新のためですが、日本人が四季の変化に敏感なこともあるようです。

衣替えは、古くは「更衣」と書きました。この言葉の本来の意味は、「装束《しょうぞく》や調度が、季節により改められること」です。平安時代以降、宮中においては、四月一日になると冬用から夏用に、十月一日になると夏用から冬用に、衣服だけでなく帳《とばり》や畳などの調度も改められました。もとは宮中のしきたりであった更衣が、江戸時代には武士、僧侶、庶民の間でも行われるようになり、四月に綿入れから袷《あわせ》に替わり、九月にまた綿入れに戻る、というように時候の変化に合わせて着物を着替えました。

明治以降もこの風習が踏襲され、夏服は夏のはじまる六月一日から、冬服は冬のはじまる十月一日から、年二回衣替えが行われるようになったのです。

神様の御着物の御着替である**御更衣祭《ごこういさい》**は、京都洛北《らくほく》の貴船《きふね》神社（京都市左京区鞍馬貴船町）などで行われています。

御更衣祭
御更衣祭は明治維新以前には旧暦（太陰太陽暦）四月一日と十一月一日に、神事として行われていた。現在、御更衣祭は春季御更衣祭、秋季御更衣祭として年二回、それぞれ新暦（太陽暦）の四月一日と十一月一日に小祭として行われている。この御更衣祭を起源とする祭礼に、六月一日に行われる貴船祭がある。

県祭《あがたまつり》（五〜六日）

初夏の深夜に行われる「ぶん回し」で知られる奇祭

県祭《あがたまつり》は、**県《あがた》神社**（京都府宇治市宇治蓮華《れんげ》）の例祭で、江戸時代以来、数百年間続いています。

まず五日の朝、本殿で朝御饌《あさみけ》の儀が行われ、午後には夕御饌《ゆうみけ》の儀が行われます。午後三時ころに梵天《ぼんてん》への神移しの儀礼が行われたら、以降はいっさいの灯火が禁じられます。六日未明に梵天神輿《みこし》（重さ五十キロ）が渡御《とぎょ》します。暗闇の中を、触太鼓《ふれだいこ》や獅子頭《ししがしら》の神輿に先導された梵天神輿が、御旅所《おたびしょ》の宇治《うじ》神社から宇治橋通を練り歩きます。道筋の家々は明かりを消してその行列を見送ります。

ハイライトは、宇治橋西詰で行われる、御神体の梵天の大きな台座を勢いよくぐるぐる回す「ぶん回し」です。見事に回転すると見物客からいっせいに拍手や歓声が沸き起こります。これが県祭の別名を「暗闇祭」というゆえんです。

やがて梵天神輿が若者に担がれて県神社に到着すると、暗闇の中、本殿で梵天に神霊が移されます。この神事が終わると、梵天神輿は本町通を通って宇治神社御旅所へと帰ります。人々は、梵天の大きな白い御幣《ごへい》を拾い、お守りとして大切にします。

県神社
県神社は、永承七年（一〇五二）、藤原頼通《ふじわらのよりみち》が平等院《びょうどういん》を建立（仏寺として創建）したとき、鎮守として建立された。八日に五穀豊穣を祈願する大《たい》幣《へい》神事も行われる。これは藤原頼通以来の神事とされ、この神社の古い歴史がうかがえる。

時の記念日（十日）

「時の記念日」のルーツは、天智天皇が製作した漏刻（水時計）

時を大切にし、時間を守ることを目的として制定された「時の記念日」は、休日ではないのですが、よく知られている記念日です。

この制定に至る経緯をご説明しましょう。

鐘《かね》や太鼓を叩いて時刻を知らせることは、古くから行われていました。『日本書紀《にほんしょき》』の天智天皇《てんじ》十年（六七一）四月二十五日の条に次のような記事があります。

「夏四月の丁卯朔《ひのとのうのついたち》の辛卯《かのとのう》に、漏剋《ろうこく》を新しい台《うてな》に置き、時を刻みはじめた。鐘や鼓を打ち鳴らして、はじめて漏剋を用いた。この漏剋は、天皇が皇太子であったときに、はじめてご自身で製造された」

これは三十八代天智天皇が、この日（四月二十五日）、近江大津宮《おうみおおつのみや》（現・滋賀県大津市）に新しい漏刻台をつくり、**漏刻**を設置して、鐘や太鼓を打って民に時刻を知らせたことを記したものです。

つまり、この漏刻は、天智天皇が皇太子の中大兄皇子《なかのおおえのおうじ》時代に飛鳥《あすか》（現・奈良県高市郡明日香村《あすかむら》）でつくり、のちに近江大津宮に移したものです。『日本書紀』ではこれを三

漏刻
漏刻とはいわゆる水時計《みずどけい》のことであり、この装置が漏刻台。飛鳥京の漏刻の置かれた建物の復元図を見ると、漏刻台の中央に水桶《みずおけ》を重ね、飛鳥川《あすかがわ》の水を引き上げてこの水桶の上に貯め、漏刻に流す流水量が一定になるように製作されていた。また、漏刻台は礎台の上に建てられていたようで、二階の部分に時報用の鐘や太鼓が置かれていたらしい。なお、飛鳥水落《みずおち》遺跡では漏刻台の跡と思われるものが発掘され、飛鳥資料館では復元された遺構を見学できる。

十七代斉明《さいめい》天皇六年（六六〇）五月のこととしていますが、日にちまでは記されていないため、漏刻がはじめて使われた日は、後者とされたのです。

先述の『日本書紀』にある朔が丁卯であると、辛卯は二十五日になります。これを、現行の新暦（太陽暦）の日付に直すと六月十日となります。

このはじめて時計が設置された六月十日を「時の記念日」としたのは、大正九年（一九二〇）のことです。五月十五日から六月末日まで、東京・お茶の水の湯島聖堂内で「時展覧会」が開催され、展覧会の当事者（東京天文台、生活改善同盟会）の間で話し合われ、先述の『日本書紀』の故事に倣《なら》い、六月十日を「時の記念日」に制定しました。

「時の日」にまつわる行事として現在も行われているものに、漏刻祭（近江神宮《おうみじんぐう》／滋賀県大津市神宮町　旧・官幣大社《かんぺいたいしゃ》）があります。ここ大津京の漏刻は、わが国ではじめて使われたものでしたが、壬申《じんしん》の乱（天武元年〈六七二〉）により消失してしまいました。

日本標準時（ＪＳＴ）が通る兵庫県明石《あかし》市でもこの日に記念式典が催され、電車や船で子午線《しごせん》を通過する人などに、記念通行証を発行したりするイベントが行われています。

梅雨《つゆ》・入梅《にゅうばい》（十一日ころ）

一か月半続くうっとうしい季節だが、稲の生長にはぜったい必要な長雨

☯芒種の由来

芒種《ぼうしゅ》は二十四節気《にじゅうしせっき》（三〇四頁参照）の一つで、旧暦（太陰太陽暦）五月の節気です。

芒種は、天文学的には、太陽が黄経《こうけい》（太陽の黄道上の位置）七五度の点を通過するときをいいます。

芒種の「芒」は、イネ科の植物の花の外殻にある針状の突起（ノギ）のことで、古くは麦を指しました。麦はこのころ、黄色く実って、いわゆる麦秋《ばくしゅう》（麦の刈り入れどき）を迎えます。一方、苗代《なわしろ》では稲が次第に育って田植えを待っています。このような、熟した麦を刈って、稲を植えつけるという農作業の繁忙期を指す言葉が芒種です。

二十四節気のそれぞれを三分（初候《しょこう》、次候《じこう》、末候《まっこう》）したものを七十二候《しちじゅうにこう》といいます。これはほぼ五日ごとに気象の変化、季節の推移を示しますので、旧暦時代には生活の目安にされていました。残念ながら、現在の市販の暦などには掲載されていません（詳し

⇨梅雨（『拾遺都名所図会』）

くは岡田芳朗『旧暦読本』〈創元社〉参照)。

芒種の末候が「梅子黄《うめのみきばむ》(ウメの実が熟して黄色く色づく)」です(「略本暦」による)。本格的な暑さの前の、太平洋の高気圧(温かく湿った高気圧)とオホーツク海の高気圧(冷たく湿った高気圧)との境目に停滞する梅雨前線《ばいうぜんせん》(暖かい空気と冷たい空気が衝突したときの境界線が前線)がもたらす長雨を**梅雨《つゆ》**というのは、芒種の七十二候の末候「梅の実が黄熟するころ」に由来するようです。

☯入梅と出梅

梅雨に入る最初の日を入梅《にゅうばい》(梅雨入り)といいます。入梅には、「**気象上の入梅**」と「**暦の上の入梅**」の二とおりの意味がありますのでご注意ください。

まず、「気象上の入梅」とは、梅雨前線の北上によってもたらされるもので、年ごとに、また地域ごとに違います。つまり、実際の入梅は、十日よりも早い遅いがあるということです。

次に、「暦の上の入梅」とは、太陽が黄経八〇度の点を通過したときとされています。太陽は軌道上をおよそ一日に一度の割で移動するので、芒種から五度先(五日後)の入梅は、六月十日の年が多いのですが、この日は、本州各地の梅雨入りの平均的な日付です。

「暦の上の入梅」は、幕末の「天保暦《てんぽうれき》」以来、太陽が黄経八〇度に達したときと定められ、どの暦にも雑節《ざっせつ》の一つとして記載されました。

梅雨

梅雨は英語でもTsuyu、あるいはBaiuという。津波(Tsunami)と同様、英語になった、世界に通用する日本語の一例である。

「気象上の入梅」と「暦の上の入梅」

気象庁が気圧配置から判断して発表する入梅宣言のほうが、「暦の上」のものよりも実際的であるといえよう。

古く遡《さかのぼ》れば、入梅は「芒種に入ってから最初の壬《みずのえ》の日」とされていました。農作業をする者にとって、梅雨入りを知ることは、田植えをするための最重要事でした。江戸時代中期の天文・暦学者西川如見《にしかわじょけん》は、その著『百姓嚢《ひゃくしょうぶくろ》』の中で、「暦の上」での入梅が「実際の入梅」となかなか合致しないことを指摘し、「百姓は暦に頼りすぎて田植えや麦の刈り入れどきを逸することがないように」と注意を喚起しています。

市販されている暦には載っていませんが、入梅が記載されているのですから、出梅《しゅつばい》も記載されていて当然でしょう。出梅という言葉は、あまりなじみがないかもしれませんが、要するに梅雨明けのことです。旧暦では出梅の日取りが、「六月節小暑《しょうしょ》（六月の節気）の後の壬の日」と一応されていましたから、現在の七月七～十六日ころになります。

昔の人がこのように壬にこだわったのは、この入梅・出梅の日が、いわゆる陰陽五《いんようご》行説《ぎょうせつ》（木《もく》、火《か》、土《ど》、金《ごん》、水《すい》の五行の結びつきで物事が生成・発展するという中国古代の思想）で水と深い関係にあると考えたからです。

梅雨は、高い湿度のため物にカビが生えたりするところから、黴雨《ばいう》とも書きます。高温多湿な日本の気候から、**菜種梅雨《なたねづゆ》**、**走り梅雨**、**梅雨の中休み**など、**梅雨にまつわる数多くの気象用語**ができました。

☯五月晴れと五月雨

わが国では、青森以北（東北地方の一部と北海道）を除いて、夏至《げし》（六月二十一日）を中心とした約三十～四十日間が梅雨の時期です。

梅雨にまつわる気象用語の主なもの

- 菜種梅雨……三月中旬から四月にかけて移動性高気圧が北に偏って通過すると、本州南岸に前線が停滞して関東以西は雨が降り続く。ちょうど菜種の花の咲くころなので「菜種梅雨」という。また、この時期、急に気温が下がることがあるが、これを「寒の戻り」「花冷え」という。
- 走り梅雨……本格的に梅雨入りする前の、ぐずついた天候を「走り梅雨」という。普通は五月ころの数日間。沖縄では、本州が梅雨に入る前の五月の中旬から下旬にかけて南西諸島に梅雨前線が現れ、梅雨入りする。
- 梅雨の中休み……六月上旬から下旬にかけての、一時的に続く晴天のことを「梅この時期には、西日本から梅雨前線《ばいうぜんせん》が徐々に北上しますが、六月下旬には前線が次第に活発となり、大雨が降りやすくなります。梅雨の雨量は、西日本のほうが東日本に比べて多いようです。

気象庁から梅雨明けの発表がありますが、それとは別に昔から、雷が鳴ると梅雨が明けると言い伝えられています。

夏につきものの雷は（特に関東地方の場合。北陸地方は冬にも雷が多い）、積乱雲の下で発生し、大雨を降らせます。梅雨末期には大量の水蒸気が狭い特定の地域に集中して流れ込み、多量の雨が降りやすく、その最後の雷が梅雨明けの雷です。つまり、梅雨の末期にみられる集中豪雨とは、梅雨雷の危険信号ともいえるのです。

梅雨は、じめじめとした長雨が続きうっとうしいのですが、前線がときどき南の沖合に離れて、晴れ間の出る日も結構あります。「五月晴れ」とは、この梅雨の中休み・合間の晴れの日のことです。五月晴れをゴールデンウィーク（大型連休）のころの晴天と誤解されている方がいますが、けっしてさわやかな日本晴れのことでありませんのでご注意ください。

同じく旧暦にもとづく梅雨期の天候を表す表現の「五月雨《さみだれ》」は、旧暦五月に降る雨のことであると、おおむね正しく理解されているようです。五月雨の「さ」は五月のことで稲の植えつけを意味し、「みだれ」は水垂れのことです。

梅雨が明け、太平洋高気圧が強まると、本格的な夏となります。その前に、**紫陽花《あじさい》**巡りに出かけてみませんか。

雨の中休み」という（「五月晴れ」と同じ意味）。

紫陽花

陽光が恋しい六月の草木花のなかでは、唯一紫陽花が長雨の季節に似合う。紫陽花の名所は神社、公園、植物園など全国に数多いが、寺院つまり「あじさい寺」の代表として、東は鎌倉の明月院《めいげついん》（神奈川県鎌倉市）、西は京都の三室戸《みむろと》寺《じ》（京都府宇治市）を挙げておきたい。

山王祭《さんのうまつり》（十五日前後の約十日間）

江戸っ子の心意気が伝わる皇居を巡る日枝神社の例大祭

山王祭《さんのうまつり》は**日枝《ひえ》神社**（東京都千代田区永田町）の例大祭です。日枝神社は、天正十八年（一五九〇）の徳川家康《とくがわいえやす》の江戸入府後は、将軍家の産土神《うぶすながみ》として崇敬されました。

江戸時代、山王祭は幕府公認の祭礼でした。江戸城内（現・皇居）に神輿《みこし》が入り、歴代の将軍が上覧《じょうらん》する天下祭《てんかまつり》として豪華絢爛、盛大を極めました。

当時、山王祭と神田祭《かんだまつり》（現在は五月十五日近くの土・日曜日）のみが「天下祭」と呼ばれていましたが、江戸第一の祭礼は山王祭とされ、諸国祭礼番付では常に東の筆頭でした。

山王祭と神田祭の共通の特徴は曳山《ひきやま》です。曳山とは、祭りのときに曳き出される山車《だし》のことで、これを人や牛が曳きます。

江戸時代には曳山が祭りの華《はな》でしたが、近年は神輿がこれに取って替わっています。たとえば、東京では三社祭《さんじゃまつり》や深川八幡《ふかがわはちまん》祭りでは神輿が主役です。こうした例大祭でなくても町神輿が氏子たちによりつくられ、「ソイヤセイヤ」「セヤセヤ」などの掛け声で担がれています。「ワッショイ、ワッショイ」という伝統的な掛け声が聞かれなくなった

日枝神社
日枝神社は旧・官幣大社《かんぺいたいしゃ》（社格がトップの神社をいう）の一つ。日枝神社の創建年代について確実なところでは、江戸城を築いた太田道灌《おおたどうかん》が武蔵《むさし》国《くに》（現・埼玉県）川越の新日《いまひ》吉《え》山王社（現・日吉大社）を、文明十年（一四七八）六月十五日に江戸城内に鎮護の神として勧請《かんじょう》したことにはじまるとされる。

⇦山王祭（『江戸名所図会』）

のは、寂しい気もします。

徳川幕府が滅亡した明治時代以降は、山王祭は王朝時代の天皇臨幸の儀に倣《なら》い、鳳輦《ほうれん》が王朝装束《しょうぞく》に威儀を正した氏子の行列を従えて、氏子各町を渡御《とぎょ》する形をとるようになりました。

現在、祭礼は十五日の例祭を中心に約十日間行われます。病魔、災厄を祓《はら》う茅《ち》の輪くぐりと鎮火祭、招福祈願の嘉祥祭《かじょうさい》や献茶式など、そして里神楽《さとかぐら》、祭囃子《まつりばやし》などの奉納演奏が連日行われ、まさに雅《みやび》の一言に尽きます。

二年に一度の神幸祭《しんこうさい》の日には、朝早くから鳳輦と神輿渡御が行われます。鳳輦二基、宮神輿一基を中心に、鉾《ほこ》、楯《たて》、山車三基、総勢五百余人の列を連ね、七十余か所の氏子各町を渡御し、「皇居参賀の儀」を行います。宮司と総代が皇居に参内《さんだい》して神札を納め、東京駅・丸の内から京橋、日本橋の日枝神社旧・御旅所《おたびしょ》などを経て、行列は午後五時に神社に戻ります。

日枝神社周辺の各町会から神輿が出て、連合で宮参りをしたり、渡御したりしますが、この担ぎ手の姿に下町の粋《いき》が感じられます。幼いころから祭り好きの江戸っ子の心意気は、東京人にも受け継がれているようです。

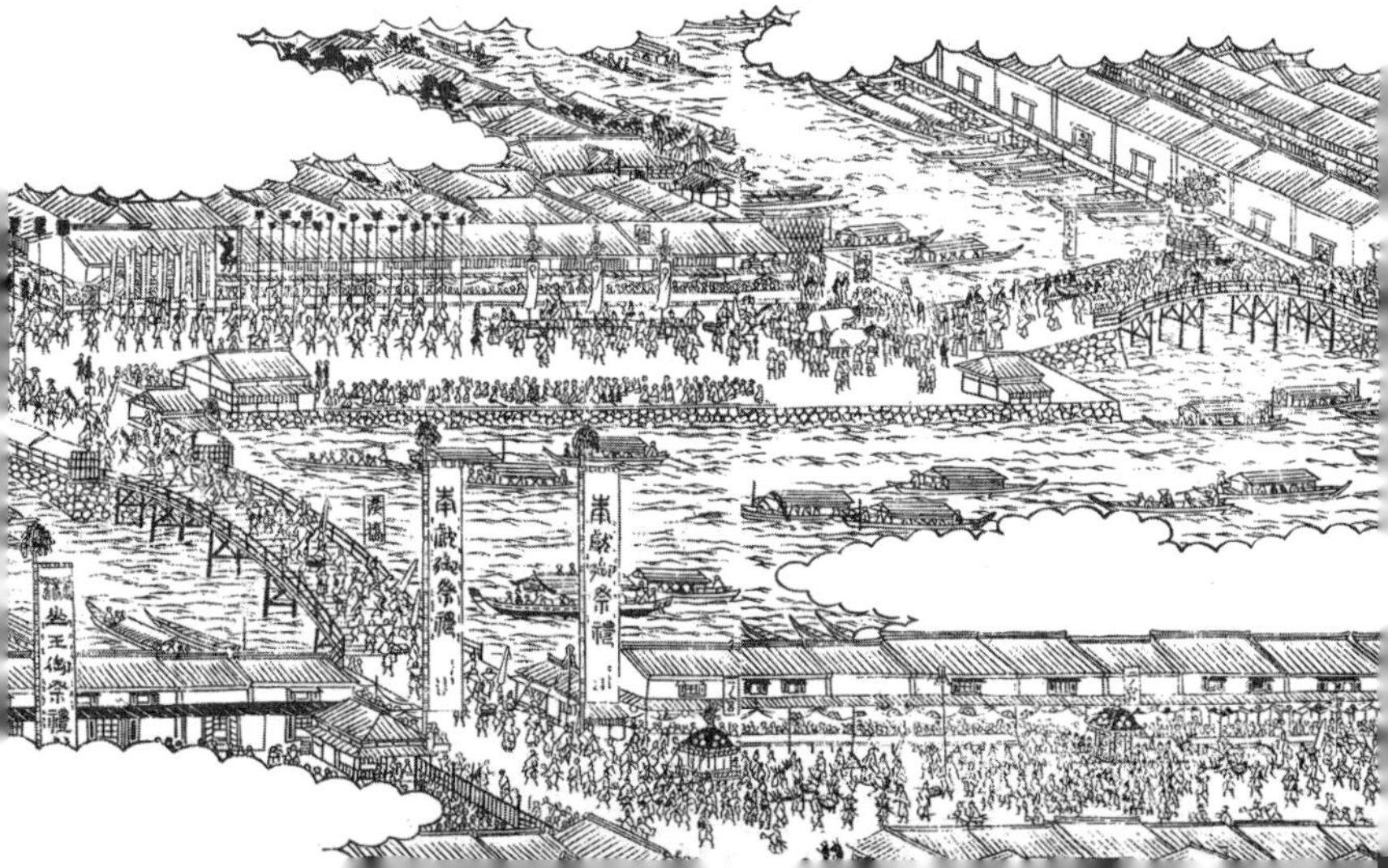

奈良大和路を往く優雅な伝統行事

三枝祭《さいぐさまつり》（十七日）

三枝祭《さいぐさまつり》は率川《いさがわ》神社（奈良県奈良市本子守町）の祭礼です。率川神社は、三十三代推古《すいこ》天皇元年（五九三）に創建された、奈良市内最古の神社の一つです。三枝祭も大宝元年（七〇一）制定の大宝令《たいほうりょう》に国家の例祭として定められていますから、連綿と受け継がれた伝統のある祭礼です。率川神社は奈良市内にありますが、桜井市にある大神神社《おおみわじんじゃ》の境外**摂社**《せっしゃ》の一つです。大神神社は大和国《やまとのくに》（現・奈良県）の一宮《いちのみや》で、御神体の三輪山《みわやま》には大《おお》物主神《ものぬしのかみ》が鎮座しています。

率川神社の境内中央には祭神の媛蹈鞴五十鈴姫《ひめたたらいすずひめ》が祀《まつ》られています。媛蹈鞴五十鈴姫は初代神武《じんむ》天皇の皇后です。祭神を慰めるため、御神体の三輪山に咲いた笹百合の花三万本を摘み、率川神社に献じ、それで酒樽を飾ることから、三枝祭といわれるようになりました（「ゆりまつり」ともいう）。祭礼当日、神前で四人の巫女《みこ》が笹百合をかざして「うま酒みわの舞」を奉納します。この神楽《かぐら》が終わると、百合が参拝者に配られます。午後には、笹百合の造花を載せた山車《だし》を先頭に、奈良朝の風俗を再現した七媛女《ななおとめ》、百合姫、稚児《ちご》たちの優雅な行列が市内繁華街を練り歩きます。夏の訪れを告げる笹百合の花は病気予防の薬草であることから、この祭りによって奈良の町々が清められているのです。

摂社

摂社とは主祭神を祀る本宮《ほんぐう》に対する名称であり、神社によって境内にあるところと境外にあるところとがある。似た用語に別宮があるが、別宮は摂社より本宮との縁が深い祭神を祀る。これら以外を末社と称し、末社は別宮よりも格下である。こうした社殿の名称の相違により、祭祀に軽重の差がつけられている。

夏至《げし》（二十一日ころ）　半夏生《はんげしょう》（七月二日ころ）

昼が長くても、太陽を拝めない日が毎日続く

夏至《げし》は二十四節気《にじゅうしせっき》の一つとされ、現在は六月二十一日ころです。天文学的には、夏至とは、太陽が黄経《こうけい》九〇度の点を通過したときをいいます。北半球では、一年中で昼がもっとも長く、夜がもっとも短いのが夏至の日です。東京で日の出がいちばん早いのは六月五日から夏至までで午前四時二十五分、日の入りのいちばん遅いのは夏至のあと十日間です。夏至のころは昼間が十四時間二十五分、夜が九時間二十五分ほどです。しかし、実際に明るくなりはじめるのは日の出より約三十六分前、また暗くなるのは日没後約三十六分ですから、昼夜は二対一くらいの割合です。昼夜の時間の長さは同じと考える方はよもやいないと思いますが、ではなぜ昼夜の時間の長さが違うのでしょうか。それは、私たちは平均太陽時（実際の太陽の動きを平均したもの）を使って生活しているからです。こうした理由で夏至は昼間がいちばん長い日です。とはいえ、日本各地は梅雨のさなかで雨天や曇天《どんてん》が多く、日の出、日の入りを見られない日が続くため、その実感が湧きません。太陽が黄経一〇〇度の点を通過したときを、半夏生《はんげしょう》といいます。夏至から十一日目にあたる七月二日ころですが、これも雑節《ざっせつ》であり、七十二候の一つでもあります。昔は農作業の目安として、この日までに田植えを終えることになっていました。

夏至
平成十五年（二〇〇三）の夏至に開催された「100万人のキャンドルナイト」は、その後、全国に定着しつつあるようである。電気を消してロウソクの明かりだけで過ごすのがキャンドルナイト。ただし、市販のロウソクは石油製品のものが多いので、天然素材の蜜蠟《みつろう》のものを使いたい。これなら家族揃って日中の暑さを忘れ、ゆったりした気分になれるだろう。

糸満《いとまん》ハーレー（旧暦五月四日）

豊漁を祈願する中国伝来の行事

糸満《いとまん》市は沖縄本島の最南端にあり、漁業が盛んです。**糸満ハーレー**は、毎年旧暦の五月四日（現行の新暦〈太陽暦〉では六月上旬から下旬ころ）に糸満漁港中地区内で、海の恵みに感謝し、「大漁」「航海安全」を祈願して行われます。

ハーリー船（爬竜船）は、沖縄古来の丸木船から進歩した接ぎ舟であるサバニ（漁船）に飾りつけを施したもので、ノロ（神女）の祈願ののち、古い時代の集落である西村、中村、新島の三村に分かれて、村対抗で競漕が行われます。

競漕内容には、勝った順に守護神を祀《まつ》ってあるイービンメー（白銀堂）に詣《もう》で、一年間の大漁祈願、航海安全を祈る「御願《うがん》バーレー」、レースの途中の舟を転覆させて泳ぎながらもとに戻し、また競漕する「クンヌカセー（転覆競漕）」などがあります。行事の最後を飾るのは「アガイスーブ（上イバーレー）」で、ハーレー競漕のなかでもっとも長距離の二一六〇メートルを、各地区から選び抜かれた漕ぎ手が、全力で櫂《かい》を漕いで競い合います。これに優勝することは、この行事の最高の名誉とされています。

アガイスーブが終わると、ヌン殿内で漕ぎ手が盃を受ける儀式が執り行われ、糸満ハーレーは終了します。沖縄では、ハーレーの鉦《かね》が鳴ると梅雨が明けるとされています。

糸満ハーレー
沖縄が琉球《りゅうきゅう》と呼ばれて三山（中山、南山、北山）に分かれて抗争していた十五世紀はじめに、のちの南山王《なんざんおう》（沖縄南部地方の国王）となる汪《や》応《ふ》祖《す》が、中国（琉球から宗主国中国へ入貢していた）で見物してきて行事を伝えたのがこの起源とされている。これと似た行事に、長崎のペーロンがある。

伊雑宮御田植祭《いざわのみやおたうえさい》（二十四日）

稲作の守護神天照大神と豊受大神を祀る神事

伊雑宮御田植祭《いざわのみやおたうえさい》は伊雑宮（三重県志摩市磯部町上之郷）の祭礼で、「オミタ」と呼ばれています。伊雑宮は伊勢神宮《いせじんぐう》（三重県伊勢市）の内宮別宮《ないくうべつぐう》で、志摩国《しまのくに》（現・三重県）の一宮《いちのみや》（平安時代以来、国内のもっとも有力な神社とされた）です。

伊雑宮御田植祭は、磯部地方に初夏の到来を告げる神事となっており、磯部の九つの字《あざ》の人々が年番で奉仕しています。まず、伊雑宮に参拝して修祓《しゅうばつ》を受けてから、宮に隣接した御神田《おみた》（御料田《ごりょうでん》）で、奉納する神饌《しんせん》となる米をつくるため田植えを行います。神官が畔《あぜ》に立ててある青竹を抜いて、田の中央に倒すと、田の中で、裸の男たちが大きな団扇《うちわ》のついた忌竹《いみだけ》を奪い合う竹取神事が行われます。

そののち田が杁《えぶり》でならされ、装束《しょうぞく》に身を包んだ太鼓打や笛吹などの奏でる田楽と謡に合わせて、六人ずつの早乙女《さおとめ》と田道人《たちど》たちが、一列に並んで後退しながら早苗を植えます。

午後は、杁役を先頭に、早乙女らが「伊勢音頭」に導かれて、御田橋（御料田）から一の鳥居までの二百〜三百メートルを二時間かけて練り歩く、踊り込みが行われます。このの ち伊雑宮に戻り、一の鳥居の前で千秋楽の舞があり、終了となります。この日、志摩一円の海女《あま》たちは海に入ることを忌《い》み、伊雑宮に参拝します。

伊勢神宮

伊勢神宮の内宮（皇大神宮《こうたいじんぐう》）には皇祖神天照大神《あまてらすおおみかみ》が、外宮《げくう》（豊受大神宮《とようけだいじんぐう》）には豊受大神《とようけのおおみかみ》が祀《まつ》られている。伊勢神宮成立以前に、天照大神が鎮座していたという伝説をもつ「元伊勢」は各地に存在するが、それと似ている話が伊雑宮にも伝わる。内宮に、十一代垂仁《すいにん》天皇朝（三世紀ころ）に祀られたと伝承されている天照大神は、もともとは内宮ではなく伊雑宮に祀られていた、と主張する伊雑宮関係者もいる。

夏越祓《なごしのはらえ》（三十日）

茅の輪くぐりと形代流しで、人々は半年分の罪、穢れを祓って盆を迎える

大祓《おおはらえ》は、古くから宮中祭祀として行われていた行事で、いまなお宮中（皇居神嘉殿《しんかでん》）前で六月、十二月の晦日《みそか》に行われています。

大祓は、全国の神社でもやはり年二回（六月三十日、十二月三十一日）行われていて、六月を夏越祓《なごしのはらえ》、十二月を年越祓《としこしのはらえ》といいます。夏越祓は一年の前半分の、年越祓は後年分の罪、穢《けが》れを祓って心身を清め、新たな気持ちで盆、正月を迎えるためのものです。

祭礼の内容は神社によって異なりますが、それぞれの神社の主要行事として定着しているのが特徴です。ここでは、東京下町の鳥越《とりごえ》神社（東京都台東区鳥越）を例にご説明しましょう。

鳥越神社の氏子は、鳥越・小島・浅草橋地区の人たちです。ここの祭神は日本武尊《やまとたける》とされ、創建は白雉《はくち》二年（六五一）、のちに源義家《みなもとのよしいえ》から鳥越大明神の社号を賜ったとされています。

鳥越神社はなんといっても、東京一大きい（重さは約四トン）といわれる神輿渡御《みこしとぎょ》が

⇨夏越祓、茅の輪くぐりの図
（『諸国図会年中行事大成』）

行われる鳥越神社祭礼（六月九日に近い土・日曜日）が有名ですが、夏越祓の人気もこれに負けてはいません。

鳥越神社の夏越祓は二日間にわたり行われます。三十日の夜、神社の境内に、六月の下旬から準備された茅《ち》の輪が設けられます。茅の輪とは、茅《ちがや》を紙で包んで輪の形に束《たば》ねてつくった大きな祭具です。これを鳥居の下などに飾ります。

まず、神前で大祓式が行われます。祓詞《はらえことば》を奏し、護摩《ごま》を焚《た》いてから、いよいよ茅の輪くぐりとなります。茅の輪は直径二メートルもあり、上部には注連縄《しめなわ》が張られています。これを神職に続いて参拝者がくぐることで、罪、穢れが祓われ、災厄から逃れられるとされています。茅の代わりに真菰《まこも》、藁《わら》などを用いるところもあります。

このくぐり方にはルールがあります。茅の輪くぐりでは、「水無月《みなづき》の夏越しの祓えする人は、千歳《ちとせ》の命のぶというなり」と唱えながら、「8」の字形に三回回るのがよいとされています。

鳥越神社の夏越祓ではもう一つ、翌日の七月一日に形代《かたしろ》流し（「水上祭」という）が行われています。これはあらかじめ人の形に切り抜いた半紙に氏名・年齢などを書いておき、それに大きく息を吹きかけて罪、穢れを移します。神社に納めた氏子らのこの形代を海上に流すために、神官の乗る御座《ござ》船を先頭に、氏子たちが乗った供奉《ぐぶ》船三十艘《そう》が柳《やなぎ》橋《ばし》から船出して、葛西《かさい》沖で錨《いかり》をおろして式典を執り行い、形代を海に流します。**夏越祓を催行する京都の神社の一例**を下に挙げておきます。

夏越祓を催行する京都の神社の一例

夏越祓は全国各地で各様の行事が催されているが、ここでは京都の一例を挙げておきたい。ちなみに、京都の夏越祓では、「水無月」という三角形の涼しげな小豆菓子がつきものである。

- 上賀茂《かみがも》神社神社／北区
- 北野天満宮／上京区
- 下鴨《しもがも》神社／左京区
- 吉田神社／左京区
- 貴船《きふね》神社／左京区
- 野宮《ののみや》神社／右京区
- 城 南宮《じょうなんぐう》／伏見区
- 八坂神社境内摂社／東山区、七月三十一日

なお、疫《えき》神社（八坂神社境内摂社）での夏越祓は、祇園祭の最後を飾る行事でもある。

富士山・富士塚のお山開き（三十日〜七月一日）　吉田の火祭り（八月二十六〜二十七日）

本物の富士山から模造富士まで開山
日本人の富士信仰は篤い

富士山のお山開きは、富士登山シーズンの幕開けを告げるとともに、静岡県富士宮市の富士山まつりのスタートとなる行事です。駿河国《するがのくに》（現・静岡県）の一宮《いちのみや》である富士山本宮浅間大社《ほんぐうせんげんたいしゃ》（静岡県富士宮市宮町）におけるお山開き宣言、村山《むらやま》浅間神社（静岡県富士宮市村山）での正式参拝など、一連のイベントが行われています。

本物の夏山登山とは別に、東京など関東地方の各所で、**富士塚**の山開きも行われます。富士塚とは模造のミニ富士山のことです。現在、都内には富士塚が約七十か所、関東地方に約三百か所あるようですが、これは富士信仰にもとづくものです。富士信仰とは、霊峰富士山に宿る神を仰ぎ、登拝して霊威を蒙《こうむ》ろうとする信仰のことです。古代以来、修験道《しゅげんどう》の行者によって富士信仰が広められましたが、室町末期から江戸初期にかけて、富士詣（富士登山）が盛んになり、富士講《ふじこう》が組織され、講中による集団登拝（団体登山）がはやりました。

富士講は、十六世紀に長谷川角行《はせがわかくぎょう》を開祖としてはじめられたとされています。江戸中期になると、村上光清《むらかみこうせい》、食行身禄《じきぎょうみろく》などの行者がこの普及に努めて、東国各地に富士講

富士塚

都内最古の富士塚（東京都文京区）は「駒込のお富士さん」として親しまれており、花笠《はながさ》万灯《まんどう》を掲げて町内巡りをしたのち、社殿を三周してから社前に万灯が飾られる。以下に富士塚のある都内の神社の一例としていくつかを挙げておきたい。木花之開耶姫命《このはなのさくやひめのみこと》を祀《まつ》る都内の下記の神社では、富士祭りを行い、六月三十日の宵宮から境内の富士塚を一般に開放している。

- 小野照崎《おのてるさき》神社（台東区）
- 浅間神社（江戸川区「幟《のぼり》祭り」は二年に一度行われる）
- 品川神社（品川区）

が広まりました。特に身禄は、救世《ぐぜ》の立場から当時の政治を鋭く批判しました。江戸の打ち毀《こわ》しに衝撃を受けて、世直しを待望して富士山での入定《にゅうじょう》（悟りを開いた行者が死亡すること）を宣言して、富士七合目で三十一日間断食を行い、入定を果たしました。食行身禄の入定により、富士信仰は爆発的な人気となり、また、身禄の遺志を継いだ人々により、浅間神社信仰が盛んとなったのです。

富士講では、富士山を仙元大菩薩《せんげんだいぼさつ》として神格化して、町々に浅間神社を勧請《かんじょう》し、神社などの境内に富士塚ができました。

富士塚は、安永九年（一七八〇）、身禄の弟子である行者藤四郎が、江戸の高田水稲《たかだみずいな》荷《り》神社（現在の東京都新宿区西早稲田にあったが、早稲田大学の校舎拡張で取り壊された）の境内に富士塚の第一号をつくったことから、関東各所に富士塚づくりが流行し、山開きの日に富士塚に登る習俗が生まれました。

江戸時代には、旧暦（太陰太陽暦）六月一日の山開きから、二十一日のお山閉じまでの二十日間、富士山の登拝が解禁されました（現在は七月一日～八月三十一日まで。下の「**吉田の火祭り**」参照）。

富士登山ができない人は、各地に勧請された富士浅間神社に、旧暦六月一日前後に参詣しました。たとえば、八王子富士浅間神社（東京都八王子市台町　富士森公園内）の山開きは七月三十一日に例大祭（厄除けの団子を売るので通称「だんご祭り」）を兼ねて行われ、都内ではいちばん遅い山開きです。なお富士山は、平成二十五年（二〇一三）に世界文化遺産に登録されました。

吉田の火祭り

「吉田の火祭り」は、富士山の夏山シーズンの終わりを告げる祭りであると同時に、北口本宮富士浅間神社と境内社の諏訪《すわ》神社の秋祭りでもある。大神輿渡御《みこしとぎょ》ののち、多数の巨大な松明《たいまつ》に火を点《つ》けて山梨県富士吉田市内の中心地（国道一三九号線「富士みち」）に立て、その年の無事なお山じまいを祝う。これは木花之開耶姫命の故事によるという。

祇園祭《ぎおんまつり》（一〜三十一日）

神輿渡御と山鉾巡行からなる祇園祭は、京都三大祭りで人気ナンバーワン

☯宵山と町衆

七月十六日は祇園祭《ぎおんまつり》の宵山《よいやま》です。

京都の四条通・烏丸《からすま》通界隈は車両通行止めになります。人波に揉《も》まれながら、通りをそぞろ歩く見物客のなかには、団扇《うちわ》を片手にした浴衣姿の人が目立ちます。夕暮れになると山鉾《やまほこ》の駒形提灯《こまがたちょうちん》に明かりが入り、お祭り気分が高まってきます。さらに宵山風情を盛り立てるのが、「コンコンチキチン、コンチキチン」というお囃子《はやし》の音、そして夜目にも鮮やかな山鉾です。山と鉾は、翌十七日に行われる山鋒巡行に登場するつくりもののことです。どの山鉾の周りにも見物人の輪ができて身動きできません。

祇園祭を見物する人へ、三つのアドバイスをしておきましょう。

第一は、宵山に全部の山鉾を見て回るのは無理なので、比較的人出の少ない十六日の昼間か、十五日の宵々山《よいよいやま》にゆっくり見たほうがよいので

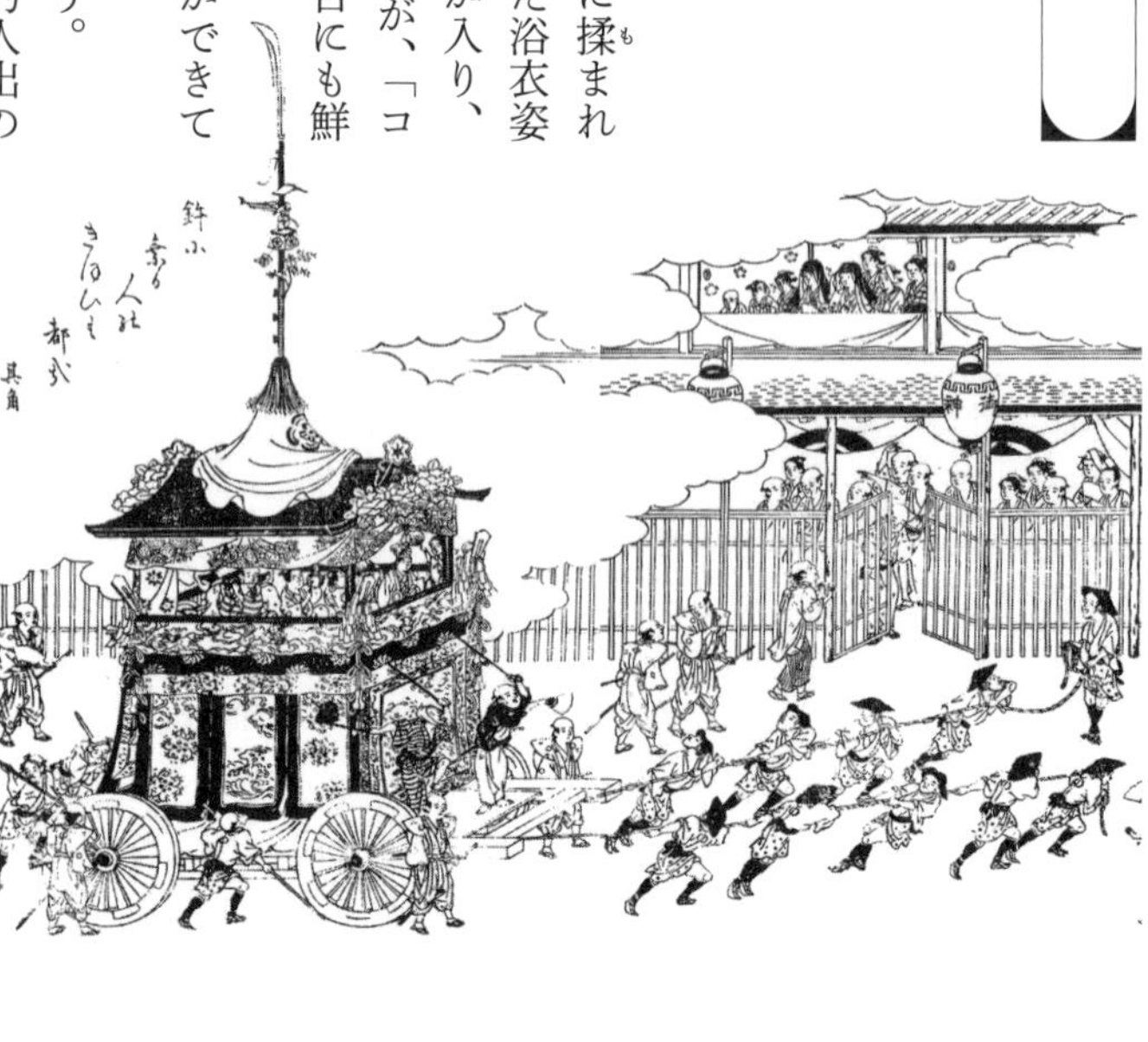

⇨祇園会（『都名所図会』）

す。

第二は、宵山では山鉾の見物だけではなく、屏風祭《びょうぶまつり》を楽しみましょう。祇園祭の宵山は別名を「屏風祭」といわれるように、ほぼ十四日から十六日にかけて、**山鉾町の古い町家**では、家宝の屏風や書画を座敷や玄関などに飾ります。誰でも国宝級の美術品を自由に、しかもただで見物できるのですから、これを見逃す手はありません。

第三は、山ゆかりのグッズ類も楽しんでください。町会所で売られているものとしては、まず、護符《ごふ》が挙げられます。たとえば、お守りです。「安産のお守りはこれより出ます。常はでません、今晩限り」「聖徳太子《しょうとくたいし》の知恵のお守りはこれより出ます。常は出ません、今晩限り」と歌いながら子供たちが売っています。ほかにも、学業成就、縁結びなどさまざまなお守りがあります。

「ロウソク一本献じましょう」の歌声が聞こえるのは、厄病除けに玄関に飾る粽《ちまき》です。これには「蘇民将来之子孫也《そみんしょうらいのしそんなり》」と記された護符がついています。これについては諸説ありますが、祇園社（八坂神社）の祭神牛頭天王《ごずてんのう》を助けた蘇民将来という貧者へのお礼として、牛頭天王が厄を免れるようにしたという故事に由来するものです。

☯山鉾巡行と神輿渡御

十七日朝九時、屋根上に金箔の大鯱《しゃち》を飾った長刀鉾《なぎなたほこ》を先頭に全三十二基の山鉾が、四条烏丸から東へ向かって進行をはじめます。山鉾は、七月二日に行われたくじ取り式で決まった順に進んでいきます。四条堺町《さかいまち》でくじ改め、そして四条麩屋町《ふやちょう》での注連縄《しめなわ》切

山鉾町の古い町家

祇園祭は十世紀から、山鉾巡行は十四世紀から続いている。山鉾巡行の担い手も昔は町《まち》衆《しゅう》（下京《しもぎょう》の富裕な商人で山鉾町の古い町家の住人）が中心だったが、祇園祭が市民の祭りになった今は祇園祭山鉾連合会が管理・運営している。

りがすんだところで、いよいよ本格的な山鉾巡行のはじまりです。それぞれの町ごとの三十二基の山鉾が、都大路《みやこおおじ》（京都の主要大通りの総称）を巡行します。

山には、御祭神と呼ばれる、その町のシンボルが飾られており、その下に車がついていて、それを曳いて歩きます。空に突き出た鉾は、高さ二十〜二十五メートル、重さ約十〜十二トンありますが、これは一本の釘も使わず、荒縄によって組み立てられています。山、鉾ともに総体漆塗りで金具打ち、前掛けや腰掛けは、洗練された西陣織、そして中国、ペルシャ、ベルギーなどから入ってきたタペストリーなどで飾られています。これら貴重な懸装品が組み合わされた山鉾は見飽きません。

各山鉾は、鉾の前面に立つ二人の音頭取の掛け声とともに、「祇園囃子」を奏でつつ巡行して四条河原町《かわらまち》に達します。ここでのハイライトが「辻回《つじまわ》し」です。これは車輪の下に割竹を敷き、それを水で湿らせ、車輪を滑らせて行われます。音頭取、車方《くるまかた》、曳方《ひきかた》が一つになり、鉾が方向をくるりと九〇度転換するのですから豪快そのもの。見物客から盛大な拍手が起こります。ここで運悪く見逃しても、山鉾巡行は河原町通を北上していくので、四条新町《しんまち》、四条室町《むろまち》などでも見られます。ここから山鉾は河原町御池《おいけ》通を西へ進み、御池新町に至ります。ここまで約三キロのコースを、五時間近くかけて巡行したのち、各山鉾は古い町並みが迫る新町通をしずしずと帰途につきます。

⇨祇園会山鉾宵飾の図（『諸国図会年中行事大成』）

八坂神社

牛頭天王信仰は伝統的な民間

☯牛頭天王と素戔嗚尊

祇園祭は、京都東山山麓に鎮座する**八坂《やさか》神社**（京都市東山区祇園町北側）の祭礼です。十七日夕方の御神体を乗せた三基の神輿《みこし》が四条寺町《てらまち》の御旅所《おたびしょ》に渡御《とぎょ》する「神幸祭《しんこうさい》」ののち、御旅所に一週間鎮座した御神体は、二十四日、神輿に乗って八坂神社に戻ります。これを「還幸祭《かんこうさい》」といいます。本来、神幸祭と還幸祭が神事の中核であり、氏子にとって大事なのは、一年に一回の神輿の渡御なのです。

七月一日の「吉符入り」からはじまり、三十一日の八坂神社摂社（疫《えき》神社）での「疫神祭（夏越祓《なごしのはらえ》）」をもって、例大祭としての祇園祭のすべての行事が終了します。

全国各地で祇園祭、天王祭と呼ばれている祭礼が盛んに行われています。これらの祭神は、もとは**牛頭天王**でした。この祇園祭も、除疫神の牛頭天王を慰めることで、厄病の発生を防いでもらうための祭礼です。

千百年の伝統のある八坂神社の起源には諸説あります。たとえば、もともとは天竺《てんじく》（インド）の祇園精舎《ぎおんしょうじゃ》の守護神であったのが、朝鮮半島に移り、高句麗《こうくり》の調進副使が新羅《しらぎ》国牛頭山の神を祀《まつ》ったものとする説（社伝による）。また、播磨国《はりまのくに》（現・兵庫県）明《あか》石《し》に祀られていた牛頭天王を、修行僧が祇園社へ勧請《かんじょう》させたとの説（卜部兼倶《うらべかねとも》による）もあります。前述のとおり、そもそもの八坂神社の祭神は牛頭天王でした。それが現在のように主祭神を素戔嗚尊《すさのおのみこと》としたのは、平安時代には牛頭天王と素戔嗚尊が同体となったからでした。日本各地で牛頭天王を祭神とする祭礼は数多く行われていますが、牛頭天王という祭神名は少なくなりました。

信仰とも結びついて全国へ広まり、八坂の祇園社の祭神である牛頭天王が各地に勧請され、祇園社、天王社などの神社が創始された。八坂神社と名のつく神社は全国に約二千三百社あり、この主祭神は素戔嗚尊であり、京都の八坂神社がその総本宮《そうほんぐう》。

牛頭天王
祇園祭（古くは「祇園御霊《ぎおんごりょう》会《え》」と呼ばれた）は、貞観《じょうがん》十一年（八六九）、日本各地で疫病が流行した際、平安京の神泉苑《しんせんえん》で当時の国の数六十六か国にちなんで、六十六本の鉾を立てて祇園社の祭神牛頭天王を祀り、さらに祇園社の神輿を神泉苑に送って、災厄の除去を願ったのがはじまりとされている。牛頭天王は八坂神社の摂社である疫神社に祀られている。

博多《はかた》祇園《ぎおん》山笠《やまがさ》（一〜十五日）　小倉《こくら》祇園《ぎおん》太鼓《だいこ》（第三金・土・日曜日）

九州の夏を飾る二大祇園祭
「追い山」「太鼓競演」がハイライト

祇園祭は平安京で誕生した特殊神事《とくしゅしんじ》（神社独自の伝統的な祭事）です。この系統の神社の祭礼は、やがて都市から地方へ伝わり、練《ね》り物などにその土地独特の工夫が凝らされるなど発展して、夏には毎日どこかでこの系統の祭りが行われている、といっても過言ではないでしょう。

なかでも福岡県の博多《はかた》祇園《ぎおん》山笠《やまがさ》と小倉《こくら》祇園《ぎおん》太鼓《だいこ》は、歴史、規模、人気において本家の京都祇園祭に負けず劣らずで、この三つをまとめて三大祇園祭といいます。

北九州最大の二つの祭礼を祭日順にご紹介しましょう。

博多祇園山笠は福岡市の櫛田《くしだ》神社（福岡市博多区上川端町）の例大祭です。「祇園山笠」の名で広く知られています。

まず、舁《か》き山笠（舁き山）十二本、飾り山笠十三本が櫛田神社へ奉納されます。優美で華麗な飾り山笠は、電線などに引っかかるといった問題があるため現在は巡行が行わ

⇨博多祇園会（『筑前歳時図記』）

れませんが、豪華な昇き山は大勢の男衆が市内を昇き巡ります。一番から七番までの勇壮な山笠（重さ一トンの昇き山）を昇き回りながら、櫛田神社から博多の街中を疾駆する壮絶な競走を「追い山」といいます。午前四時五十九分の太鼓を合図に、五分ごとに七基が、祝い歌を唱和しながら四キロ先のゴール目指して全速力で走ります。

博多祇園山笠は山笠の披露ではじまり、この勇壮な追い山でハイライトを迎えます。もとは厄病や災厄を祓《はら》い清めるための祭礼であったという起源は、小倉祇園太鼓も同じです。

小倉祇園太鼓は北九州市の八坂神社（北九州市小倉北区城内）の例大祭です。

博多祇園山笠は仁治《にんじ》二年（一二四一）ころに起源をもつと伝えられていますが、小倉祇園太鼓は元和《げんな》四年（一六一八）ころにはじまったとされています。

小倉祇園太鼓は別名を「太鼓祇園」ともいいますが、その名のとおりの太鼓を主としたスタイルになったのは明治以降とされます。山車《だし》の前後に一個ずつ太鼓が載る、両面打ちという珍しい打法です。各太鼓には打ち手が二人、拍子を取るジャンガラを鳴らす人が一人と、三人がつきます。町内ごとに揃いの法被《はっぴ》に向こう鉢巻きで、威勢よく太鼓を打ち鳴らしながら山車を曳いて町を練り歩きます。

小倉祇園太鼓のハイライトは、二日目に小倉城のある公園で行われる「太鼓競演」です。大人、子供それぞれ百組が参加して、暴れ打ち、乱れ打ちなどの撥《ばち》さばきを競い合い、大いに盛り上がります。

朝顔市《あさがおいち》（六～八日）　四万六千日《しまんろくせんにち》・ほおずき市（九～十日）

下町情緒あふれる夏の二大風物詩「負けとくから買っていきな」

入谷鬼子母神《いりやきしぼじん》（真源寺《しんげんじ》　東京都台東区下谷《したや》）の参道から境内にかけて立つ**朝顔市《あさがおいち》**は、五日に「入谷朝顔発祥の地」の碑の前で行われる朝顔供養からはじまります。

朝顔は、奈良時代に薬草として渡来したとされますが、平安時代以来、園芸化が進み、江戸時代になると、観賞用として色鮮やかな朝顔が盛んに栽培されるようになりました。

文化三年（一八〇六）三月四日昼、高輪泉岳寺《たかなわせんがくじ》門前の牛町《うしまち》から出火、千人を超す焼死者が出た大火（牛町火事）により空き地ができ、そこで朝顔が栽培されるようになってからブームとなり、江戸下町の名物になりました。

園芸植物のなかでも朝顔は鉢植えでの栽培がしやすく手軽で、しかもあまり費用がかからないことも人気の理由でした。幕末には、品種も増え、品評会も開かれました。明治時代になって、下谷坂本村入谷の十数軒の植木屋が、広大な土地で手塩にかけて多種多様な朝顔を育てるようになり、それを陳列して人に見せたので、入谷の通りは見物人

⇨四万六千日で呉服店「白木屋」の観音菩薩御開帳（『絵本風俗往来』）

朝顔市
好みの色の朝顔を買い求めるために朝早く来る人もいるが、「朝顔の花は一時《いっとき》」といわれ

でいっぱいになったといいます。やがては、それを売るようになりました。

そののち、入谷一帯は急速に宅地化が進み、大正二年（一九一三）には、朝顔市は廃絶してしまいます。しかし敗戦から三年後の昭和二十三年（一九四八）、地元の有志と台東区の援助によって、入谷の朝顔市が再開されました。

夏の縁日として朝顔市は下町の夏の風物詩となっていますが、もう一つの夏の風物詩は**ほおずき市**です。

ほおずき市は、九〜十日に浅草の浅草寺《せんそうじ》（東京都台東区浅草）の境内に立ちます。法《ほう》会《え》が行われるこの日に参拝すると、四万六千日《しまんろくせんにち》分に相当する功徳《くどく》を授かるとされ、大勢の参拝者で賑わいます。境内には、ガラスの風鈴つきの竹籠に入ったほおずき（酸漿、鬼灯）を売る露店が立ち並びます。

「四万六千日」は江戸時代中期にはじまったもので、浅草寺のほか、京都東山山麓の清《きよ》水寺《ずみでら》、聖徳太子《しょうとくたいし》が建立した大阪市天王寺区の四天王寺《してんのうじ》など、観世音菩薩《かんぜおんぼさつ》を祀《まつ》る寺社で縁日が行われ、当初は千日詣《まいり》（千日参）といわれました。

たとえば、愛宕《あたご》神社（東京都港区愛宕）では、千日詣り・ほおずき縁日といい、江戸時代から続いています（六月二十三、二十四日）。ほおずきは薬として用いられたという故事に由来し、神社でお祓《はら》いを受けたほおずきを売る市が立ちます。この結縁日《けちえんにち》中に参拝すると、特別に千日分の御利益があるとされます。ほおずき市としてはこちらのほうが歴史は古いのですが、今は浅草のものがもっとも有名です。

ているように早朝咲くので、寝坊はできないし、これを見て出勤すると元気がもらえそう。葦簾《よしず》張りの露店に並んでいる朝顔は、もはや入谷では栽培できなくなったために、近県で栽培されているものだ。

ほおずき市

ほおずき市で売られている鉢植えのほおずきにも変遷がある。かつては千成《せんな》りほおずき（高さ三十センチほどで、二〜三センチくらいの実がたくさんついていた）が主流であったが、今では昔ながらのこのほおずきは数が少なくなり、ほとんどが丹波《たんば》ほおずき（早生で実が大きい）になっている。

七夕《たなばた》（しちせき　七日）

この日のころは雨のことが多い 旧暦で行えば天気・月ともよく、星を眺めるのによい

月の運行に合わせてつくられた旧暦（太陰太陽暦）による伝統行事は、旧暦の日付に合わせて行わないと実感が湧かない――その一例がこの七夕《たなばた》（しちせき）です。

この日、子供たちは、願い事を書いた短冊《たんざく》や色紙《しきし》などを笹竹に飾りつけます。いそいそと七夕飾りを飾っても、この日のころの日本列島は梅雨《つゆ》時で、天《あま》の川（地球から見える銀河系の一部）がもっとも見えにくいのです。その点、**旧暦の七月七日**なら、天気もよく、「上弦《じょうげん》の月」がちょうどいいタイミングで現れ、早めに沈んでくれて、暗い夜空に星を眺めるには好都合です。

現在、七夕は新暦の七月七日と、月遅れの八月に行う地域の両方があります。新暦で行われているのは、神奈川県の平塚《ひらつか》七夕祭り、京都・北野天満宮の七夕祭《たなばたまつり》などです。月遅れで行われているのは、仙台七夕まつり（二〇八頁参照）、富山県高岡市の七夕祭（八月一～七日）などです。

七夕の起源についてご説明しましょう。これには二系統あります。

一つは星祭りに関係した、牽牛星《けんぎゅうせい》（鷲座《わしざ》の主星アルタイル）と織女星《しょくじょせい》（琴座の主星べ

旧暦の七月七日
月は天空を一日に一二度くらい西から東へ移動していて、第七～八日ころになると真南に見える。そのときの月の形は左側が欠け、右側が光った半月で、これを「上弦の月」という。夕方見え、夜半に西に沈む上弦の月は、その形（「弓張り月」と呼ばれる）から、牽牛星が天の川を渡るための小舟に見立てられた。

ガ）の星祭り伝説と、若い女性が手仕事の上達を願う乞巧奠《きこうでん》の習合です。

伝説によりますと、機織《はたお》りに励んでいた織女を、父の天帝が牽牛と結婚させたところ、あまりに夫婦の仲が睦《むつ》まじく、織女は遊んでばかりでした。怒った天帝は二人を天の川を挟んで東と西に分かれて住まわせました。別居させられた二人には、一年に一夜、七月七日の夜だけ逢瀬《おうせ》を許したと伝えられています。

この説話は奈良時代に日本へ伝わって、『万葉集《まんようしゅう》』には多くの歌が収められています。織機は棚型《たながた》ですから、織女のことを「たなばたつめ」（棚機つ女）と呼んだのが「たなばた」の語源です。

乞巧奠は、若い女性が手芸の上達を祈る中国の風習で、七月七日の夜、供え物をして織女星を祀《まつ》り、裁縫や習字などの上達を願う行事です。日本では、奈良時代に中国から伝わり、宮廷で取り入れられ、やがて民間にも普及しました。

七夕の起源のもう一つは、日本の旧暦七月の盆（盂蘭盆会《うらぼんえ》 二一六頁参照）の祖霊供養につながるものです。お盆に先立って、まず穢《けが》れを清める禊《みそぎ》が行われます。そのため各地で、水辺での行事が多くみられます。たとえば、東北地方ではこの日を女性が髪を洗う日とし、また、近畿地方では人や家畜の水浴びをする日とするなど、この日に身を清め、穢れを祓《はら》おうとした江戸時代の習俗が伝えられています。

以上のように、中国伝来の風習と日本古来の風習とが習合して、七夕の行事が今日のように広く行われるようになりました。

⇦七夕の景（『絵本風俗往来』）

小暑《しょうしょ》（七日ころ）　大暑《たいしょ》（二十三日ころ）

前半は「まだ暑くない」、後半は「暑くてたまらん」

小暑とは「暑さはまだ最高ではないころ」、大暑とは「暑さがもっとも厳しいころ」の意味で、いうまでもなく小暑に対するのが大暑です。小暑は二十四節気《にじゅうしせっき》（三〇四頁参照）の一つで、旧暦（太陰太陽暦）六月の節気《せっき》です。天文学的には、太陽の黄経《こうけい》が一〇五度の点に達したときをいいます。小暑の前後に梅雨《つゆ》が明け、暑さが日増しに厳しくなります。このころから立秋《りっしゅう》の前日までを「暑中《しょちゅう》」といい、暑中見舞い状を出す期間です。

大暑も二十四節気の一つで、旧暦六月の中気《ちゅうき》です。天文学的には、太陽の黄経が一二〇度の点に達したときをいいます。大暑は夏の土用《どよう》と重なります。夏の土用は、天文学的には、太陽の黄経が一一七度の点に達したときです。土用は雑節《ざっせつ》の一つです。土用は四季の終わりに各十八日ずつ配当されており、それぞれの入りの日が暦に記載されています。これは陰陽五行説《いんようごぎょうせつ》によって、春は木、夏は火、秋は金、冬が水にあてられていますが、土を配当する季節がないため、四季の終わりに割りあてたものです。

このうち夏の土用が特に注目されるのは、この時期が一年のうちでもっとも暑く、強い印象を与えるからです。昔から夏バテ予防に**鰻《うなぎ》を食べる習慣**がありましたが、江戸時代に平賀源内《ひらがげんない》が知人の鰻屋に頼まれて宣伝したことで流行したと言い伝えられています。

鰻を食べる習慣

江戸中期の博物学者にして戯作者《げさくしゃ》の平賀源内が、商《あきな》いが夏枯れで困っている鰻屋に頼まれて、遊び心で「本日土用丑《うし》の日」と書いて店先に貼り出したところ、この名コピーが効いて蒲焼きが売れた。それから鰻屋は土用丑の日をあてこむことになったという。しかし、源内を土用丑の日の考案者とする説には信憑性《しんぴょうせい》はない。大伴家持《おおとものやかもち》の次の有名な歌が『万葉集《まんようしゅう》』（巻十六）にあるように、夏に鰻を食べる習慣は万葉時代からあったらしい。

「石麻呂《いわまろ》に　われ物もうす
夏痩せに　良しというものぞ
むなぎ（鰻）取り食《め》せ」

那智《なち》の火祭り（十四日）

紀州路に夏本番の到来を告げる神秘的な祭典「扇祭」

和歌山県東《ひがし》牟婁《むろ》郡那智《なち》勝浦町は、那智山に囲まれ、那智の滝で知られていますが、火の神を祀《まつ》る**熊野那智大社**の所在地でもあります。この熊野那智大社例大祭の通称が「那智の火祭り」です。正式には「扇祭《おうぎまつり》」または「扇会式法会《おうぎえしきほうえ》」と呼ばれます。熊野那智大社の祭神を熊野権現《くまのごんげん》といいます。熊野権現は、熊野本宮《ほんぐう》大社、熊野速玉《はやたま》大社、熊野那智大社からなる、いわゆる「熊野三山」に祀られる神々の総称です。これらの主祭神は素戔嗚尊《すさのおのみこと》です。

例大祭では、午前中に熊野造で知られる本宮で「大和舞」「田楽」などが奉納され、午後に十二所権現と呼ばれる那智の神々が、大滝の姿を模した扇神輿《おうぎみこし》に移され、大社本殿より那智の滝前にある別宮の飛滝《ひろう》神社へ渡御《とぎょ》します。赤の緞子《どんす》に三十二面の扇をつけた独特の扇神輿十二基を立て、それを参道の途中で大小十二本の松明《たいまつ》（大松明《おおたいまつ》の重さは計六十キロ）が迎えます。これを御滝本神事といいます。

昼なお暗い、うっそうとした参道を、白装束《しろしょうぞく》に烏帽子《えぼし》姿の氏子たちが大松明の火の粉を飛散させながら上り下りする光景は、幽玄な那智の滝とあいまって神秘的です。深山幽谷の聖地ならではのこの神事が、紀州路に夏本番の到来を告げます。

熊野那智大社
熊野那智大社の起源には仁徳《にんとく》天皇期（五世紀中ごろ）など諸説がある。熊野那智大社の社殿が三山中でもっとも古式を保っていること、那智山中の大滝を信仰の対象としていることが特徴とされる。修験《しゅげん》道《どう》の始祖とされる役小角《えんのおづぬ》が大滝に滝籠《たきご》もりして以来、多くの修験者《しゅげんじゃ》が当地で修行した。

中元《ちゅうげん》（十五日）

日本で定着した古代中国由来のしきたり

本来、中元《ちゅうげん》は、古代中国に興《おこ》った道教《どうきょう》の祭日から出たものといわれます。道教は、中国の神話時代の皇帝である黄帝《こうてい》や春秋戦国時代の道家老子《どうかろうし》を教祖として古代中国（二世紀ころ）ではじまった、各種の民間信仰と神仙思想が習合した多神教的な宗教で、日本の文化、思想、宗教、習俗などに大きな影響を与えました。

道教では、上元《じょうげん》（一月十五日）、中元（七月十五日）、下元《かげん》（十月十五日）の三元は、龍王の孫にあたる、天官大帝（上元）、地官大帝（中元）、水官大帝（下元）それぞれの誕生日とされていました。この三元の日には盛大な祭儀を行いました。

わが国では、特に中元は**盆**（盂蘭盆会《うらぼんえ》）と結びつき、広く行われてきました。地官大帝は、善悪の判断に優れ、人間の罪を許す神とされています。そこから、十五日を人間贖罪《しょくざい》の日として、この日に罪や穢《けが》れを贖《あがな》うために隣近所に物を贈ったのが、今日のような親しい人に贈り物をする起源となりました。仏教ではお盆が死者に対する供養であるのに対し、中元は生見玉《いきみたま》と称して、存命する両親に魚を贈る風習がありました。今も贈り物は食べ物が多いようです。中元は歳暮《せいぼ》とともに、よくも悪くも、贈与交換儀礼の一つとして永遠に不滅なり、といえるでしょう。

盆
盆には盆礼《ぼんれい》という風習がある。「結構なお盆でおめでとうございます」という挨拶とともに、関東では米や麦粉が、関西ではそうめんやうどんを、親や親類、お世話になった人に贈る。こうした盆の習俗は正月にも行われている。

郡上《ぐじょう》おどり（中旬～九月上旬）

五十万人の観光客が訪れる、長丁場の盆踊り

長丁場《ながちょうば》のこの盆踊りの起源は、これまた史上いちばん長い百姓一揆《ひゃくしょういっき》（郡上一揆）の置き土産《みやげ》です。

美濃国《みののくに》（現・岐阜県）郡上八幡《ぐじょうはちまん》藩主金森頼錦《かなもりよりかね》が、みずからが幕府内で出世したいための賄賂《わいろ》を捻出《ねんしゅつ》するため、百姓に重税を課したことがそもそもの発端です。宝暦《ほうれき》四年（一七五四）八月に一揆が勃発、そしてこの騒動がようやく終息したのは宝暦八年（一七五八）十月でした。

郡上おどりは、一揆がおさまった直後、当時の藩主青山幸道《あおやまよしみち》が四民融和のために奨励したことではじまったとするのが有力な説です。江戸時代の民衆が一揆に託した切々たる気持ちが、哀愁を帯びた**郡上節**として城下を包み込み、身分や性別を問わず、皆が踊りに参加し、一つの輪になって無心に踊ったのでした（輪踊り）。八月十三日から十六日にかけての盆（盂蘭盆会《うらぼんえ》）の四日間は、夜を徹して踊りが続けられます（徹夜踊り）。

郡上おどりには毎夏、五十万人もの観光客が訪れ、長く続く祭りのどこかの晩に、郡上市の八幡神社ほか市内各所で行われる踊りに参加しているようです。

郡上節
郡上おどりに演奏される音頭《おんど》には、「かわさき」「春駒」など数曲あり、総称して郡上節といい、「〽郡上の八幡出て行くときは　雨も降らぬに袖しぼる」がその代表的な歌詞とされている。前記の二曲を覚えれば、初心者でも気軽に踊りの輪に入っていけるそうである。

恐山大祭《おそれざんたいさい》（二十〜二十四日）

恐山はおどろおどろしい霊場であり、霊地である

下北半島のほぼ中央に位置する死火山の恐山《おそれざん》（釜臥山《かまふせやま》が正式名称　八七九メートル）は、貞観四年（八六二）に慈覚大師《じかくだいし》が開山したと伝えられています。恐山大祭《おそれざんたいさい》は、恐山頂上にある恐山菩提寺《ぼだいじ》（青森県むつ市田名部《たなぶ》）で行われる地蔵講《じぞうこう》です。地蔵講は地蔵菩薩（地蔵尊）を祀《まつ》り、毎月二十四日が縁日です。地蔵菩薩は、初期には子供の守護神として信仰されましたが、江戸時代には庶民層の願いをかなえてくれるとされるようになりました。縁日は今も篤《あつ》い信心の参詣者で賑わいます。夏の恐山大祭のほか、春参り、秋参りの年三回あり、春と秋に地元の人たちが参詣しています。

地蔵講を恐山大祭ではイタコ市と呼んでいます。イタコ（盲目の巫女《みこ》、霊媒）です。恐山大祭では五日間にわたり各種の法要が営まれ、大祭期間中はイタコが県下各地から恐山に集まり、地蔵堂の周囲にゴザを敷いて座り、口寄せを行います（イタコ寄せ）。このあたりでは人が死ぬと霊魂は恐山へ行き、そこに常住すると信じられていました。イタコは袈裟《けさ》を懸け、数珠《じゅず》を鳴らし、オシラ祭文《さいもん》（神の託宣を聴くとき唱える）を唱えながら、呪術をして霊界の仏を呼び降ろし、死者に代わり、肉親を失った依頼者に一人称でその死者の言葉を語ります。恐山はおどろおどろしい**霊場**であり、**霊地**なのです。

霊場　霊地
古来より恐山は、高野山《こうやさん》、比叡山《ひえいざん》とともに三大霊場の一つとされ、また、白山《はくさん》、立山《たてやま》と並んで三大霊地の一つに数えられている。

本宮祭《もとみやさい》（土用入り後の初の土・日曜日または祝日）

身近な神である稲荷の総本宮、伏見稲荷大社の例大祭

「お稲荷《いなり》さん」と呼ばれて親しまれている神社は全国各地にありますが、その総本宮《そうほんぐう》が伏見稲荷大社《ふしみいなりたいしゃ》（京都市伏見区深草藪之内町）です。伏見稲荷大社は旧・官幣大社《かんぺいたいしゃ》の一つです。祭神は総称して稲荷大神《おおかみ》といいます。狐をこの祭神と誤解する方がいますが、狐は祭神のお使いをする霊獣（眷属《けんぞく》）です。古くは狐を田の神としたところから、農業神としての稲荷と結びついて、神の使いの狐が稲荷と同一視されたようです。

本宮祭《もとみやさい》では、一年に一度（土用《どよう》入り後の初の土・日曜日または祝日）、全国から参拝者が集まり、日ごろの神の恵みに感謝し、五穀豊穣、商売繁盛、家内安全を祈ります。

土曜日夕方から境内や稲荷山にある灯籠《とうろう》、提灯《ちょうちん》にいっせいに灯が入り、宵宮祭がはじまります（万灯《まんとう》神事）。参集殿前広場では、本宮踊りが披露されます。稲荷山は「三ケ峰」とも呼ばれるように、三つの峰がだんだんと高く連なっていて、伏見稲荷大社の御神体山です。

伏見稲荷大社の起源は、和銅四年（七一一）の**初午**《はつうま》に祭神が稲荷山に鎮座したことにはじまるとされるところから、平成二十三年（二〇一一）に御鎮座千三百年を迎え、初午の二月五日は多くの参拝者たちで賑わいました。

初午

伏見稲荷大社では、二月初午の日（二月最初の午の日）に初午大祭が盛大に行われている。伏見稲荷大社の主祭神は宇迦之御魂大神《うかのみたまのおおかみ》とされているが、宇迦之御魂大神が降臨してきた日が初午であったという伝承から、この日が縁日とされた。初午大祭の日に稲荷山に参拝することを「福詣《ふくまい》り」といい、これには特別の御利益があるとされている（八〇頁参照）。

天神祭《てんじんまつり》（二十四〜二十五日）

火と水の一大競演に、浪速っ子が華麗に酔いしれる大阪代表の夏祭り

天神祭《てんじんまつり》は、東京の山王祭《さんのうまつり》（一六八頁参照）、京都の祇園祭（一七八頁参照）と並び、江戸時代から日本三大祭の一つに数えられているように古い歴史があり、その起源は天暦四年（九五〇）とされています。

菅原道真《すがわらのみちざね》を主祭神とする神社（俗に「天神様」という）は、全国に約一万二千社あり、大阪天満宮《てんまんぐう》（大阪市北区天神橋）もその分社の一つで、地元大阪では「天満《てんま》の天神さん」と呼ばれ親しまれています。その大阪天満宮で催されるのが天神祭です。

二十四日早朝に一番太鼓が鳴り響き、続いて鉾流神事《ほこながししんじ》が行われ、宵宮祭のはじまりです。「ジキジン、ジキジン、ジキジン、コンコン」と境内では地車囃子《だんじりばやし》が響きわたり、龍踊りが披露されます。

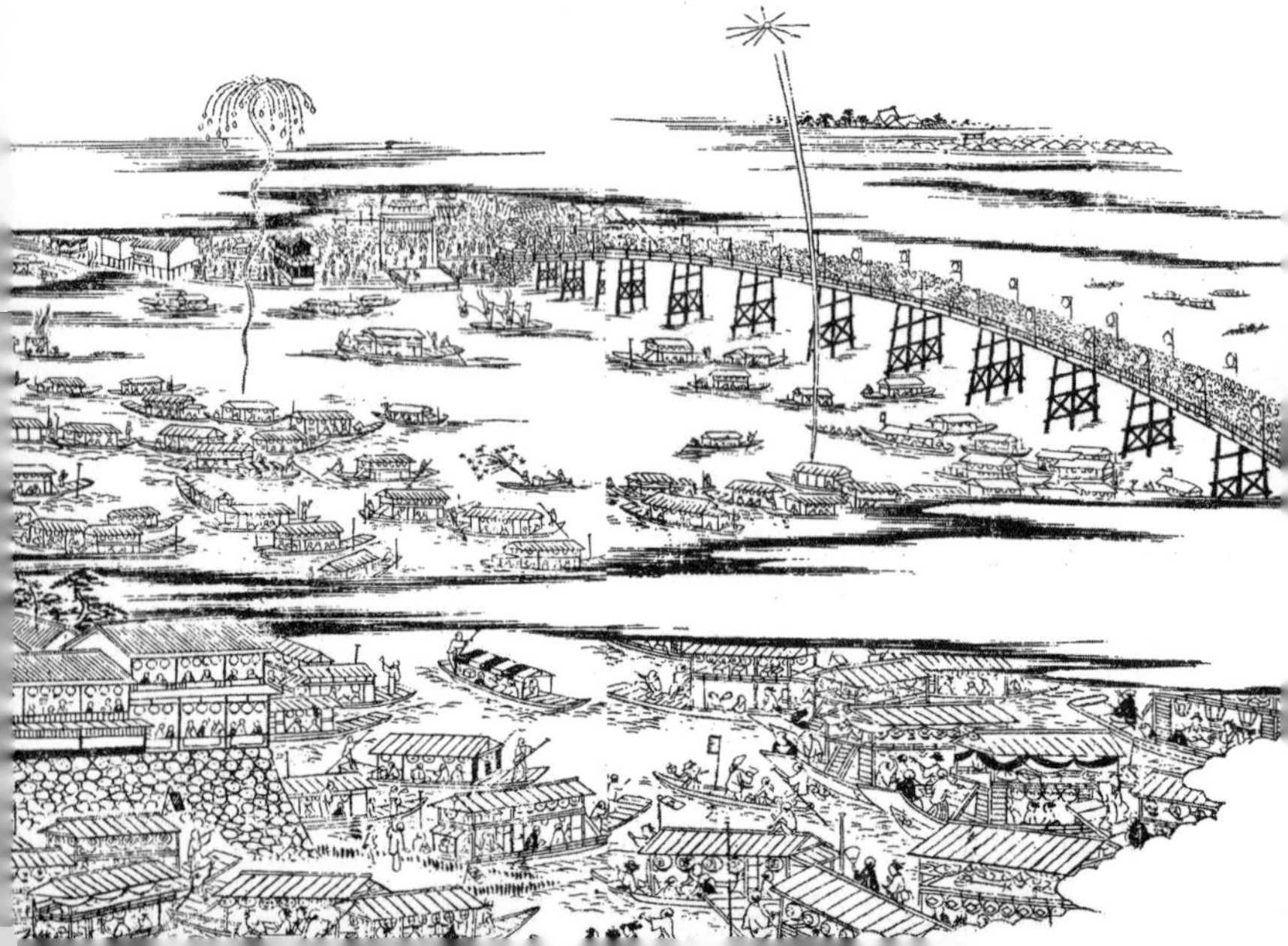

翌二十五日の本宮《ほんみや》での渡御《とぎょ》は二部構成になっています。まず、午後三時半から激しい催太鼓《もよおしだいこ》とともに陸渡御《りくとぎょ》がはじまります。総勢三千人の豪華絢爛《けんらん》な大行列は、催太鼓と猿田彦《さるたひこ》を先頭に、采女《うねめ》、稚児《ちご》、牛曳童子《うしびきどうじ》などからなる一陣、総奉行《そうぶぎょう》（渡御の総指揮者）、御鳳輦《ごほうれん》（菅原道真の御神霊を乗せた神輿《みこし》）などからなる二陣、鳳《おおとり》神輿、玉《たま》神輿からなる三陣の構成となっています。渡御列は賑やかに囃《はや》したてながら西へ、御堂筋《みどうすじ》で折り返し、市役所を経て天神橋の北詰まで練り歩きます。

陸渡御を終えた行列は、ここから船に乗り込み、船渡御《ふなとぎょ》がはじまります。下流側の天神橋から上流側の飛翔《ひしょう》橋にかけて、大川（旧・淀川）を約百隻の船団が行き交います。御神霊を乗せた鳳輦船などの奉安《ほうあん》船を中心に、各講社の供奉《ぐぶ》船、これを迎える奉拝船、人形船などの列外船、舞台船である能船、神楽《かぐら》船も加わって、火と水の一大競演が展開されます。人形船に飾られるのは三番叟《さんばそう》、安倍保名《あべのやすな》、鎮西八郎為朝《ちんぜいはちろうためとも》、関羽雲長《かんううんちょう》などの**御《お》迎人形《むかえにんぎょう》**です。元禄時代から、各町内で趣向を凝らした御迎人形をつくり、人形船に飾るようになったとされ、なかでも柳文三《やなぎぶんぞう》作の安倍保名の人形は風流な名作とされています。

天神祭のもう一つの名物である奉納花火がタイミングよく打ち上げられ、祭りはハイライトを迎えます。渡御を終えた鳳輦船から神輿が上陸したのち天満宮に向かいます。そして本殿での環御祭《かんぎょさい》を行って十時半ころに天神祭は幕を閉じます。こうして浪速《なにわ》の夏を彩る大イベントが終わり、大阪の街は日常に戻ります。

⇨天神祭、夜の景（『摂津名所図会』）

御迎人形
現存するのは十数体で、その貴重な現物は船に載せるわけではなく、祭りの期間中、天満宮の境内に毎年数体ずつが展示される。

天神祭のもう一つの名物
ここで遠来の見物客に忘れてほしくないのが、天神祭に鱧《はも》料理を食するのが、祭りのもう一つの名物、大阪人の流儀だという。梅雨の水を飲んで旨《うま》くなるといわれ、この時期から秋にかけて旬を迎える鱧には、さまざまな料理法がある。なかでも大阪らしい料理はつけ焼き（照り焼き）や、鱧皮と胡瓜《きゅうり》のざくざく（酢の物）。天神祭ならではの料理では白天《しろてん》（鱧ときくらげの練り物＝天ぷら）と貝割菜《かいわれな》入りの吸い物となる。

厳島管絃祭《いつくしまかんげんさい》（旧暦六月十七日）

世界文化遺産にも登録された厳島神社の旧暦で行われ、古式にのっとる神事

厳島管絃祭《いつくしまかんげんさい》は、旧暦六月十七日の夜に瀬戸内海海上で行われる神事です（現行の新暦〈太陽暦〉では七月中旬から八月上旬ころ）。安芸国《あきのくに》（現・広島県）の一宮《いちのみや》である厳島《いつくしま》神社（広島県廿日市市宮島町）では、正月の御神衣《ごしんい》献上式から、十二月晦日《みそか》の鎮火祭までさまざまな神事が催されますが、なかでもこの厳島管絃祭がもっとも重要とされています。

厳島管絃祭とは、一言でいえば、華麗に飾りつけられた管絃船が、雅《みやび》やかな管絃楽を奏しながら海上渡御《とぎょ》し、三神（市杵嶋姫命《いちきしまひめのみこと》、田心姫命《たごりひめのみこと》、湍津姫命《たぎつひめのみこと》の三女神）を慰める神事です。

十二世紀後半、京の都では池や川に船を浮かべて行う管絃の遊びが流行していましたが、平清盛《たいらのきよもり》が厳島大明神を慰めるために、これを厳島神社に移したのがはじまりとされています。厳島神社に残されている「平家納経《へいけのうきょう》」（国宝）は清盛が奉納したものです。

雅楽の管絃は大陸から渡来したもので、笛、篳篥《ひちりき》、笙《しょう》の管楽器と倭琴《わごん》、箏《こと》、琵琶《びわ》の絃楽器に、太鼓、鞨鼓《かっこ》、鉦鼓《しょうこ》の打楽器を加えて合奏する、まさに「東洋のオーケストラ」です。

厳島神社

厳島神社のある厳島は俗に「宮島《みやじま》」と呼ばれ、周囲二十八キロ余りの小島全体が神域とされ、人の居住や田畑の耕作は認められていない。世界文化遺産に登録されている。厳島神社の祭神はいわゆる宗像三神《むなかたさんじん》（宗像神社〈福岡県宗像《むなかた》市〉に祀《まつ》られている三女神）。平安時代の寝殿造《しんでんづくり》様式の社殿を海上に現出するという卓抜したアイディアに感心させられるが、さらに神社が潮《しお》の干満を考慮して建てられていて、大祭の日の十七夜が大潮にあたることを計算ずくめの古人の知恵は心憎いくらい。

⇦管絃祭（『芸州厳島図会』）

祭礼当日は早朝から海も陸も参拝者であふれます。干潮になる午後四時ころ、本殿で出御祭《しゅつぎょさい》を行い、阿賀《あが》町漕船《こぎぶね》の水主《かこ》は白張《しらはり》姿で神輿《みこし》を担ぎ、潮の引いた干潟を大鳥居沖まで行列を整えて渡御し、神輿を御《ご》座《ざ》船に移します。御座船を本殿に向け、神職によって祭典（大鳥居前の儀）が執行され、管絃楽が奏され、御座船が三度回されます。そののち二隻の阿賀町漕船がやってきて、江波《えば》漕船の左右に添い、この三隻が御座船を曳航して、対岸の地御前《じごぜん》神社へと向かいます。

波静かな瀬戸内海で、御座船と三隻の漕船が織りなすドラマは、すばらしいものです。舳先《へさき》の左右に篝火《かがりび》を焚《た》いた御座船が長浜神社、大《おお》元《もと》神社に渡御します。そのとき、地元の人々や見物客は海岸の防波堤に集まり、提灯《ちょうちん》を揺らしながら御座船を出迎えます。午後十一時ころになると十七夜の月は中天にかかり、御座船はライトアップされた大鳥居をくぐり抜けて、本殿に向かいます。

御座船が本殿に戻るころには、回廊すれすれまでさざ波が打ち寄せて、厳島神社ならではの景観が見られます。明かりを灯した船が回廊を回ると、水面にぼんぼりや篝火が妖しく揺れ、雅な雅楽が響き渡り、独特の催馬楽《さいばら》も舞われ、人々はしばし夢幻の世界に誘われます。午前零時をまわるころ、御座船は本殿に帰還し、神職一同に迎えられます。本殿での還御祭《かんぎょさい》をもって祭礼は終了します。

東北地方の夏祭りの先陣を切る勇壮な武者祭

相馬野馬追《そうまのまおい》（最終土・日・月曜日）

相馬野馬追《そうまのまおい》は、旧・相馬藩主相馬忠胤《そうまただたね》が、軍法の演習を兼ねてはじめました。この古風な神事が地域の人々によって大切に守られてきており、現在は、中村神社（福島県相馬市中村北町）、太田神社（南相馬市原町区中太田館腰）、小高神社（南相馬市小高区小高城下）の三社合同の祭礼です。

初日は、各神社から祭場地となる原町の雲雀ケ原《ひばりがはら》に、武者姿の乗り手が、色鮮やかな馬具に固められた馬に騎乗し六百騎も集まります（お繰出し）。到着後、神輿《みこし》を本陣に安置して馬場清めの式を行い、陣螺《じんがい》を合図に「宵乗り競馬」が行われます。

翌二日目は、三社の神輿と武者が本陣に集まって式典を営み、「相馬流れ山」の歌を唱和します。ハイライトは神旗争奪戦で、旗指物を背に大坪流の手綱《たづな》、鞭《むち》さばきで疾駆する騎馬の蹄《ひづめ》が大地を揺るがします。

翌三日目は、小高神社で当初からの名残を唯一とどめる「野馬懸《のまがけ》」が行われます。馬の中から神に捧げるための神馬《しんめ》が選ばれ、白装束《しろしょうぞく》の社人《しゃにん》、御小人《おこびと》たちが素手で馬を捕らえたことが野馬懸のはじまりです。現在も、昔のまま素手で荒馬を捕らえて、相馬家の守護神である妙見菩薩《みょうけんぼさつ》の神前に奉納して終わります。

相馬野馬追

相馬野馬追の発祥は延長年間（九二三〜九三一）とされる。藩主相馬氏の遠祖 平 将門《たいらのまさかど》が関八州《かんはっしゅう》を領地としたおり、軍事力強化のため騎馬隊を配し、その訓練のために下総国《しもうさのくに》小金ケ原（現・千葉県流山市）に野馬を放ち、これを敵兵と見なして追わせたこととされる。相馬氏は慶長十六年（一六一一）、陸奥国《むつのくに》（現・福島県）中村相馬に移封《いふう》後も、隣藩である伊達《だて》氏との仲が悪く、武力強化の目的で野馬追を継続してきた。

宇佐《うさ》神宮《じんぐう》夏越《なごし》大祭《たいさい》（二十七日以降最初の金・土・日曜日）

皇室の守護神にして八幡総本宮の最大の祭礼

日本でいちばん多い神社をご存じでしょうか。いうまでもなく八幡神宮です。では、この祭神はどんな神様でしょうか。それは八幡三神（応神《おうじん》天皇〈誉田別命《ほむたわけのみこと》〉、比売大神《ひめおおかみ》、神功皇后《じんぐうこうごう》〈気長足姫命《おきながたらしひめのみこと》〉）です。

八幡宮の総本宮《そうほんぐう》は宇佐神宮《うさじんぐう》（大分県宇佐市南宇佐）で、全国に約四万四千社の分社や末社があります。伊勢神宮《いせじんぐう》に次ぐ皇室の第二の宗廟《そうびょう》である宇佐神宮は、豊前国《ぶぜんのくに》（現・大分県）の一宮《いちのみや》です。宇佐神宮は、四十五代聖武《しょうむ》天皇の東大寺大仏建立《とうだいじだいぶつこんりゅう》に際して、その成功を祈り託宣を発したこと、また、道鏡《どうきょう》の天皇即位を阻む託宣をしたことで、皇室の守護神としての性格をもつようになりました。

この夏越大祭《なごしたいさい》（「御祓会《おはらいえ》」ともいう）は宇佐神宮最大の祭礼で、国家安泰、五穀豊穣、無病息災を祈念する神事が三日間続きます。

初日、**本宮**（**上宮**《じょうぐう》）での祭典後、白装束《しろしょうぞく》の男衆が三基の神輿《みこし》を担ぎ、渡御《とぎょ》します。頓宮《とんぐう》（仮宮）に到着後、古式ゆかしい祓えの行事が行われます。翌々日、神輿は上宮に戻ります。宇佐神宮ではこのほかにも古式に準じた行事が、年間を通して数多く行われています。

本宮（上宮）
馬城峰《まきのみね》の麓、菱形池を神域とする宇佐神宮（八幡造の社殿は国宝）は三棟からなり、一之御殿には十五代応神天皇、二之御殿には比売大神、三之御殿には神功皇后が祀《まつ》られている。これら本宮（上宮）のほかに境内に下宮《げぐう》があり、これらは前後一体型であるところから、「下宮参らにゃ片参り」と言い伝えられている。

隅田川花火大会《すみだがわはなびたいかい》（最終土曜日）

江戸情緒を伝える、蒸し暑い夏の夜の一服の清涼剤

東京を代表する川の隅田川《すみだがわ》は、首都の東部を貫流して東京湾に注ぎます。隅田川には十六の橋が架《か》かっています（鉄道橋を除く）が、なかでも両国橋《りょうごくばし》はよく知られています。両国橋は、明暦三年（一六五七）の明暦《めいれき》の大火（振袖《ふりそで》火事）後の寛文元年（一六六一）に架けられ、それから三十年後の元禄時代には、橋の東西の詰は江戸随一の人気盛り場になりました。

八代将軍徳川吉宗《とくがわよしむね》の時代、享保《きょうほう》十八年（一七三三）五月二十八日に、両国で大花火の第一号が打ち上げられました。これは隅田川の川開きにちなんだものです。人気の花火は、両国橋の上流が玉屋《たまや》、下流が鍵屋《かぎや》という花火師が分担して技を競うことになり、「たまやー」「かぎやー」の掛け声が夕涼みには毎夜聞かれたといいます。

明治時代に新暦（太陽暦）が採用されたところから、川開きは七月中旬から下旬にかけて行われるようになりました。戦争、交通事情などにより、昭和三十六年（一九六一）に姿を消した花火大会が、「**隅田川花火大会**《すみだがわはなびたいかい》」と名を改めて、再開されたのは昭和五十三年（一九七八）のことです。現在は、隅田川の花火は桜橋《さくらばし》の第一会場と、上流の駒形《こまがた》橋《ばし》と厩橋《うまやばし》との間の二会場（台東区、墨田区）で打ち上げられています。

隅田川花火大会
七月下旬から八月の週末にかけては、東京でも毎日のように花火大会が開かれているが、なんといっても隅田川花火大会がナンバーワンだろう。一時間ほどの間に、両会場で休みなく打ち上げられる多種多様な花火の総数は二万二千発という。ただし、市街地の中にあるため、直径十二センチの四号玉までしか認められていない。

オロチョンの火祭り（下旬の一日間）

先人の集落跡で行われる幻想的な祭礼

アイヌは、津軽の下北半島から樺太《からふと》（サハリン）や千島列島（クリル諸島）に住んでいたこともありましたが、今は主に北海道に居住しています。数多いアイヌの祭りの一例として、北海道網走《あばしり》市のモヨロ貝塚・中央公園で行われるオロチョンの火祭りをご紹介しましょう。

網走はオホーツク海に臨み、いわゆるオホーツク文化が発達したところです。オホーツク文化はアイヌ文化にはるかに先行するものです。明治時代末に網走川の河口付近で発掘されたモヨロ貝塚は、縄文時代の遺跡です。モヨロ族はアイヌ人とは異なった形質で、シベリアなど北方圏を生活の舞台とした、北アジア先住民と共通なオホーツク人（旧・ギリヤーク族など）であることが、発掘された人骨などから解明されました。

第二次世界大戦後、旧・ギリヤーク族の人たちやアイヌ人たちが樺太から網走に引き揚げてきて、彼らの協力により、オロチョンの火祭りは網走市の正式な夏祭りとして、昭和二十五年（一九五〇）からはじめられました。絶滅した先人の集落の跡であるモヨロ貝塚で採火された火が、天を焦《こ》がす炎となり、その火の周りでのシャーマン（巫女《みこ》）の祈りを中心に、**オロッコ**風の太鼓に合わせて踊りが奉じられます。

オロッコ
オロッコとはロシア領内に居住するツングース系民族を表す言葉であるが、わが国では「北方民族」の意味で使用された経緯があり、その名残としてこの祭礼名に借用されている。ただし、正確にはこの祭りはアイヌの祭りではない。北方少数民族に扮した人々は、いずれも地元の祭り保存会の人たちである。

住吉祭《すみよしさい》（三十日～八月一日）

多様な御利益を施す神に変身した「すみよっさん」

住吉大社《すみよしたいしゃ》（大阪市住吉区住吉）は摂津国《せっつのくに》（現・大阪府、兵庫県の一部）の一宮《いちのみや》で、地元大阪では「すみよっさん」と呼ばれ親しまれています。住吉大社は平成二十三年（二〇一一）に御鎮座千八百年を迎えました。八百万《やおよろず》の神々を、「山の神」「海の神」に二分すると、住吉大社は海の神の代表といえます。**住吉大社の本宮《ほんぐう》**は、第一本宮から第四本宮まですべて大阪湾の方向を向いて建っているように、住吉大社は本来、「海の神・航海守護神」です。現在の社域周辺は市街地ですが、かつてはこのあたり一帯は海岸でした。住吉三神への信仰は時代とともに変化してきています。現在は、商売繁盛など多様な御利益を施す神とされています。住吉大社の摂末社は三十以上ありますが、商都大阪では大海《おおわだつみ》神社など四つの摂末社を月参りする習わしがあり、それも毎月の最初の辰《たつ》の日にお参りすると特に御利益があるとされています（「初辰＝発達」に引っかけてある）。

住吉祭《すみよしさい》では、参拝者は住吉大社でお祓《はら》いを受け、穢《けが》れを流して無病息災を祈ります。三十日の宵宮には多数の提灯《ちょうちん》が掲げられ、翌三十一日の住吉大社での夏越祓《なごしのはらえ》へと続きます。さらに八月一日には船形山車《だし》に乗せられた神輿《みこし》が、堺の宿院頓宮《しゅくいんとんぐう》へ渡御《とぎょ》して荒《あら》和大祓《にごのおおはらい》が行われます。

⇨荒和大祓（住吉祭）の景（『住吉名勝図会』）

住吉大社の本宮

住吉大社（国宝）は、旧・官《かん》幣大社《へいたいしゃ》の一で、住吉神社の総本宮。底筒男命《そこつつのおのみこと》、中筒男命《なかつつのおのみこと》、表筒男命《うわつつのおのみこと》の住吉三神《すみよしさんじん》と神功《じんぐう》皇后《こうごう》が祀《まつ》られている。本宮は縦に三棟（第三、第二、第一）建ち、第三本宮の横に第四宮が並んで建っており、参拝は奥の第一本宮から順にするのが手順とされている。

千日通夜祭《せんにちつうやさい》（千日参り《せんにちまいり》）（三十一日〜八月一日）

この日の参拝は一日で千日分の御利益のある特別の日

全国に、摂社・末社が約八千社あるといわれる**愛宕《あたご》神社**（京都市右京区嵯峨愛宕町）の総本宮《そうほんぐう》である愛宕神社は、古くから愛宕権現《あたごごんげん》として知られています。正月の縁日を初愛宕、七月の縁日を千日参り《せんにちまいり》といい、特に千日参りは縁起がいいとされて重んじられ、一日で千日分の御利益があるとされています。

愛宕神社の祭神は、記紀《きき》神話の火の神誕生に関連した神々である、伊弉冉尊《いざなみのみこと》（本宮）と**軻遇突智命《かぐつちのみこと》**（若宮）です。一方、愛宕神社が古くから修験道《しゅげんどう》の道場とされたところから、愛宕山太郎坊（八天狗の一つ）が守護神とされています。

愛宕神社の千日通夜祭《せんにちつうやさい》（「千日参り」ともいう）では、愛宕山《あたごやま》（九二四メートル）へ登り、参拝します。七月三十一日の夕方から翌八月一日の早朝にかけて、山頂への行列が続き、毎年数万人が参拝するといわれています。麓の清滝からの登山道には明かりが点灯されています。千日通夜祭には、三歳までに参拝をすませば生涯火事に遭わないとの言い伝えがあり、幼児を背負って登る人も見受けられます。

三十一日夜に「夕御饌祭《ゆうごせんさい》」、八月一日早朝に「朝御饌祭」が営まれるほか、各種神事が奉納されます。

愛宕神社
火防《かぼう》（火伏せ）の神を祀《まつ》る神社として名高い愛宕神社は、京都市西北の愛宕山の山頂に鎮座する。社伝によれば、愛宕神社は修験道の始祖とされる役小角《えんのおづぬ》がこの山で修行し創祀したという。地元では「あたごさん」と呼ばれている。

軻遇突智命
記紀神話によると、火の神軻遇突智命は出生に際して母神伊弉冉尊のホト（女陰）を焼き死亡させたため、父神伊《い》弉諾尊《ざなぎのみこと》により惨殺されたという。『延喜式《えんぎしき》』には、火災を引き起こすなど危険な軻遇突智命を鎮めるために、祝詞《のりと》が読み上げられたとある。一方、火災を防ぐ神として軻遇突智命への信仰も生まれ、それが愛宕信仰に結びついたのが千日通夜祭（千日参り）である。

青森ねぶた祭（二～七日）　弘前《ひろさき》ねぷたまつり（一～七日）

東北の短い夏の夜を極彩色で飾る巨大人形灯籠と力強い音の競演

真夏の青森と弘前《ひろさき》両市を練《ね》り歩くねぶたとねぷたには、大雑把にいってこんな違いがあります。

	青森ねぶた祭	弘前ねぷたまつり
●呼称	ねぶたと「ぶ」が濁音	ねぷたと「ぷ」が半濁音
●形（本体）	組（人形）ねぶた	扇ねぷた
●意味	凱旋	出陣
●囃子	陽韻律	陰韻律
●掛け声	ラッセ、ラッセ、ラッセーラー	ヤーヤドー
●特徴	勇壮	華麗
●観客数	三百万人	百六十万人

ねぶたとねぷたの語源には諸説ありますが、「眠たい」が有力のようです。米や林檎《りんご》の農作業の忙しい夏に襲ってくる、睡魔という目に見えない魔物を、海や川に流すというものだといわれています。

日本各地では、古くから悪霊を退散させ、暑い盛りの眠気を覚ます「七夕《たなばた》の眠り流し」が行われていましたが、青森ではこれが江戸時代の後半に大型化し、ロウソクを灯した大きな人形《ひとがた》ねぶたがつくられるようになり、現在の祭りに発展しました。

高さ五メートル、重量四トンのねぶたが、二時間ほどかけて青森市内を練り歩きます。青森ねぶたのハイライトは、腕利きのねぶた師が精魂込めてつくり上げた人形灯籠の運行と、その周りを十重二十重《とえはたえ》に囲み、跳ね踊る花笠姿の**ハネト**（**踊り手**）の群行でしょう。祭り最終日の七日夜には、ねぶたを舟に乗せ、華麗なねぶたと勇壮なお囃子《はやし》で悪霊を招き寄せ、遠くへ追い払うための海上運行が、花火大会とともに行われます。

一方、弘前《ひろさき》ねぷたも負けてはいません。大小約八十台のねぷたが、哀愁を帯びた笛の音、「ドドーン、ドドーン」という力強い太鼓の音、「ヤーヤドー」という掛け声とともに城下町弘前市内を練り歩きます。

大きいもので高さ八メートルにも及ぶ扇形の大灯籠の鏡絵（表面）は、『三国志《さんごくし》』や『水滸伝《すいこでん》』『源平盛衰記《げんぺいせいすいき》』などの武者を題材にしています。武将や豪傑が、津軽のシンボル、岩木山のほの暗いシルエットを背景に浮かび上がるさまは幻想的です。見送り絵（裏面）は、西王母《せいおうぼ》など妖艶な美女が描かれていて雅《みやび》やかです。

ハネト（踊り手）
夜間運行には十五〜二十台のねぶたが参加するが、この一台を五百〜二千人ものど派手な衣装のハネト（踊り手）が囲む。観光客も正式な衣装（レンタル可）を身につければ参加できる。ハネトは、頭に①花笠、首に②豆絞りの手拭、肩に③襷《たすき》、膝小僧が隠れるくらいの長さの④浴衣、その下は⑤腰巻、浴衣の腰の上は⑥シゴキで絞め、シゴキの上に⑦帯をのぞかせる、足元は⑧白足袋《しろたび》に草履というのが決まり。

盛岡さんさ踊り（一〜四日）

浴衣姿で優雅に、また激しくも踊る「七夕くずし」

盛岡さんさ踊りは、陸奥国《むつのくに》（現・岩手県）盛岡（南部）藩領内で広く行われていた盆踊りです。江戸時代から受け継がれてきたさんさ踊りは、三ツ石伝説に由来しています。その昔、盛岡城下に羅刹鬼《らせつき》という鬼が現れ、悪さをして暴れていました。困り果てた人々は、三ツ石神社に悪鬼の退治を祈願しました。三ツ石の神様は、その願いを聞き入れて鬼を捕らえ、二度と悪さをしないことの証《あか》しとして、境内の三ツ石に鬼の手形を押させました。これが県名「岩手」の由来といわれています。鬼の退散を喜んだ人々が、三ツ石様の周りを「さんさ、さんさ」と言いながら踊って回ったのが、このはじまりと伝えられています。

藩政時代からの伝統的なさんさ踊りがアレンジされて、現在の盛岡さんさ踊りの形になったのは、昭和五十三年（一九七八）からです。踊りは二十数演目ありますが、なかでも「七夕《たなばた》くずし」はよく知られています。太鼓を前に吊した者と手踊りの集団が、浴衣に襷《たすき》掛《が》け、花笠などの装いで、「サッコラ、チョイワヤッセー」などの掛け声や笛、歌とともに、速いテンポで、しなやかに、そして激しいリズムで、飛び跳ねるように踊ります。盛岡さんさ踊りは、東北五大祭りの一つに数えられています。

盛岡さんさ踊り
- 参加団体数／延べ二百四十
- 踊り子数／約三万人
- 太鼓／一万個以上
- 笛／二千本以上
- 見物人数／約百二十万人

秋田《あきた》竿灯《かんとう》まつり（三〜六日）

次から次へと披露される伝統行事の妙技にうっとり

秋田《あきた》竿灯《かんとう》まつりは、秋田県秋田市の中心地で七夕《たなばた》祭りの行事として行われています。青森ねぶた祭や弘前ねぷたまつりと同じく、「眠り流し」と呼ばれていた、不浄を祓《はら》い悪霊から身を守る行事が起源といわれます。盛大になったのは江戸時代半ばで、当時の藩主佐竹義和《さたけよしまさ》が、これを城中から見る慣例をつくって以来のことといいます。

竿灯は長い竹竿《たけざお》に横竹を何本も通し、これに四十六個の大提灯《おおぢょうちん》を九段に飾ったもので、それに火を灯して立てます。さらに先に一・五メートルぐらいの継ぎ竹をします。全長約十二メートル、重さ五十キロの巨大な提灯の塊を、町内竿灯会の若者たち（差し手）が、印半纏《しるしばんてん》に股引《ももひき》、白足袋《しろたび》のいなせな装束《しょうぞく》で、一人ずつかわるがわるにこれを手のひらに乗せ、額で、あるいは腰や肩で受けて技を競い合います。

夕方、竿灯大通《かんとうおおどおり》に勢揃いする大小二百五十本超の竿灯が、太鼓の音とともにいっせいに立ち上がります。「ドウドッコイショー、ドウドッコイショー、オウエタサー、オウエタサ、根ッコツイター、オウエタサ」と掛け声がかかり、技が決まると見物客から拍手が起こります。風に揺れてしなる竿灯のバランスをとるには、高度なテクニックが必要です。次々と披露される差し手の妙技に見とれて、一時間はあっという間に過ぎます。

竿灯
竿灯は稲穂とも秋田杉の形ともいわれ、四種類の大きさがある。本文紹介のものは大若《おおわか》であり、これを小ぶりにしたものが中若、小若、幼若である。

仙台七夕まつり（六〜八日）

二百二十万人のもの人出で、杜の都は大賑わい

もとは旧暦（太陰太陽暦）七月七日で行われていた七夕《たなばた》（一八六頁参照）は、現在、仙台では一か月ずらした、月遅れの八月に行われています。月遅れでの実施は、昔からの日付（旧暦）を守るという建前と、季節に合わせるという本音をうまく調和させています。新暦（太陽暦）で行うものだけではなく、月遅れや旧暦による年中行事があることで、日本の文化的生活はより豊かになっているといえるでしょう。

仙台の七夕まつりは、規模において、また華やかさにおいて全国一のものです。市内の商店街を中心に、大小三千もの七夕飾り（笹飾り）が、その出来栄えを競い合います。この飾りには**七つ飾り**と呼ばれる小物がついています。吹き流しから屑籠《くずかご》まで、この小物にはそれぞれ意味が込められています。それらは、長寿や商売繁盛、豊漁などです。これらの笹飾りがさらさらと音をたて、風になびく様子が涼しげで、大いに楽しませてくれます。

七夕まつりの開催期間中は、夕方から定禅寺《じょうぜんじ》通でパレードが行われます。このパレード「星の宵まつり」の見ものである五色の吹き流しは、長いものは十メートルもあり、

七つ飾り
①吹き流し（織糸）、②紙衣《かみごろも》（人形）、③短冊《たんざく》（学問の上達）、④投網《とあみ》（豊漁）、⑤巾着《きんちゃく》（財布）、⑥折鶴（長寿）、⑦屑籠（ごみ入れ）。

一竿飾りつけるのに十数万円もかかるそうです。

仙台七夕まつりの楽しみは、ただ七夕飾りを見るだけではありません。「夕涼みコンサート」あり、旧藩主伊達《だて》家の霊廟《れいびょう》「瑞宝殿《ずいほうでん》七夕ナイト」あり、とイベントが多彩です。

仙台七夕まつりは、江戸初期の初代仙台藩主伊達政宗《だてまさむね》の時代にはじまったと伝えられています。仙台では、二度の冷害による大凶作で多くの死者を出し、五穀豊穣の祈りを込めて七夕まつりは華やかなものになりました。

もともとは和紙を草木染めして七夕飾りをつくって家々で楽しんでいましたが、昭和三年（一九二八）に仙台で東北産業博覧会が開催されたときの七夕飾りのコンクールが刺激となって、飾りが大型化し華やかなものになりました。第二次世界大戦後、市の復興のために七夕飾りが奨励されたことで、隆盛の一途《いっと》をたどり、駅前の中央通から東一番丁通までの二キロほどを、趣向を凝らした七夕飾りが埋め尽くすという、今日のような盛大なものになったのです。

立秋《りっしゅう》（七日ころ）　処暑《しょしょ》（二十三日ころ）

涼しさを実感するのは、立秋ではなく処暑

立秋《りっしゅう》は二十四節気《にじゅうしせっき》の一つで、旧暦（太陰太陽暦）七月の節気です。天文学的には、立秋は太陽が黄経《こうけい》一三五度の点を通過するときをいいます。

現行の新暦（太陽暦）には、入節の時刻が何時何分というところまで記載されているためか、立秋の意味を誤解されている方がときどきいます。立秋とは、ある特定の日のことではなく、この日は「立秋の節に入る日」というほどの意味なのです。

二十四節気は半月単位ですから、十五日間のどこかで「暑さが極まり、涼しくなる」という発想からのネーミングなのです。

要するに、二十四節気の立春《りっしゅん》、立夏《りっか》、立秋、立冬《りっとう》は、いずれも季節を先取りしているのです。西洋人の発想では、ほんとうに涼しくならないと秋とはいわないのですが、これには二十四節気をつくった中国人のおおらかな性格も関係しているのかもしれません。

また、二十四節気のそれぞれの名称は、中国北部の黄河《こうが》流域の気候を基準にしてつくられていますから、温暖な日本とは食い違いがあるのは当然といえるでしょう。

ですから、立春、立夏、立秋、立冬どれも多少は早めであってもいいのですが、それ

にしても立秋は格別に早すぎます。八月七日ころに「秋が立つ」というのは、いくらなんでも現実とかけ離れています。

そのため、毎年、この日のテレビやラジオなどでは、「今日は暦の上では立秋ですが……」と、言い訳がましい決まり文句があり、視聴するたびに暦を悪者扱いしている感じがしないでもありません。

この日から旧暦では秋に入るのですが、実際には残暑は厳しく、立春を起点として上昇してきた平均気温は、立秋のころにピークに達します。

しかし、風のそよぎ、雲の色や形に、何となく秋の気配も感じられます。蜩《ひぐらし》が鳴きはじめ、濃い霧が発生します。また、暑中見舞いは立秋の前日まで、この日以降から残暑見舞いとなります。

中国の北部地方でも、やはり立秋からすぐに涼しくはならないので、「暑さはまだ続くが、これから少しは涼しくなりますのでご勘弁を」というわけで、半月後に二十四節気では処暑《しょしょ》が設けられています。処暑はやはり旧暦七月の中気《ちゅうき》で、天文学的には、太陽が黄経一五〇度の点を通過するときをいいます。

処暑とは「厳しい暑さが止まる」という意味で、涼風が吹き渡る初秋のころです。綿の花が開き、穀物が実りはじめ、収穫は目前です。このころは、昔から二百十日《にひゃくとおか》と並び台風襲来の厄日《やくび》とされており、暴風雨に見舞われることが少なくありません。参考までに下に**立秋と処暑の七十二候**を載せておきます。

立秋の七十二候（「略本暦」による）

- 初候……涼風至《すずかぜいたる》（秋の涼風が吹く）
- 次候……寒蟬鳴《ひぐらしなく》（夕方近くにもの悲しく鳴きはじめる蜩）
- 末候……蒙霧升降《ふかきりまとう》（気温が下がり空中の湿気が霧となり白一色となる）

処暑の七十二候

- 初候……綿柎開《わたのはなしべひらく》（綿を包む萼《がく》が開きはじめる）
- 次候……天地始粛《てんちはじめてさむし》（ようやく天地の暑さもおさまる）
- 末候……禾乃登《こくものすなわちみのる》（粟や稲などの穀物が実る。実りの秋も間近い）

六道《ろくどう》参り　陶器市（七～十日）

六道参りの帰りには、清水焼をどうぞ

仏教でいう六道《ろくどう》とは、地獄道、餓鬼《がき》道、畜生《ちくしょう》道、阿修羅《あしゅら》道、人道、天道の六つの苦難に満ちた冥界《めいかい》のことで、古来、人間が観世音菩薩《かんぜおんぼさつ》を念ずることで、これらの世界に堕《お》ちることから救われると説かれています。

盆（盂蘭盆会《うらぼんえ》）は秋のもの、という古くからの季節感を重んじる京都では、一か月遅れでお精霊《しょうらい》様を迎え、香華《こうげ》を手向《たむ》けます。

平安京には墓地をつくらせなかった平安時代、死者は周囲の野に風葬されました。その野が、東の鳥辺野《とりべの》、西の化野《あだしの》、北の紫野《むらさきの》（蓮台野《れんだいの》）などです。先祖を野に送り、それらの霊は山にいると考えていた昔の人々は、盂蘭盆会が近づくと、それらの野まで出かけて先祖を迎えたのです。

鳥辺野の場合、その入り口近くに六道珍皇寺《ろくどうちんのうじ》（京都市東山区小松町）があり、本堂前の井戸（冥途通いの井戸）から平安初期の公卿・詩人の小野篁《おののたかむら》が地獄の閻魔庁《えんまちょう》に赴いたという伝説によって、先祖迎えの人々は井戸の上に吊された梵鐘《ぼんしょう》を鳴ら

⇨六道珍皇(篁)寺へ六道参り
（『花洛細見図』）

して霊を呼び出します。

六道珍皇寺の鐘は十万億土の冥途にまで響き、亡き霊を呼び寄せると伝えられます。有名な「迎え鐘」は鐘楼《しょうろう》にすっぽり包まれて外からは見えません。鐘楼の壁穴から出ている太い綱を、よいしょとばかり二度引きます。突くのではなく、たぐり寄せるように「引いて」鳴らすことで、先祖の精霊を迎える風習があります。早朝から長い列が続くので、覚悟して参拝しましょう。

京都市中では、北の紫野（蓮台野）に近い引接寺《いんじょうじ》（通称「千本閻魔堂《せんぼんえんまどう》」京都市上京区閻魔前町）、大報恩寺（通称「千本釈迦堂《せんぼんしゃかどう》」京都市上京区溝前町）でも六道参りが行われます。いずれでも観世音菩薩を御開帳《ごかいちょう》して供養します。

六道参りの帰り道に、ぶらりと立ち寄ってみたいのが、五条坂周辺の陶器市《とうきいち》です。

若宮八幡宮《わかみやはちまんぐう》（京都市東山区五条橋東）は別称を「陶器神社」というように、ここの祭神は陶祖、椎根津彦命《しいねつひこのみこと》です。若宮八幡宮は天喜《てんぎ》元年（一〇五三）に創建され、十五代応《おう》神《じん》天皇らを祭神としている神社ですが、昭和二十四年（一九四九）、椎根津彦命を合祀しました。

若宮八幡宮の祭礼に合わせて陶器市が立ち、九日には氏子の陶器業者による陶器大祭が行われ、陶器神輿《みこし》が出御《しゅつぎょ》します。五条大橋の東詰から、東大路《ひがしおおじ》までの五条通の両側に、地元の清水焼《きよみずやき》の業者をはじめ、瀬戸、信楽《しがらき》、有田など有名産地の焼物を扱う約五百軒の露店が並ぶ、全国でも最大規模の大陶器市といわれています。

高知よさこい祭り（九〜十二日）

参加自由の気風がいい「よさこい鳴子踊」

南国土佐の高知で、男は鉢巻きをし女は菅笠《すげがさ》姿で両手に持った鳴子《なるこ》を振る、**よさこい鳴子踊**の熱狂が四日間続きます。高知よさこい祭り（高知市のはりまや橋界隈が中心）は、市民の健康と商店街の発展を願って昭和二十九年（一九五四）からはじまりました。

高知よさこい祭りは年々盛大になり、最近では高知市内十五か所の競演場・演舞場で、約二百団体がそれぞれ華やかに装飾を施した車を出します。これを地方《じかた》車といい、全国から集まった二万人の踊り子たちを先導します。

高知よさこい祭りは九日が前夜祭、十〜十一日が本祭、十二日が後夜祭です。踊り子たちは、そのチームカラーにふさわしくデザインされたカラフルな色の法被《はっぴ》を着て、踊りに工夫を凝らし、鳴子のリズムに乗り、市内を乱舞します。よさこい鳴子踊の決まりごとは、「鳴子を持って踊ること」「よさこい節の入った創作曲」のみ、踊りも音楽も自由にアレンジしてよいのです。列を組んで踊るなどのマナーを守れば、誰でも参加自由というのは、いかにも自由な気風の県民性の表れといえるでしょう。

なお、もとは囃《はや》し言葉であった「よさこい」とは、女性から男性への「夜さ来い」の呼びかけといいます。

よさこい鳴子踊

「よさこい鳴子踊」は、地元在住の音楽家武政英策《たけまさえいさく》が民謡「よさこい節」をもとに作詞・作曲・振り付けしてできた。

〽高知の城下へ来てみいや（ソレ）じんまもばんばもよう踊る　鳴子手によう踊る

〽土佐の―（ヨイヤサノサノサノ）高知のはりまや橋で（ヨイヤサノサノサノ）坊さんかんざし買うをみた（ソレ）

阿波《あわ》踊り（十二〜十五日）

女性は優美に、男性は自由奔放に踊り狂う

「〽阿波《あわ》の殿様蜂須賀公《はちすかこう》が今に残せし盆踊り」と歌われているように、天正十五年（一五八七）七月、阿波国《あわのくに》（現・徳島県）に入国した蜂須賀家政《はちすかいえまさ》が、徳島城の築城祝いに城下の人々を城中に招き、無礼講で踊らせたのが阿波《あわ》踊りのはじまりと伝えられています。

この盆踊りは、徳島県徳島市の中心街で何十人もの人がそれぞれ集団（連《れん》）を組むほか、全国各地から毎年約九百五十連、約六万人が参加しています。三味線をベースに、鉦《かね》がリズムの指揮を執り、締太鼓、鼓を加える連もあります。メロディ楽器の篠笛《しのぶえ》は、明るくひょうきんな音色で、アドリブも多くなります。歌は江戸時代後期、各地に流行した「よしこの節」ですが、ときどきに応じてつくられた歌詞も数多くあります。「ヤットセー、マットセー」「踊る阿呆《あほう》に見る阿呆、同じ阿呆なら踊らにゃ損々」と賑やかな囃《はや》し文句とともに、扮装を凝らした踊り子連が踊り狂います。女踊りは優雅な集団美が、男踊りは自由奔放で時に滑稽な個性強さが好まれます。十二〜十五日の四日間、人口二十万の小都市徳島は、一挙に百万人に膨れ上がり、踊りの熱気と喧騒ぶりは、南米リオのカーニバルにも並び称されます。

この「手を上げて足を運べば阿波踊り」が受け、全国各地の町おこしでも行われます。

盆（盂蘭盆会《うらぼんえ》）（十三〜十六日）　五山送《ござんおく》り火《び》（十六日）

盂蘭盆会を中心とする四日間に、祖先霊を迎え供養して送り出す

☯「旧盆」という言い方は正しくない

盆（盂蘭盆会《うらぼんえ》）を一か月遅れの八月にするところは、結構あります。たとえば、京都、大阪などの関西地方だけでなく、**月遅れ**にするところが全国的に多いのです。月遅れの盆は昔から行われていたわけではありません。その発端は、明治六年（一八七三）の新暦（太陽暦）採用からです。改暦の際、「諸祭典を太陽暦で行うべし」との命令を明治政府が出したので、各種の行事が太陽暦により実施されるようになりました。

しかし、新暦のほうが旧暦（太陰太陽暦）より一か月ほど早いために、新暦では行事につきものの花や食べ物が間に合いません。また、農作業との調整もつかないのです。そこで工夫されたのは一か月遅れで実施する月遅れです。このほうが季節感にも合っていますから、いつしか八月十三〜十六日を盆とすることが浸透したようです。

よく勘違いしている方がいますが、八月十五日の盆を「旧盆」という言い方は正しくありません。八月十五日の盆は、旧暦による盆ではありません。旧暦は月の運行を基準につくられているので、旧暦の盆ならかならず満月の日にあたるのですが、月遅れの盆

月遅れ
明治の改暦では、官公庁や各地の神社は旧暦の日付を太陽暦に換算したり、あるいはそのまま太陽暦の日付に読み替えたりして対応した。行事につきもののお供え物そのほかの都合で、太陽暦の日付を思い切りよく一か月遅れにし、それが全国に普及していった。この風習はどうやら神社関係からはじまったようである。

は月には無関係です。

　盆と正月は、日本中の企業・団体の多くがいっせいに休みになる一大イベントですが、盆を旧暦で行うと日付が毎年変わり不便です。たとえば平成二十五（二〇一三）年の旧暦八月十五日は新暦では九月十九日でしたが、向こう三年間は日付が次のように移動します。

- 平成二十六（二〇一四）年の旧暦八月十五日は新暦では九月八日
- 平成二十七（二〇一五）年の旧暦八月十五日は新暦では九月二十七日
- 平成二十八（二〇一六）年の旧暦八月十五日は新暦では九月十五日

　ズレが大きくて、これでは企業は長期休暇の予定も立てにくいし、盆休みを利用して一家で帰省するわけにもいきません。それに学校の夏休みも終わってしまっています。

　旧暦を尊重するのはいいことですが、すべてにおいて「何月何日を尊重しろ」式の言い方をすると、この例のように実用的ではなくなります。

☯盆行事さまざま

　いまさらのようですが、盆は先祖の霊をわが家に迎え、供養する行事です。

　釈迦《しゃか》の弟子目犍連《もくけんれん》が、餓鬼道《がきどう》（地獄）に堕《お》ちて苦しんでいる母親を救おうと釈迦に相談したところ、「百味の飲食《おんじき》を供え、十方の衆僧の力を借り、七月十五日に供養しなさい」と言われたという**仏教説話**に由来します。そのとおりにしたら目犍連の母が餓鬼の苦しみから救われたので、目犍連は釈迦に向かって「この盂蘭盆を奉じて、現在の父母

仏教説話
本文の説話は『仏説盂蘭盆会経』にあるもので、『和漢三《わかんさん》才図会略《さいずえりゃく》』（江戸前期に書かれた図説本）で紹介されている。盆は盂蘭盆会の略で、サンスクリット語ウランバーナの漢訳「倒懸《とうけん》」（逆さに吊される）を意味するとされる。

ないし七世の父母を救度すべし」と発願し、七月十五日をもって盂蘭盆を行う日と定められたと伝えられています。

盆の行事は、地方によってさまざまなものがありますが、一般的には、十三日の朝、盆花やお供えをする盆棚《ぼんだな》（仏様をお迎えして供養する祭壇）を設け、その夕方に迎え火を焚《た》いて先祖の霊を迎えます。盆棚の上に位牌、香炉などを並べ、仏様の乗り物である牛馬、つまり茄子《なす》の牛と胡瓜《きゅうり》の馬をつくって供え、線香と灯明《とうみょう》を灯し、季節の野菜や果物（西瓜《すいか》、トマト、里芋、隠元《いんげん》、茗荷《みょうが》など）、水などを供えます。十四日か十五日には、僧侶を招いてお経をあげてもらいます。そして十五日か十六日に、送り火を焚いて先祖の霊を送ります。

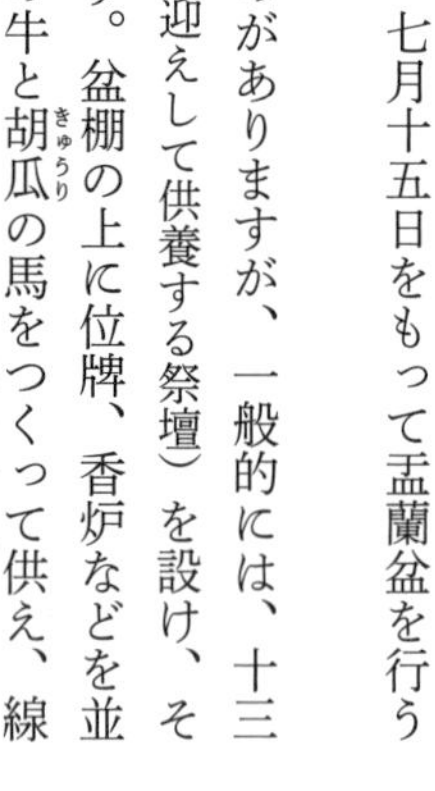

⇨盆棚（『守貞謾稿』）

十三日の朝から十六日までの食事は、ご先祖様をもてなす精進料理《しょうじんりょうり》です。生臭いものはいっさい遠ざけ、出汁《だし》をとるにも鰹節《かつおぶし》を使いません。ご飯をてんこ盛りにして、茄子、大角豆《ささげ》、芋茎《ずいき》、枝豆《えだまめ》、薩摩芋《さつまいも》、そうめん、のっぺい汁、荒布《あらめ》（海草）、おはぎなどを、お膳の上にも仏壇の中にもお供えします。十六日朝に、荒布を炊いて送り団子をお供えします。なお、精進料理とは限らず、淡水の魚をお供えする地方、宗派もあります。

☯五山送り火

夜空にくっきりと浮かび上がる**五山《ござん》の送《おく》り火《び》**は、祇園祭とともに京都には欠かせない夏の風物詩です。京都盆地を囲む山々、東山如意《ひがしやまにょい》ケ嶽《がだけ》（大文字山）の「大」、松ケ崎西山（万灯籠山）・松ケ崎東山（大黒天山）の「妙」「法」、西賀茂船山（妙見山）の「船」形、

五山の送り火
五山の送り火（かつては「大文字焼き」と呼ばれた）は八月十六日の行事として定着しているが、もともとは七月十六日の精霊送りの送り火である。祇園祭が終わったあとの客寄せくらいに考えている人もいるが、これは誤解である。

金閣寺《きんかくじ》（鹿苑寺《ろくおんじ》）付近の衣笠大北山《きぬがさおおきたやま》（左大文字山）の左「大」、嵯峨鳥居本曼荼羅山《さがとりいもとまんだらやま》の「鳥居」形が、次々と点火されます。

この起源は諸説あって定かではありませんが、仏教が庶民に浸透する室町時代以降にはじめられたといわれています。送り火は精霊を冥途に送り返す行事ですが、京都の送り火は、松明《たいまつ》を投げて虚空をいく霊を見送る風習が発展したものともいわれています。そして五山それぞれに、たとえば、「船形」は僧円仁《えんにん》が唐から無事帰国した記念にはじまったなどの起源伝承があります。

京都では五山の送り火で先祖の霊を送るので、各家で送り火を焚きません。大文字の送り火の点火に用いられる護摩木《ごまぎ》に、氏名・年齢・性別を書いて志納すると厄除けになるとして、銀閣寺《ぎんかくじ》（慈照寺《じしょうじ》）門前、金閣寺不《ふ》動尊《どうそん》参道、化野念仏寺《あだしのねんぶつでら》駐車場で受け付けています。盃に送り火を映して酒を飲むと、中風《ちゅうふう》（脳卒中）にならないともいいます。

街中の火を消し、各寺院の精霊送りの鐘が撞《つ》かれるなか、午後八時、大文字山より順次点火されます。濃い藍色にとっぷり暮れた空に、山々が黒いシルエットになって浮かび上がり、その中腹に赤い火が灯され、やがて炎の帯が山を染めます。三十分ほどで終わってしまうのですが、はかなく美しく、行く夏を惜しむ心憎い見事な演出ともいえます。送り火の燃え残りは、戸口に吊すと疫病除け、盗難除けになるとされていて、送り火の翌朝の火床に、燃え残りを求める人々が押し寄せます。

⇦五山送り火（『都名所図会』）

深川八幡《ふかがわはちまん》祭り（十五日前後の数日間）

神輿も担ぎ手も水浸しで盛り上がる連合渡御

深川八幡《ふかがわはちまん》祭りは、神田祭、山王祭《さんのうまつり》と並ぶ江戸三大祭りの一つです。正式には富岡八幡宮《とみおかはちまんぐう》（東京都江東区富岡）例大祭といい、本祭は三年に一度行われます。「深川の八幡様」として江戸市民に親しまれた富岡八幡宮は、江戸時代初期、埋立てが進められていた永代島《えいたいじま》に神託を得て、寛永四年（一六二七）に創建され、徳川将軍家の庇護《ひご》を受けました。八幡宮建立後、永代島周辺は深川と呼ばれるようになりました。

本祭の年には、初日は鳳輦《ほうれん》の渡御《とぎょ》が行われ、二日めに行われる神輿《みこし》の連合渡御が人気です。永代《えいたい》通に集結した五十四基の町内神輿が、「ワッショイ、ワッショイ」の掛け声も勇ましく氏子町内を練り歩きます。別名「水かけ祭り」と呼ばれ、暑さが頂点に達する昼間は、沿道からバケツやホースで盛んに清めの水をかけられるので、どの担ぎ手も神輿も水浸しになるのですが、水だらけになった担ぎ手の体から、湯気が立ち上る情景がこの祭礼の名物です。永代橋のたもとから、辰巳芸者《たつみげいしゃ》たちの「手古舞《てこまい》」、鳶《とび》職の「木遣《きや》り」も加わり一段と賑やかになります。ダイヤモンドやルビーをちりばめた日本一巨大な神輿が、富岡八幡宮に奉納される八キロほどのコースは、祭り一色に染め上げられ、神輿渡御は夜明けから日没まで九時間にも及びます。

神輿

「神輿深川、山車《だし》神田、だだっ広いが山王様」といわれたのは、御本社神輿（八幡造、神明造、春日造の三基は総金張り）のこと。江戸中期の豪商紀伊国屋文左衛門《きのくにやぶんざえもん》の奉納と伝えられる御本社神輿は、関東大震災で消失したが、平成九年（一九九七）に本社二ノ宮神輿がつくられ奉納された。これは本祭の翌年に渡御する。

花背《はなせ》の松上《まつあ》げ（十五日）

洛北の山村に伝わる雄大で荘厳な火祭り

松上《まつあ》げは、京都の北西に聳《そび》える愛宕山《あたごやま》に鎮座する愛宕神社の火の神（若宮に迦具土《かぐつちの》命《みこと》が祀《まつ》られている）への献火です。**京都の各地で松上げ**が行われていますが、旧・若狭《わかさ》街道に沿った山間に位置する左京区花背八桝《はなせやます》地区（八桝町と原地町が合同で行う）では、はや秋の気配が漂う八月はじめから一週間かけて、上桂川の河原で灯籠木《とろぎ》づくりがはじまります。灯籠木は高さ二十メートルで、檜《ひのき》の丸太を組み上げたものです。

大笠と呼ばれる直径二メートルの笠をつけた灯籠木が、保存会の人々によって立てられ、笠には乾燥した杉葉と藁《わら》がつめられます。河原や広場には地松と呼ぶ千本余りの松《たい》明《まつ》が立てられます。午後八時ころ、地元の松上げ保存会の人たちが神火を手松明に移します。九時ころ、それを松明と地松の火種にして次々と点火します。そして鉦《かね》や太鼓が鳴り響くなか、それを合図に灯籠木先端の大笠に向かって火をつけた小松明（上松《あげまつ》）を、回転させながら次々と投げ入れると、中の杉葉に点火し、火の粉はくるくると弧を描きながら夜空を焦がします。杉葉は青や黄色の火の粉を散らして激しく燃え上がり、赤い炎が天に向かって立ち上がり、火の粉が飛び散る壮大な火祭りとなります。ハイライトは点火場面、それに灯籠木の倒れる瞬間です。

京都の各地の松上げ
愛宕山の高雲寺《こううんじ》（北区）と福《ふく》蔵院《ぞういん》（北区）で、二十四日の午後八時と午後八時半に同時に点火される。松明柱で火文字をつくり、浮かび上がらせる。漢字一文字で「千」「米」「生」など毎年変わるが、その年の文字が何であるかは、点火されるまで伏せられている。やはり二十四日の夜に、京都市の最北端の山間集落である広河原《ひろがわら》（左京区）でも行われる。

終戦記念日　戦没者追悼式（十五日）

国家のために命を捧げた英霊を慰霊する靖国神社

昭和二十年（一九四五）八月、アメリカの長距離爆撃機B29により、広島（六日）と長崎（九日）へ原子爆弾（原爆）が投下されました。現在でも原爆症で苦しんでいる人がいることはご存じのとおりです。

わが国は、八月十四日の御前会議でポツダム宣言を受諾し、米・英などの連合国側に対し無条件降伏することを決定しました。第二次世界大戦が日本の敗北で終了したのは、原爆投下が決定的な理由でした。

翌十五日の正午、昭和天皇は肉声（録音の放送）で、これを国民に伝えました。

「堪えがたきを堪え、忍びがたきを忍び……」

国民は涙、安堵、不安こもごもで、ラジオから聞こえる天皇陛下のお声に耳を傾けたのでした。

昭和十二年（一九三七）の中国での盧溝橋《ろこうきょう》事件をきっかけに起こった日中戦争から太平洋戦争終結までの八年間に、外地での戦闘、内地での空襲によって亡くなった犠牲者は三百万人を超えます。そのなかには、民間人が八十万人も含まれています。

いまや日本人の八割以上が、親子とも戦争を知らない世代になったので、この空前の惨事を子々孫々《ししそんそん》まで語り継ぎたくても難しい状況ですが、そのための試みはいろいろと行われています。

八月十五日を終戦記念日とし、この日の正午には黙禱《もくとう》が捧げられ、再び過ちを繰り返さないことを戦没者に誓っています。昭和三十八年（一九六三）から終戦記念日に、東京・九段の日本武道館で、政府主催の全国戦没者追悼式が天皇・皇后両陛下ご臨席のもとで行われるようになりました。また、全国各地でも追悼式が行われています。

この日を中心に、東京・九段の**靖国《やすくに》神社**に多くの遺族が参拝に訪れています。靖国神社の謂《いわ》れ、実態を知る人も少なくなりましたが、この神社は明治以来の戦争で命を落とした戦没者の鎮魂を目的としてつくられました。靖国神社に祀《まつ》られているのは戦没者の御霊《みたま》であり、遺骨ではありません。

Ａ級戦犯七人（東京裁判で「平和に対する罪」があったとの判決が下され処刑された）が合祀されている靖国神社に、日本の首相が参拝するたびに、近隣諸国、特に中国や韓国から、「日本は戦争責任を感じていない」と強く批判されてきました。Ａ級戦犯を分祀せよ、いやその必要はないという論争は、日中韓国間の政治的な立場、歴史認識、国民感情など問題が輻輳《ふくそう》しているため、未解決のまま推移しているようです。

靖国神社
靖国神社は明治二年（一八六九）に創建された東京招魂《しょうこん》社《しゃ》が前身であり、明治十二年（一八七九）に靖国神社と改められた。靖国神社は神社本庁の管轄下にない単独の宗教法人、すなわち日本独自の神道神社である。現在祀られている約二百五十万柱の英霊は、祭神として氏名のあとに「〜命《のみこと》」または「〜媛命《ひめのみこと》」と付され、合祀されている。

京の六地蔵巡り《ろくじぞうめぐ》（二十二〜二十三日）　地蔵盆《じぞうぼん》（二十三〜二十四日ころ）

地蔵を巡る大人の行事、子供の行事

京都の旧街道の出入り口には、六か所に地蔵菩薩《じぞうぼさつ》が祀《まつ》られていて、二十二〜二十三日には多くの人が巡拝します。旧街道とその出入り口は、奈良街道・伏見《ふしみ》、西国街道・上《かみ》鳥羽《とば》、丹波《たんば》街道・桂、周山《しゅうざん》街道・常盤《ときわ》、若狭《わかさ》街道・鞍馬口《くらまぐち》、東海道・四ノ宮《しのみや》で、それぞれの出入り口に**六体の地蔵菩薩**が祀られています。平安初期の公卿・学者の小野篁《おののたかむら》は、一度冥途へ旅したがそこで地蔵菩薩に拝顔して生き返れたので、一本の桜の木から六体の仏像を刻み大善寺《だいぜんじ》へ祀りました。京の都で平安後期に疫病が流行《はや》り、心配された後白《ごしら》河法皇《かわほうおう》は、大善寺の仏像を一体ずつ分けて六街道の出入り口に安置するよう平清盛《たいらのきよもり》に命じたことから六地蔵信仰がはじまり、江戸時代に現在の六地蔵巡《ろくじぞうめぐ》りの形となりました。

同時期に、地蔵盆も町々で行われます。関西、特に京都で盛んな地蔵盆では、町々の辻に祀る地蔵をきれいに掃除し飾り立て、子供を迎えます。菓子を振る舞ったり、子供たちが長く大きな数珠《じゅず》をたぐっていく「数珠回し」を行うところもあります。通過儀礼では七五三に対しての**十三詣《じゅうさんまい》り**があるように、地蔵盆は雛祭《ひなまつ》りや端午《たんご》の節句《せっく》と並ぶほど地元に根づいている子供の行事です。このように、六地蔵巡りと地蔵盆と六斎念仏（次頁）は、共通する寺院などでは併せて同時期に行われることも多いようです。

六体の地蔵菩薩

・伏見六地蔵（大善寺／伏見区）
・鳥羽地蔵（浄禅寺／南区）
・桂地蔵（桂地蔵寺／西京区）
・常盤地蔵（源光寺／右京区）
・鞍馬口地蔵（上善寺／北区）
・山科地蔵（徳林庵／山科区）

人々は以上六か所の地蔵寺でいただいた六色の幡《はた》（お札）を家の玄関に吊し、家内安全のお守りとしている。

十三詣り

数え十三歳の四月十三日ころに行う通過儀礼。女の子は大人の仕立て（本断ち）の晴れ着を着て、虚空蔵菩薩《こくうぞうぼさつ》にお参りし、知恵を授かり、厄落《やくおと》しをする。関西では七五三（二七六頁参照）と同じぐらい盛んな地域があり、京都の法輪寺《ほうりんじ》（西京区）、大阪の太平寺《たいへいじ》（天王寺区）などが十三詣りで有名である。

吉祥院六斎念仏《きっしょういんろくさいねんぶつ》（二十五日）

六斎念仏は京都の誇る伝統芸能

六斎念仏《ろくさいねんぶつ》は、仏典にある六斎日と空也上人《くうやしょうにん》がはじめたとされる念仏踊が結びついて芸能化し、いつしか盂蘭盆《うらぼん》の行事として定着したようです。空也上人は平安中期の僧侶で、諸国を遊行して井戸の掘削や架橋などの社会事業をしたのち京都に入り、市井に念仏を勧め浄土宗の普及につとめ、市聖《いちのひじり》と称されました。六斎日とは、一か月のうち斎戒《さいかい》（飲食や行動を慎み、心身の穢《けが》れを除くこと）すべき六度の日、すなわち毎月八・十四・十五・二十三・二十九・三十日のことです。旧暦（太陰太陽暦）時代は毎月この日に斎戒が行われたといいます。現在は、たとえば八月二十五日に京都洛南の吉祥院天満宮《きっしょういんてんまんぐう》（南区吉祥院政所町）では夏季大祭が営まれます。吉祥院天満宮は菅原道真《すがわらのみちざね》を祀《まつ》る古社です。道真を慰める詩歌の宴が行われるなどの故事が伝えられています。

八月二十五日には、鉦《かね》と太鼓を鳴らしながら、節をつけて念仏を唱える念仏踊が境内で奉納されます。念仏を唱えるだけではなく、歌詞も工夫が凝らされており、「発願」「獅子太鼓」「祇園囃子《ぎおんばやし》」などいくつかの演目が演じられますが、「獅子と土蜘蛛《つちぐも》」が人気のようです。八月に**六斎念仏《ろくさいねんぶつ》が行われている京都の寺社**には、下記のところがありますが、祭日はそれぞれ違います。

六斎念仏が行われている京都の寺社の一例

- 小山郷《こやまごう》六斎念仏（上善寺《じょうぜんじ》／北区　二十二日）
- 梅津《うめづ》六斎念仏（梅宮大社／右京区　八月最終日曜日）
- 久世《くぜ》六斎念仏踊・八朔祭法楽会《はっさくさいほうらくえ》（蔵王堂光福寺／南区　三十一日）
- 中堂寺《ちゅうどうじ》六斎念仏（壬生寺《みぶでら》／中京区　十六日）

⇦六斎念仏（『拾遺都名所図会』）

八朔《はっさく》（旧暦八月一日）
今も生きる庶民から浸透した季節の変わり目の行事

八朔《はっさく》（憑《たの》ともいう）とは、旧暦（太陰太陽暦）八月朔日《ついたち》のことですから、現行の新暦（太陽暦）では八月下旬から九月の中旬にあたります。

八朔には大雑把にいって二つの側面があります。一つは、この日は古くは「たのみ（田の実）の節句」ともいい、農家では収穫の無事を祈念して田の神に供え物をし、豊かな実りを願いました。もう一つは、「田の実」が「頼み」に通じることから、やがて日ごろ頼むところ、つまり、世話になっている主人、師匠などのある人が礼や贈り物をする風習です。庶民から広まった風習が、やがて武士や公卿などにまで浸透し、元日と同様に重要な式日になりました。また、徳川幕府がこの日を家康《いえやす》が江戸へ入府した記念日としたため、諸大名が登城、将軍に拝謁しました。

現在、新暦の九月一日ころ、各地で各様の八朔の行事が催されています。二百十日（二三〇頁参照）の風雨を防いで豊穣を祈る風祭を行う地方もあり、人形をつくる習俗も広く行われています。瀬戸内海に面した愛媛・岡山・広島県地方では、「タノモデコ・タノモ人形」の名で、米の粉で人や動物の馬や狛犬《こまいぬ》などをつくって飾ったり、海に流したりします。一例として**京都で行われている八朔の行事例**を以下に挙げておきます。

京都で行われている八朔の行事例

- 祇園舞妓の挨拶回り　京都では八月一日を「祝儀《しゅうぎ》の日」として、中元の挨拶をはじめる習わしがあり、この日祇園では舞妓らが黒紋付の正装で、芸事の師匠やお茶屋へ挨拶回りをする。
- 八朔踊（江文《えぶみ》神社／左京区九月一日）
- 八朔祭（松尾大社《まつのおたいしゃ》／西京区九月第一日曜日）

秋の巻

●秋の巻のはじめに……………

中秋の名月を愛で
秋祭りで収穫に感謝し
紅葉を楽しむ

九月の前半は、日中はまだ残暑が厳しいのですが、夜ともなると虫の音も聞かれ、秋を感じます。古来、日本人は「春は花、秋は月」を愛《め》で、楽しんできました。月見は中秋《ちゅうしゅう》の名月を観賞する行事です。旧暦（太陰太陽暦）八月十五日（新暦〈太陽暦〉では九月上旬～十月上旬）の月のことですから、こればかりは新暦で行うわけにはいきません。この夜は満月のことが多く、澄み渡る夕空に、日没に前後して昇る月は清らかで美しいものです。各地で里芋、月見団子を供え、薄《すすき》などを飾り、月見をします。

秋も十月になり秋風が吹きはじめると、名残の暑さもおさまり、実りの秋を迎え、一年の収穫を祝う心はずむ季節です。人々がひととき仕事から解放され、収穫の恵みを神に感謝し、喜びを発散させる秋祭りの月でもあります。秋祭りの先陣の一つは、京都の北野天満宮《きたのてんまんぐう》の瑞饋祭《ずいきまつり》で、秋の収穫物を神輿《みこし》の形にして献じる神事です。この時期、日本列島各地で行われる神への献饌《けんせん》はそれぞれに個性豊かで、さらに帯祭《おびまつり》や火祭りなどの奇祭も行われています。神社の祭礼に伴う直会《なおらい》には、秋の山海の珍味が並び、味覚を楽しませてくれます。

十一月になると寒風が肌にしみます。しかし、紅葉はこのころが最盛期で、紅葉の名所を訪ねる観光客もピークを迎えます。紅葉を追いかけるように、北の国から初雪の便りが届きます。

このように日本列島が、紅葉の地域と新雪の地域に二分されるのが晩秋の特徴といえるでしょう。

秋　主な行事のスケジュール

九月　長月《ながつき》

1日 震災記念日・防災の日　**1日ころ** 二百十日《にひゃくとおか》　**11日ころ** 二百二十日《にひゃくはつか》→230
1〜3日 おわら風の盆→232
7〜9日 角館《かくのだて》の祭り→233
9日 重陽《ちょうよう》の節句《せっく》→234
12〜18日 筥崎宮放生会《はこざきぐうほうじょうや》　**14〜16日** 鶴《つるが》岡八幡宮例大祭《おかはちまんぐうれいたいさい》　**15日** 石清水祭《いわしみずさい》→236
敬老の日の直前の土・日曜日 岸和田《きしわだ》だんじり祭→240
第3月曜日 敬老《けいろう》の日　**23日ころ** 秋分《しゅうぶん》の日→242
秋分の日前後の2日間 大原はだか祭→244
25〜26日 こきりこ祭→245
旧暦8月15日 中秋《ちゅうしゅう》の名月《めいげつ》　**旧暦9月13日** 十三夜《じゅうさんや》→246

十月　神無月《かんなづき》

1〜5日 北野祭（瑞饋祭《ずいきまつり》）→250
8日ころ 寒露《かんろ》　**第2月曜日** 体育の日→251
7〜9日 長崎くんち→252
体育の日を含む3日間 北条《ほうじょう》秋祭り→254
10日または11月10日 十日夜《とおかんや》　**11月の最初の亥の日** 亥の子《いのこ》→255
11〜13日 池上本門寺《いけがみほんもんじ》お会式《えしき》→256
寅《とら》・巳《み》・申《さる》・亥《い》の年の中旬3日間 島田帯《しまだおび》祭《まつり》→257
第2日曜日 嘉吉祭《かきつさい》→258
14〜15日 灘《なだ》のけんか祭り→259
15〜17日 神嘗祭《かんなめさい》→260
19〜20日 べったら市　二十日《はつか》えびす→262
22日 時代祭《じだいまつり》→264
22日 鞍馬《くらま》の火祭→268
23日ころ 霜降《そうこう》→269

十一月　霜月《しもつき》

1日 亥子祭《いのこさい》→270
3日 文化の日　明治神宮例大祭《めいじじんぐうれいたいさい》→271
7日ころ 立冬《りっとう》→272
8日 火焚祭《ひたきさい》→273
酉の日 酉《とり》の市→274
15日 七五三《しちごさん》→276
旧暦10月10〜17日、新暦11月20〜30日など 神在祭《かみありさい》→278
22日ころ 小雪《しょうせつ》　**12月7日ころ** 大雪《たいせつ》→282
22〜23日 神農祭《しんのうさい》→283
23日 勤労感謝の日　新嘗祭《にいなめさい》　古伝新嘗《こでんしんじょう》祭《さい》→284
22〜23日 八代妙見祭《やつしろみょうけんさい》→288
25日 子供強飯式《こどもごうはんしき》→289
第4土曜日 裸坊祭《はだかぼうまつり》→290

＊→以下は本文の解説ページを示します。
＊新暦／旧暦対応、二十四節気の日付は巻末付録をご覧ください。
＊およそ日付順に載せましたが、移動開催などで実際の日取りが前後したり、変更になることもありますのでご注意ください。

震災記念日・防災の日（一日）　二百十日《にひゃくとおか》（一日ころ）　二百二十日《にひゃくはつか》（十一日ころ）

二百十日は地震、台風が重なった厄日で「防災の日」にふさわしい

大正十二年（一九二三）九月一日午前十一時五十八分、マグニチュード7・9の大地震が南関東地方を直撃しました。この関東大震災により、首都東京では、下町で多くの人が焼死したり、火の粉を逃れ、隅田川《すみだがわ》に飛び込んで亡くなるなどして、死者・行方不明者約十万五千人。百四十～百五十か所から火事が起こり、全壊・全焼失約三十二万戸という大惨劇となりました。

壊滅的な被害を受けた東京ですが、二年後の大正十四年（一九二五）一月に決定した復興計画により、郊外を開発することで復興が促進されました。

「防災の日」は、関東大震災を教訓とし、人々の防災意識を高めるために、昭和三十五年（一九六〇）に制定されました。同時にこの日は、「関東大震災記念日」として、旧・陸軍被服廠跡《ひふくしょうあと》（約三万八千人が焼死した最悪最大の被災地）の東京都慰霊堂（旧・震災記念堂　東京都墨田区横網町《よこあみちょう》　横網町公園内）など各地で慰霊祭が行われます。

同じ横網町公園内にある復興記念館は、大震災の被害を記録・保存し、二度と被害を起こさないために建てられたものです。館の前には変形した釜などが、また、館内には

旧・両国橋の橋名板、エンド・ポスト・キャップ（橋の端柱の頭飾り）などの遺品が展示されています。

約二十三キロの長さの隅田川には、現在十六の橋が架かっています（鉄道橋を除く）が、関東大震災当時には八つでした。大震災では、このうち橋面が鉄でできていた新大橋を除く七つは焼け落ちました。両国橋は、構造部材の骨組だけが焼け残りました。

昔から九月一日は、地震、台風が重なる厄日《やくび》と考えられていました。

二百十日《にひゃくとおか》（立春《りっしゅん》から数えて二百十日目）は、新暦（太陽暦）ではたいがい九月一日ころにあたっており、台風シーズンの到来を教える日です。

十日後の二百二十日《にひゃくはつか》も台風被害に備える日とされていて、新暦では九月十一日ころになります。台風は、九月下旬に襲来することが多く、むしろ二百十日より二百二十日のほうを警戒する必要があるとされています。

二百十日は中稲《なかて》の開花期に、二百二十日は晩稲《おくて》の開花期にあたるため、農家にとっては大事な時期です。農民や漁師には貴重な情報の二百十日が、暦註《れきちゅう》（暦に記載された注記）として暦に記載されたのは、明暦二年（一六五六）の伊勢暦《いせごよみ》（伊勢神宮《いせじんぐう》の御師《おし》が神宮のお札を配布しながら全国を歩く際に土産として配った）に登場したのが最初です。多大な被害をもたらす台風上陸の時期を、伊勢地方の船乗りたちは経験で知っていました。この暦註は中国、韓国にはありません。日本オリジナルの暦である「貞享暦《じょうきょうれき》」以降、全国の暦に記載されるようになりました。市販暦には、二百十日、二百二十日は**雑節**《ざっせつ》として載っています。

雑節
二十四節気《にじゅうしせっき》以外で季節の目安として暦に記載される暦註を雑節といい、江戸時代には広く浸透していた。節分《せつぶん》、彼岸《ひがん》、社日《しゃにち》、八十八夜《はちじゅうはちや》、入梅《にゅうばい》、半夏生《はんげしょう》、二百十日、二百二十日、土用《どよう》の九つを指す。

おわら風の盆（一〜三日）

風の災厄を送り出す「風の盆」が人々を惹きつける

坂と疏水《そすい》の町として知られる富山県富山市八尾町《やつおまち》では、初秋の風の吹くころ、「風の盆」がはじまります。町中が雪洞《ぼんぼり》、提灯《ちょうちん》、幔幕《まんまく》で飾られ、住民たちは三日間仕事を休み、踊り明かします。八尾の景観がもっとも輝きをみせる三日三晩です。

おわら風の盆の雰囲気をつくり上げているのが、三味線、胡弓《こきゅう》などの伴奏で、哀愁を帯びた「**越中《えっちゅう》おわら節**」に合わせて踊るおわら踊りです。これには、「豊年踊り」「男踊り」「女踊り」と三種類あり、町内ごとに特色があります。男性の凛々《りり》しい直線美と、女性の艶冶《えんや》な曲線美が対照的に組み合わされて、全国から駆けつけた見物客を魅了してやみません。

元禄十五年（一七〇二）、加賀国《かがのくに》（現・石川県）藩主前田利常《まえだとしつね》から拝領した「町建てお墨付き」の文書が、八尾から持ち出されたのを八尾の町衆が取り戻した喜びの祝いとして、町内を練り回ったのがこの踊りのはじまりです。

その後、この三日間の祭日は、祖霊を祀る盆三日《ぼんみっか》になり、やがて二百十日《にひゃくとおか》の風害がないことを念じる風除《かぜよ》けの風神を祀るようになり、さらに豊作を祈る「風の盆」に習合したといわれています。

越中おわら節
まだが、下記は一例。「〽越中で立山　加賀では白山　駿河の富士山　三国一だよ」の前囃子《まえばやし》ではじまり、「〽浮いたか瓢簞《ひょうたん》　軽そに流るる　行くさきゃ知らねど　あの身になりたや」の後囃子で終わる。歌と囃子が交互に続く七七七五の甚句《じんく》形式。

角館《かくのだて》の祭り（七〜九日）

勇壮で、華やかな、由緒ある、人気の秋祭り

「みちのくの小京都」として知られている**角館**《かくのだて》（秋田県仙北《せんぼく》市角館町）は、江戸時代には秋田藩主佐竹氏の領地を四分割した分家の一つ、仙北藩佐竹北家《さたけきたけ》の預かり領でした。角館の祭りは、江戸時代からこの町の鎮守だった成就院薬師堂《じょうじゅいんやくしどう》の祭礼です。

各町内から繰り出した山車《だし》（曳山《ひきやま》）に、御山囃子《おやまばやし》の囃子方《はやしかた》と踊り手が乗り、山車の舞台上ではあきたおばこ（乙女）が御山囃子に合わせて、優雅に手踊りを披露します。

武者人形などで華やかに飾り立てられた十八基の山車が若者により曳かれて、角館の町を練り歩きます。佐竹氏の子孫である佐竹北家へ上覧もします。

山車は角館の産土神《うぶすながみ》として崇敬されている成就院薬師堂、そしてのちにこの祭礼に参加した土崎神明社《つちざきしんめいしゃ》（秋田県秋田市土崎港中央）へ奉納するために向かいます。

その途中、通りで山車どうしが出会ったとき、どちらが道を譲るか、まず話し合いをします。しかし、この交渉が決裂したら、山車をぶつけ合って勝敗を決めます。これを「やまぶつけ」といい、巨大な山車どうしが連鎖的に激突する迫力に、見物客は度肝を抜かれます。これがこの祭りのハイライトです。

角館の祭りは、勇壮で華やかな、由緒ある、人気の秋祭りです。

角館

角館町は家臣団の武家屋敷群でも知られ、現在七戸が残されている。なお、下記の映画二作の原作者藤沢周平は隣県の山形県鶴岡市出身。

- 青柳家『隠し剣　鬼の爪』（山田洋次監督）の撮影場所
- 岩橋家、松本家『たそがれ清兵衛』（山田洋次監督）の撮影場所
- 石黒家　現存する武家屋敷ではいちばん格式が高い佐竹北家用人屋敷

重陽《ちょうよう》の節句《せっく》（九日）

宮中行事が京の神社仏閣に重陽節会として伝わる五節句の最後となる節句

この日は、おめでたい数とされる陽数（奇数）のうちで、最大数の九が重なることから、とても縁起のよい日とされ、中国では、後述のように長寿を祈る日とされています。重陽節として日本へも早くから菊の花とともに移入されています。

平安時代の「重陽《ちょうよう》の儀」は、天皇が紫宸殿《ししんでん》、または神泉苑《しんせんえん》に出御《しゅつぎょ》して宴を催していました。貴族たちは、菊花の宴を催し、菊酒を飲み、詩歌を楽しんだのです。日本独自の慣習としては、長寿の祈りを込めて、前日の夜に、女官たちが菊の花に真綿をかぶせ、夜気に降りた露《つゆ》と香りを染み込ませ、その菊に降りた露で体を拭《ぬぐ》いました。

菊は今日、多くの人が楽しむ花となっていますが、それは江戸時代に入ってからのことです。江戸時代以前の菊は、天皇を中心とした貴族たちの花とされていました。天皇家の御紋章が菊であることが、それを物語っています。

重陽の節句《せっく》は**栗の節句**ともいいます。

宮中行事に倣《なら》った、現代に生きる重陽の節句としては、京都の寺社で行われている重《ちょう》陽節会《ようせちえ》が知られています。

重陽の節句
重陽の節句はあまり一般化せず次第に衰え、三月三日（雛《ひな》の節句）、五月五日（端午《たんご》の節句）に比べて影が薄くなった。現在、九月九日に祝いをして御節《おせち》料理を食べる習慣はない。菊にまつわることとしては、菊酒を飲むことや菊人形展や菊の品評会が行われている程度である。

栗の節句
この日には栗ご飯を食べる風習があったので「栗の節句」とも呼ばれた。旧暦（太陰太陽暦）の重陽の節句のころは栗が食べごろになるので、このような風習になったわけである。今も関西地方の一部で栗の節句の風習が残っている。

重陽の節句といえば、山城国《やましろのくに》（現・京都府）の一宮《いちのみや》で旧・官幣大社《かんぺいたいしゃ》の通称「上賀茂《かみがも》神社」（賀茂《かも》別雷《わけいかづち》神社　京都市北区上賀茂本山）のユーモラスな烏相撲《からすずもう》を思い浮かべる人もいるでしょう。

烏相撲という名称は、賀茂神社の祭神である賀茂建角身命《かもたけつぬみのみこと》が初代神武《じんむ》天皇東征《とうせい》のおり、八咫烏《やたがらす》に変じて先導したという故事に由来しているようです。

九日午前十時より、本殿に菊花に綿をかぶせた菊の被綿《きせわた》を供え、無病息災を祈願します。そののち、神前に設けられた土俵前に、弓矢を持った刀禰《とね》が横飛びしながら登場し、「カーカーカー」「コーコーコー」と烏鳴きを披露します。ついで、禰宜方《ねぎかた》と祝方《ほうりかた》の東西に分かれて、氏子の子供による相撲が奉納され、参詣者に菊酒が振る舞われます。

同日、京都随一の景勝の地、嵐山《あらしやま》の法輪寺《ほうりんじ》（京都市西京区嵐山虚空蔵山町《こくぞうやまちょう》）では、菊まつりが開かれます。

この菊まつりでは、菊花を供養し、長寿延命を祈願する重陽節会が行われます。本堂には、菊の花の滴を飲み不老不死となった菊慈童《きくじどう》（中国・魏《ぎ》、または周《しゅう》の国の人で、経文を書いた菊の葉の露を飲んで七百年も生きたという）の像が祀《まつ》られ、それにちなんだ法要が行われます。菊酒のほか、長寿とぼけ防止を祈願して、菊の花と実をつけた茱萸《ぐみ》の造花を挿した茱《しゅ》萸袋《ゆぶくろ》が、邪気祓《じゃきばら》いに参詣者に授与されます。

⇦染井観菊（『東都歳事記』）

筥崎宮《はこざきぐう》放生会《ほうじょうや》（十二〜十八日）　鶴岡八幡宮《つるがおかはちまんぐう》例大祭《れいたいさい》（十四〜十六日）　石清水祭《いわしみずさい》（十五日）

放生会に由来する八幡系神社の秋季例祭は、動物供養の長い歴史が偲ばれる

☯筥崎宮放生会

日本には、俗に八百万《やおよろず》の神といわれるほど多くの神様がいますが、私たちの身近にいる神々のなかで、いちばん知られているのは、全国に約八万社といわれる八幡様でしょう。

これらの総本宮《そうほんぐう》は宇佐神宮《うさじんぐう》（一九九頁参照）ですが、ほかにも**筥崎宮《はこざきぐう》**（福岡市東区箱崎）、鶴岡八幡宮《つるがおかはちまんぐう》（神奈川県鎌倉市雪ノ下）、石清水八幡宮《いわしみずはちまんぐう》（京都府八幡市八幡高坊）は、八幡様のビッグ3ともいえる名高い神社です。

これら三神宮ではさまざまな神事が行われていますが、ここでは伝統的な例祭である放生会《ほうじょうえ》にしぼってご紹介します。

放生会については、『日本書紀《にほんしょき》』の天武《てんむ》天皇五年（六七六）八月壬子《じんし》の条に次のようにあります。

「是の日に、諸国《もろもろのくに》に詔して、放生せしむ」

古来より日本人は、生き物には霊が宿っていると考えていました。その追善供養をす

筥崎宮

筥崎宮は玄界灘《げんかいなだ》に面した博多湾に臨み、和歌の名所として知られる千代の松原に建つ。この地名は主祭神の応神天皇誕生に際して、胞衣《えな》（胎児を包む胎盤、膜のこと）を筥（函）に納めてこの地に埋め、印の松を植えたところからとされている。ここの玉取祭（通称「玉せせり」一月三日）も有名。

ることで功徳《くどく》をつむことは、この『日本書記』の記事からも、奈良時代はじめから行われていたことがわかります。以来、現在に至るまで各地の八幡宮で放生会が行われています。

放生会とは、殺生を戒める仏教の教えにより、捕獲された鳥や魚などの生き物を、山野や湖沼に放ち供養する儀式です。全国の八幡宮で行われていますが、筥崎宮の放生会は博多三大祭として多くの見物客で賑わいます。

放生会の行われる筥崎宮は、全国的には知られていないようですが、宇佐、石清水とともに「三八幡宮《さんはちまんぐう》」とされており、筑前国《ちくぜんのくに》（現・福岡県）の一宮《いちのみや》です。この創建は天《てん》平宝字《ぴょうほうじ》三年（七五九）と伝えられています。

鎌倉時代の元寇《げんこう》の役《えき》（文永十一年〈一二七四〉、弘安四年〈一二八一〉の元《げん》〈蒙古〉との合戦）により、わが国が二度にわたる戦火に遭ったところから、亀山《かめやま》上皇が祈願して納めた「敵国降伏」の事跡が、今も神宝として残っています。社殿は西海に向かい、海上交通、海外防御の守り神としても知られています。

筥崎宮の秋季例大祭を放生会といい、十二日より十八日まで諸神事が行われます。また、隔年に神幸式《しんこうしき》が執り行われます。

筥崎宮の境内には氏子奉納の数千の手《て》提灯《ぢょうちん》が飾られ、参道には五百軒もの露店が並び、広場は見世物小屋で埋まります。なかでもいちばんの人気は十五日に行われる流鏑馬《やぶさめ》のようです。

☯鶴岡八幡宮例大祭

関東の八幡信仰の中心は鶴岡八幡宮です。相模国《さがみのくに》（現・神奈川県）の一宮格である**鶴岡八幡宮例大祭**は十四～十六日にかけて行われています。

十四日早朝、宮司以下神職が鎌倉の由比ケ浜《ゆいがはま》に出て、海岸で禊斎《けっさい》をします。

十五日には、祭神（応神《おうじん》天皇、比売大神《ひめおおかみ》、神功皇后《じんぐうこうごう》を八幡三神《はちまんさんじん》という）を奉じた三基の神輿《みこし》が、華やかで美しい大行列を従えて若宮大路《わかみやおおじ》を巡幸します。二の鳥居のところに設けられた御旅所《おたびしょ》での祭典ののち、八人の巫女《みこ》たちによる舞の奉納があります。優美な舞が終わると、神輿は本宮へ帰ります。

十六日に行われる流鏑馬は馬術と弓術を合わせた神事でよく知られています。この日は、鎌倉時代の狩りの装束《しょうぞく》に身を包んだ射手三人が、拝殿で御神酒《おみき》をいただき、神職から弓矢を受け取り、午後二時ころ騎乗して八幡宮境内の馬場に入ります。

馬場には三か所に板的が立てられています。三つの的は、早稲《わせ》、中稲《なかて》、晩稲《おくて》を表し、昔は矢の当たりはずれで、豊凶を占ったといい、的板はお守りとして授与されます。三人の射手が馬を駆け抜けながら三つの的を次々と射抜きます。この騎射ののち、軽装の射手が小ぶりの的を射る「騎射挟《きしゃはさみ》」として、十数番が演武奉納されて終わりとなります。

鶴岡八幡宮の放生会はしばらく行われていませんでしたが、例大祭の神幸祭ののちに境内の柳原神池《やなぎはらしんち》で蛍《ほたる》、鈴虫《すずむし》の放生が行われています。これらの虫は当神社で飼育しているそうです。

鶴岡八幡宮例大祭

祭礼は明治元年（一八六八）の神仏分離の令施行以前まで、放生会として旧暦（太陰太陽暦）八月十五、十六日に行われていた。鎌倉時代の史書『吾妻鏡《あずまかがみ》』によれば、京都の石清水八幡宮の放生会を本源として、文治三年（一一八七）以来行われてきたものという。

石清水祭

石清水祭は、貞観五年（八六三）にはじめられたとされる勅祭《ちょくさい》であり、石清水八幡宮での最重要祭儀。かつて「石清水放生会」とも称されたように、今も生きた魚などを放生池に放生して、その霊を慰めるための伝統的な行事である。

☯石清水祭

関西の八幡信仰の中心は旧・官幣大社《かんぺいたいしゃ》石清水八幡宮です。たとえば、京都府の東寺《とうじ》、奈良県の薬師寺《やくしじ》は石清水八幡宮の分社です。

　ここの例祭である**石清水祭**は、十五日午前二時より「神幸の儀」がはじまります。八幡宮に祀《まつ》られている三神（応神天皇、比売大神、神功皇后）が三基の鳳輦《ほうれん》に移され、男山《おとこやま》山上本殿から真っ暗な参道を松明《たいまつ》と提灯の明かりを頼りに御旅所へと下山します。ほの暗い朝焼けの中を、平安時代の天皇行列を再現した総勢五百五十人ほどの華麗な行列が進みます。

　鳳輦が御旅所に到着すると、午前五時半ころより「奉幣《ほうへい》の儀」がはじまります。御神霊が移され、すがすがしい朝の空気の中で、供花などの古儀にのっとった祭礼が営まれます。

　やがて午前八時より、御旅所にある放生池で放生行事がはじまります。大《おお》祓《はらえ》の詞《ことば》が奏上されるなか、参列者によって亀や鯉、鳥などの生類を池に放す放生会が行われます。そののちに「胡蝶《こちょう》の舞」が奉納されます。池の上に設置された舞台で、山吹の花をつけた冠に、背に蝶の羽をつけた優雅な装束の少女たちが舞を披露します。

　そののち、御神霊を慰める舞楽の奉納などがあり、夕闇迫るなか、鳳輦に御神霊を乗せ、山上本殿に帰る還御祭《かんぎょさい》で、この古式にのっとった祭礼は終了します。

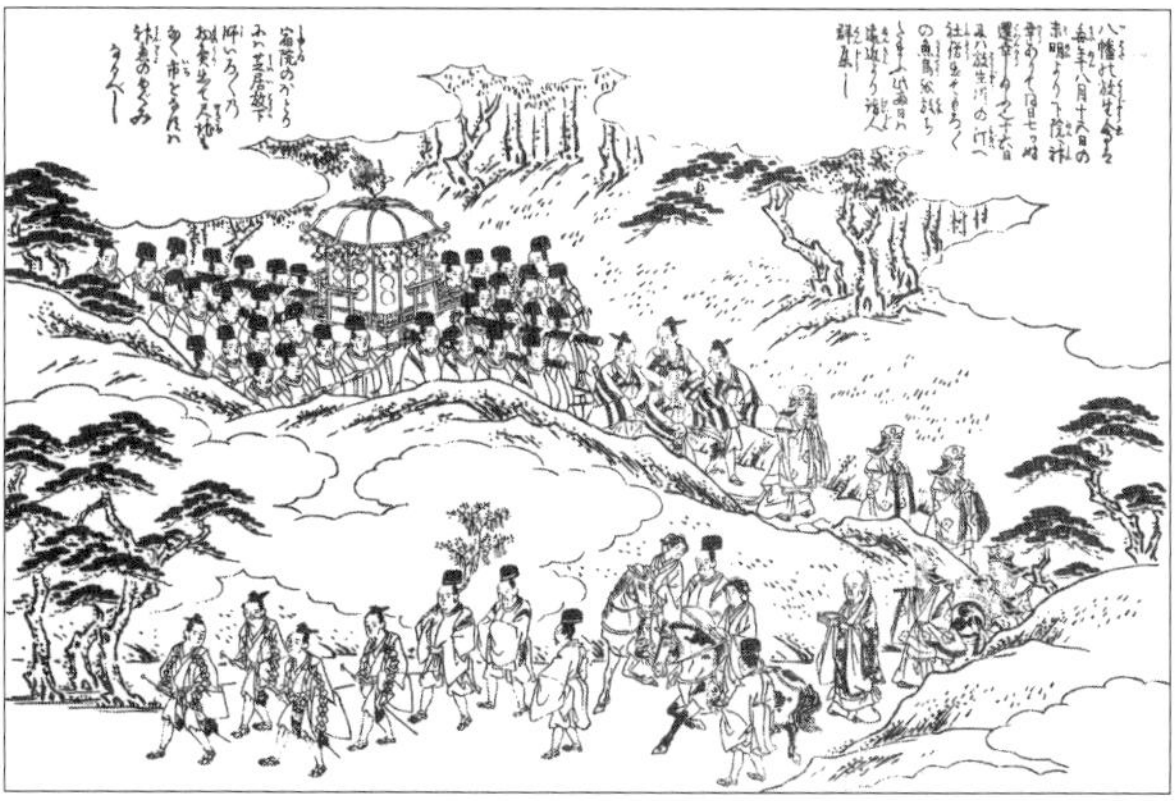

⇦石清水八幡宮の放生会（『都名所図会』）

岸和田《きしわだ》だんじり祭（敬老の日の直前の土・日曜日）

「やりまわし」の迫力に圧倒される見ごころいっぱいの喧嘩祭り

　近年、テレビ映えする激しい競り合いで全国的に知られるようになってきた大阪府岸《きし》和《わ》田《だ》市のだんじり祭の歴史は、結構古いものです。元禄十五年（一七〇二）には有名な赤穂《あこう》事件が起こりますが、その翌年の元禄十六年（一七〇三）、時の和泉《いずみ》岸和田（現・大阪府岸和田市）藩主岡部長泰《おかべながやす》が、京都の伏見稲荷大社《ふしみいなりたいしゃ》を城内三の丸に勧請《かんじょう》し、五穀豊穣を祈願して行った稲荷祭が、だんじり祭の起源と伝えられています。ただし、だんじりの初見は延享三年（一七四六）が今のところ最古の記録といわれています。

　だんじり祭には、**だんじり**（**地車**）と提灯《ちょうちん》の飾りと祭囃子《まつりばやし》が**つきもの**。だんじりは山《だ》車《し》の一種で、大阪、神戸、奈良など近畿地方の祭礼ではよく出される風流物《ふうりゅうもの》の名称です。

　江戸時代には貧弱なだんじりだったそうですが、明治以降、市民らの協賛により、高さ約四メートル、重さ約四トン、日本史上の名場面である神話や戦記をモチーフにした彫刻が施された総欅《けやき》づくりの、立派なだんじりになりました。

　各町の青年団や若頭会などにより、鳴り物に合わせてだんじりが町中を曳行されます。

だんじり（地車）
だんじり（地車）は、摂河泉《せっかせん》（摂津国《せっつのくに》・河内国《かわちのくに》・和泉国《いずみのくに》。現在の大阪府全域と兵庫県の南東部）を中心に、西日本各地にも広まった山車の一種だが、大きさや形、構造など地域によってさまざまなものがある。車輪は四輪のものが多いが、二階建ての木造家屋ぐらいある巨大なもの（北河内地域に多い）から、二輪で小型のもの（大阪最南部の泉南地域に多く、だんじりではなく「やぐら」という）まで、多種多彩。派手な競り合いだけでなく、屋根や破風《はふ》の意匠、故事や軍記をモチーフにした見事なだんじり工芸（彫り物）を鑑賞するのも見どころである。

つきもの
岸和田だんじり祭りは別名

揃いの法被《はっぴ》姿（法被には赤、黒、白、青と町ごとに色の違いがある）の曳き手による「そーりゃ！　そーりゃ！」の掛け声が怒濤《どとう》のごとく押し寄せ、篠笛《しのぶえ》、太鼓、鉦《かね》の鳴り物とともに町中に響き渡ります。

だんじり祭の見どころは、たくさんあります。

勢いよく走るだんじりの大屋根の上でリズミカルに踊りながら、団扇《うちわ》で方向を指示する大工方《だいくかた》は、祭りのいわば花形です。特に跳び上がって体の向きを変えたり、両手を広げ、片足で立つ飛行機乗りの妙技に見物客がいっせいに拍手します。

各町の氏神が祀《まつ》られる神社へお参りする宮入《みやいり》は、だんじり祭最大の神事です。三十五基のだんじりが、岸城《きしき》神社、岸和田天神宮、弥栄《やえい》神社に分かれて宮入します。

なかでも岸城神社に向かう途中にある市役所前の、こなから坂の宮入は圧巻です。スピードの乗っただんじりを一気に方向転換させる「やりまわし」は、走りながら勢いよく直角に向きを変えます。重さ四トンを超えるだんじりを、走りながら操作するのは容易なことではありませんが、大工方の合図と大勢の曳き手たちの息の合った瞬間に、一気に方向を変えるのです。迫力満点の一語に尽きます。

夜間に、だんじりにたくさんの提灯を携えてゆっくり曳行する灯入れ曳行では、約二百個の赤い駒提灯でだんじりを飾ります。岸和田のだんじり祭は、昼間のだんじりの「動」に対して、夜の帳《とばり》が降りたら雅《みやび》やかな「静」を演出します。

「カニ祭り」といわれるほど、つきものの食べ物が菱蟹《ひしがに》だという。ただし、この時期に旬を迎えるのは菱蟹の雄《おす》で、本来は雌《めす》の旬である冬が旨いそうだ。

「岸和田のだんじり祭りには、そりゃなんと言うたって菱蟹だす。……この蟹のことはいろんな地方名が入り乱れて、なんともややこしい。……ともあれ大阪で言う菱蟹とは甲羅はモスグリーンで両端は尖ってて、ゆでると赤《あこ》うなる。……渡り蟹とも蝤蛑《がざみ》とも言われているやつでっせ。……大阪人はなぜか、この蟹が好きですな」（上野修三『なにわ大阪食べものがたり』〈創元社〉より）

敬老《けいろう》の日（第三月曜日）　秋分《しゅうぶん》の日（二十三日ころ）

深まる秋のもと、さまざまな伝統行事が粛々と行われる

敬老《けいろう》の日は、「多年にわたり社会につくしてきた老人を敬愛し、長寿を祝う」を法制定の趣旨とする国民の祝日の一つです。

この日は、両親や祖父母はもちろん、親しくしている高齢者の方を訪問したり、お祝いのプレゼントを届けたりします。

一方、秋分《しゅうぶん》の日は、「祖先をうやまい、なくなった人々をしのぶ」を法制定の趣旨とする国民の祝日の一つです。

第二次世界大戦前、この日は秋季《しゅうき》（春季《しゅんき》）皇霊祭《こうれいさい》といい、大祭日の一つでした。秋季（春季）皇霊祭は明治十一年（一八七八）に制定されました。当時は歴代の天皇、皇后、皇族の神霊を祀《まつ》る儀式が行われていました。

秋分（春分）のころの前後七日間に先祖を供養し、故人を偲《しの》ぶ風習はずいぶん昔から行われてきました。

秋分（春分）のの三日前を彼岸《ひがん》の入り、秋分（春分）を中日《ちゅうにち》、その三日後を彼岸明け、というように彼岸の期間が現在のように決まったのは、幕末の天保十五・弘化元年（一

敬老の日
昭和四十一年（一九六六）以来、九月十五日を「敬老の日」としていたが、平成十三年（二〇〇一）の祝日法が改正され、平成十五年（二〇〇三）に九月第三月曜日（移動祝日）となった。この起源は昭和二十二年（一九四七）、旧・兵庫県多可郡野間谷村で「としよりの日」が提唱され、次第に全国に広がっていったもの。そもそもは聖徳太子《しょうとくたいし》がこの日、摂津国《せっつのくに》（現・大阪府）の四天《してん》王寺《のうじ》に悲田院《ひでんいん》を設立したことに由来する、との説もある。

八四四）からです。

秋分は二十四節気《にじゅうしせっき》の一つで、天文学的には太陽が黄経《こうけい》一八〇度の秋分点を通過したときです。太陽は真東から出て真西に沈みます。昼夜の時間がほぼ等しく、この日を境に昼間がだんだん短く（長く）なります。

厳しい寒暑もこのころにはやわらぎ、しのぎやすい気候になるので、昔から「暑さ寒さも彼岸まで」といわれています。しかし、秋の彼岸と春の彼岸では、気温差が十四〜十六度（東京、大阪の春三月の平均気温は約九度、秋九月は二十三〜二十五度）あり、彼岸の気温は同じくらいと考えたら体調管理に失敗しかねません。

ところで秋分（春分）の前後にある、社日《しゃにち》をご存じでしょうか。市販の暦には記載されていますが、一般にあまりなじみはないかもしれません。

春の社日を春社《はるしゃ》、秋の社日を秋社《あきしゃ》と略して呼んでいます。春社には近くの神社に詣《もう》で五穀の種を供えてその年の五穀豊穣を祈り、秋社には収穫を感謝して初穂をお供えしていました。

この行事は中国から伝わりましたが、日本では独自に秋分（春分）に近い戊《つちのえ》の日を社日としました。なお、秋分（春分）の日が癸《みずのと》にあたると、前後の戊が同じ日数になるために、前の戊を社日としました。

明治の改暦以降も毎年国立天文台が発表する「暦要項」に雑節《ざっせつ》として記載されていましたが、現在は載っていません。

大原はだか祭（秋分の日前後の二日間）

神輿を海へ担ぎ込む勇壮な裸祭

大原はだか祭は、江戸時代から行われてきた勇壮な秋祭りです。

初日の朝に、千葉県いすみ市大原地区の神輿《みこし》十基が貝須賀鹿島《かいすがかしま》神社に参集する十社参りではじまります。それから三地区十八神社の十八基の神輿が、会場となる浜（大原海水浴場）へ集合します。「ヨイサ　ヨイサ」の掛け声とともに、白いしぶきの中を神輿が揺れ、勇ましく雄々しく、神輿が海の中を駆け巡ります。荒々しいしぶきを受けながら、裸の男たちが神輿を肩に激しく揉《も》み合い、いっせいに海へと担ぎ込まれる、豪快な「汐ふみ」がこの祭礼のハイライトです。

そして夕闇の迫るころ、花火を合図に大原小学校校庭に集まり、神輿を高く上げて別れを惜しむ「大別れ式」が行われます。それぞれの神輿はそのまま各地区へ帰るのをこばむかのように、午後十時ころまで商店街で揉み合います。

翌日午後三時ころ、神輿は大原八幡神社に参集します。市内渡御《とぎょ》ののち、午後四時ころから大別れ式にのぞみます。しばし神輿との別れを惜しむ若衆が遅くまで神輿を揉み、「〽お前　どこ行く大原まちへ　はだかまつりの　便り来た」などの甚句《じんく》や木遣《きや》りによって宮入《みやいり》となります。

大原はだか祭
大原はだか祭は天保年間（一八三〇～一八四四）にはすでに、祭礼のしきたりや組織ができあがっていた。現在の行事は昔とは違うが、千葉県いすみ市の三地区（大原、東海、浪花）の合同の祭礼であることは変わりない。また、裸の集団が登場することでも古いしきたりが守られている。

こきりこ祭（二十五～二十六日）

日本一古い民謡「こきりこ節」を唄い踊る祭礼

こきりこ祭は、越中国《えっちゅうのくに》（現・富山県）の南西部に位置する五箇山《ごかやま》の古社、上梨白山《かみなしはくさん》宮《ぐう》（富山県南砺《なんと》市上梨）の祭礼です。この祭礼では、「〽までのサンサはデデレコデン　はれのサンサもデデレコデン」という、ゆったりとした哀調を帯びた囃子《はやし》の「こきりこ節」に合わせて、**こきりこ踊り**が奉納されます。

このこきりこ踊りでは、楽器の「ささら」の「シャッ！」という音がまるで合いの手のように踊り全体を引き締めます。

ささらには、竹の棒である「筑子竹」、細い二本の木である「板ささら」などがあり、往時のままを伝える珍しい楽器です。手首を回転させながらこれを打ち鳴らすと、軽やかな音とともに、不思議議な響きも耳に残ります。

「こきりこ節」は上梨白山宮の祭礼に歌い踊られてきた、日本一古い民謡です。白山宮境内での、「こきりこ節」に合わせた舞は、ゆったりとした動きでありながらキレがあり、見物客を魅了します。屋台が立ち並び、民謡特設ステージでの獅子舞などは、上梨地区全体が一体となって盛り上がります。さらに見物客と地元の人が輪になって、ともにささらを手に鳴らしながら踊ります（総踊り）。

こきりこ踊り

こきりこ踊りは、田楽から派生し、田踊りとして発展した。五穀豊穣を祈り、百姓の労をねぎらうため、田楽法師たちが田植えや稲刈りの間に行った踊りと伝わる。鍬金《くわがね》、鼓、笛、太鼓などの「こきりこ節」の伴奏も昔から変わらない。

⇦筑子踊《こきりこ》（『二十四輩順拝図会』）

中秋《ちゅうしゅう》の名月《めいげつ》（旧暦八月十五日）　十三夜《じゅうさんや》（旧暦九月十三日）

月見は旧暦でしか行えない
薄に月見団子は欠かせない

月見の宴、月見の食べ物考

旧暦（太陰太陽暦）の八月十五日の夜の月を「中秋《ちゅうしゅう》の名月《めいげつ》」といい、また、お月見、芋（里芋のこと）名月などとも呼ばれています。

中秋とは旧暦の八月のことをいいます。旧暦では七、八、九月が秋であり、それぞれ初秋・中秋・晩秋と呼んだのに由来します。そして中秋十五日の満月（「望月《もちづき》」ともいう）の日を、特に中秋節または八月節といいました。

月の運行（満ち欠け）によって生活してきた昔の人たちにとって、十五夜の満月の夜は、祭儀の行われる大切な節目でした。古来、この日の月は一年のうちでもっとも清らかで美しいといわれ、戸外で月を観賞するのに恰好の時節とされています。古《いにしえ》の人々は、月を愛《め》でる月見の宴を催し、詩歌を詠じました。

中秋の名月を観賞する風習や宴も中国から伝わり、平安時代に貴族の間で取り入れられ、以降、時代とともに広まっていったようです。農民にとって、農耕行事と結びついて、収穫の感謝祭としての意味をもっていました。

中秋の名月

名月とは正しくは旧暦八月十五日の夜の月をいう。中秋の名月を旧暦八月の満月（望《ぼう》）と説明したものもあるが、これは正しくない。満月は十五日とは限らない。以下のように名月と望との日付が異なることもある。

［中秋の名月（旧暦八月十五日・十五夜）と望（満月）の日付］

- 平成二十五年（二〇一三）名月九月十九日　望九月十九日
- 平成二十六年（二〇一四）九月八日　九月九日
- 平成二十七年（二〇一五）九月二十七日　九月二十八日
- 平成二十八年（二〇一六）九月十五日　九月十七日
- 平成二十九年（二〇一七）十月四日　十月六日

現在、伝統的な年中行事のほとんどが新暦（太陽暦）か月遅れで行われていますが、この月見だけは旧暦でやるしかありません。

月見の飾りは、薄《すすき》つまり尾花《おばな》や、桔梗《ききょう》などの秋の七草（ほかに葛《くず》、女郎花《おみなえし》、撫子《なでしこ》、萩《はぎ》、藤袴《ふじばかま》）などです。月見に供えるのは、月見団子、里芋、枝豆、栗、柿などの秋の収穫物が基本です。月見団子のつくり方や形は、地域によって異なり、お供えする数も十二個あるいは十五個とさまざまです。「芋名月」とも呼ばれるのは、芋類の収穫儀礼が由来と思われます。里芋は子孫繁栄を表す縁起ものです。関東では、蒸してそのまま食べる「衣《きぬ》かつぎ」を、関西では「煮っころがし」にして供えます。

十五夜に各地で行われる行事として、九州地方ではよく綱引きが行われますが、これは農耕祈願、年占《としうら》行事の一つです。鳥取県では、この日はじめて芋を掘るとして「芋の子誕生」と呼ばれたりします。

民間では、中秋の名月は大切な年中行事として永く伝承されてきました。そのほか、今は廃《すた》れてしまいましたが、十五夜の夜だけは他人の畑の果物や作物などを盗んでもかまわないとか、お月見の供え物を子供たちが盗んでもよい、などという風習が各地にありました。

⇧十五夜の朝、月見団子をつくる（『絵本風俗往来』）

- 平成三十年（二〇一八）九月二十四日　九月二十五日
- 平成三十一年（二〇一九）九月十三日　九月十四日
- 平成三十二年（二〇二〇）十月一日　十月二日
- 平成三十三年（二〇二一）九月二十一日　九月二十一日
- 平成三十四年（二〇二二）九月十日　九月十日

☯名月・月見考

古くから中秋の名月は、「月々に　月見る月は多けれど　月見る月は　この月の月」と、もてはやされています。秋は夏や春に比べ空気が乾燥し、月が鮮やかに見えるからであることはいうまでもないでしょう。冬の月も鮮やかに見えるのですが、観月には寒すぎます。また、季節によって月の高さが違い、秋には月見にちょうどよい高さですが、冬になると高くなりすぎて月見に適さなくなります。

古人が**月を待ち、惜しんだ**ことはその名称からもうかがえます。

現在も京都では観月祭が催されています。

嵯峨野《さがの》の大覚寺《だいかくじ》（京都市右京区嵯峨大沢町）では、東隣の大沢池《おおさわのいけ》に船を浮かべ、山の端に見える月を多くの人が愛でて楽しんでいます。

この優雅な観月会は、五十二代嵯峨《さが》天皇の船遊びにちなんだものといわれ、大沢池は月の名所として知られる中国湖南省の洞庭湖《どうていこ》を模してつくられました。

代表的な日本庭園として知られている桂離宮《かつらりきゅう》（京都市西京区桂御園　国宝）は、十七世紀のはじめから中ごろにかけてつくられたものですが、この桂離宮も月と関係が深い建物です。月を見るための月見台が設置され、中秋の名月の夜、この月見台の正面に月がよく見えるそうです。桂離宮は、茶室の「月波楼《げっぱろう》」、手水鉢《ちょうずばち》の「浮月《うきづき》」があることでも知られています。

これも有名な京都の銀閣寺《ぎんかくじ》（慈照寺《じしょうじ》　京都市左京区銀閣寺町）も、観月を意識してつくられています。八年もかけて長享三年（一四八九）に完成した銀閣寺の背後に月待山

月を待ち、惜しんだ
十五日前夜の月を待宵《まつよい》月、十六日の月を十六夜《いざよい》月、十七日の月を立待《たちまち》月、十八日を居待《いまち》月、十九日を臥待《ふしまち》月、二十日の月を寝待《ねまち》月と呼ぶ。十六日以降の月を、夜が明けても空に残るところから、有明《ありあけ》の月という。十五日に月が出ないのを無月、雨の場合は雨月と称する。

があり、庭には月の光を反射するための「銀沙灘《ぎんしゃだん》」と、「向月台《こうげつだい》」という二つの砂盛りがしつらえられています。月の光は盛り砂の中にある石英を照らし、光が反射して銀閣寺を浮かび上がらせるといわれています。

日本三大名月観賞地として知られる、采女《うねめ》神社（奈良県奈良市樽井町）の猿沢池《さるさわのいけ》では、采女祭が行われ、人気です。入水《じゅすい》した采女の霊を慰めるためで、中秋の名月の日に行われています。

☯十三夜考

中秋の名月の一か月後の旧暦九月十三日もまた、名月を観賞する風習がありました。これは中国伝来の風習ではなく、日本固有の風習です。

十五夜に対し、十三夜を「後《のち》の月」と呼びます。また、十五夜を「芋名月」というのに対し、**十三夜**を「豆名月」とか「栗名月」とも呼びます。供え物はちょうど食べごろの大豆と栗が主役で、ほかにも月見団子（十三個）、枝豆、柿なども供えて祝います。

十三夜にも十五夜と同様に、日本各地には風変わりな風習が行われているところがあります。たとえば、対馬《つしま》では、他人の畑から大豆をとってもよいとか、また、長野県にはこの夜の天気で、翌年の農作物の出来を占う風習が残されています。

「月・月見」と「桜・花見」は、これまで同様にこれからも、日本人は永遠に愛でることでしょう。

十三夜

十五夜の月見をして十三夜の月見を行わないことを「片月《かたつき》見《み》」といって、忌《い》み嫌う風習があった。そこで十五夜の月見をしたら、翌月、かならず十三夜にも月見をして祝うものとされた。セットとして観賞するのが日本の伝統的な月見の思想であるのも、この時期には十五夜よりも十三夜のほうが晴れの確率が高いという気象条件を考え合わせるとうなずける。

北野祭（瑞饋祭《ずいきまつり》）（一～五日）

神輿を野菜で飾る、実りの秋にふさわしい祭事

一年の収穫を祝う秋祭りのトップを切って行われるのが、北野天満宮（京都市上京区馬喰町《ばくろちょう》）の秋季大祭である北野祭（「瑞饋祭《ずいきまつり》」ともいう）です。五穀豊穣を感謝して行われ、屋根や柱などの主要部分を瑞饋（里芋の茎）で飾り、各部を野菜、果物で飾りつけた神輿《みこし》が渡御《とぎょ》することから瑞饋祭と呼ばれています。**瑞饋神輿**の飾り物には彩色しないで、野菜、果物などで意匠を凝らすのが特徴です。頭芋《かしらいも》、赤唐辛子、赤茄子《あかなす》、南瓜《かぼちゃ》、玉《とう》蜀黍《もろこし》など色とりどりの野菜、それに湯葉や麩《ふ》などの乾物が用いられます。

五日間行われる北野祭の初日は神幸祭《しんこうさい》です。北野天満宮で午前中の三基の鳳輦《ほうれん》に御神霊（菅原道真《すがわらのみちざね》、道真長男の中将殿《ちゅうじょうどの》、道真夫人の吉祥女《きっしょうじょ》）を移す出御祭《しゅつぎょさい》を行います。午後から導山《みちびきやま》（猿田彦《さるたひこ》の神）を先頭に出た三基の神輿は、行列とともに氏子地域を巡行ののち、中京区西《にし》ノ京《きょう》御輿岡町《みこしがおかちょう》の御《お》旅所《たびしょ》へ向かいます。

瑞饋神輿は四日の夕方に、三基の鳳輦に従って、上七軒《かみひちけん》の家並みを通って、北野天満宮へ向けて還幸《かんこう》します。このほか、二日に献茶祭、三日に甲《かぶとの》御供《ごく》奉饌《ほうせん》、五日に後宴祭《ごえんさい》などの諸行事が行われます。北野祭の五日間は、御旅所に露店が軒を並べ、夜遅くまで賑わいます。

瑞饋神輿
瑞饋神輿は西ノ京に住んでいた北野天満宮の神人《じんにん》が、新穀や野菜類に草花を飾りつけて神前に供えたのがはじまりと伝わる。それが江戸初期に神輿の形をとるようになったという。これら装飾物は祭礼の翌日に関係者の家に配布するのが習わし。ほかには「三上《みかみ》のずいき祭」（御上《みかみ》神社　滋賀県野洲《やす》市）などがある。

体育の日（第二月曜日） 寒露《かんろ》（八日ごろ）

スポーツ、紅葉狩、グルメで秋を満喫

体育の日は、「スポーツにしたしみ、健康な心身をつちかう」を法定の趣旨とした、国民の祝日の一つです。この日、空気の澄んだ秋晴れのもと、各地の小中学校、会社、町村会などで運動会が行われています。この時期を旧暦（太陰太陽暦）では寒露《かんろ》といい、二十四節気《にじゅうしせっき》の一つです。旧暦九月の正節で、秋分のあとの十五日目にあたります。天文学的には、寒露は太陽が黄経《こうけい》一九五度の点を通過したときをいいます。

寒露の意味は、読んで字のごとく「草や葉に宿った露《つゆ》が冷たくなる」ことだといわれています。東京や大阪では十月の平均気温が十八～十九度もあります。日中はしのぎやすく、秋は深まりこそすれ朝夕でも寒さを感じるほどではありません。

このころの手紙の時候の挨拶は、「寒露の候」ではじまり、結びの言葉に「山々の紅葉《もみじ》がきれいになりはじめたようです」が決まり文句です。このように、山では木々の葉が色づき、北から南へ、山頂から山裾へ、日本列島はまさに錦繍《きんしゅう》という言葉で表現されるにふさわしい風景となります。

秋の味覚の王者は松茸《まつたけ》でしょうが、値段が高くてなかなか口にする機会がありません。その点、秋刀魚《さんま》や鰯《いわし》は手頃ですし、茸《きのこ》狩りも楽しいものです。神社の秋祭りも盛んです。

体育の日

体育の日は昭和三十九年（一九六四）十月十日、東京オリンピック大会の開会式が行われたのを記念して定められた。この日は特異日として毎年晴天であったが、移動祝日となってからは絶好の運動日和《びより》とはいえなくなったようである。

長崎くんち（七〜九日）
異国情緒あふれる龍踊に「モッテコーイ」のアンコール

九州では、おくんち祭りが盛んですが、なかでも**長崎くんち**がもっとも盛大に行われています。「くんち」という名称については、重陽《ちょうよう》の節句、菊の節句の旧暦（太陰太陽暦）九月九日の「お九日《くにち》」が「くんち」となったという説のほか、また、秋に収穫した山海の幸を神に捧げる日である「供日《くにち》」からきたものともいい、諸説あります。なお、おくんちの「お」は尊称です。

長崎くんちは、長崎市民が「おすわさん」と親しみを込めて呼んでいる、鎮西大社諏訪《ちんぜいたいしゃすわ》神社（長崎県長崎市上西山町）の秋の例大祭です。祭礼行事は、六月一日の神社での事始《ことはじめ》神事と、同日の市中での小屋入りからはじまります。この日から祭りに備えて精進潔斎《しょうじんけっさい》をし、町ごとに出し物の稽古をします。

十月七日、諏訪神社前の踊り馬場での奉納踊で祭礼の幕が上がります。こののち、神《み》輿《こし》三基が大波止《おおはと》の御旅所《おたびしょ》へ向かいます。大行列の先頭に立つ豪華な傘鉾《かさぼこ》が鈴を響かせて

⇨蛇踊図（『長崎名勝図絵』）

据えられると、「しゃぎり」という祭囃子《まつりばやし》の音が鳴りわたり、鮮やかな奉納踊が次々と披露されます。この奉納踊が長崎くんちのハイライトです。長大な龍のつくり物を操る「龍踊《じゃおどり》」はよく知られています。爆竹が炸裂するなか、中国服姿の龍使いと玉使いによって、異国情緒豊かに披露されると、見物客からどよめきが沸き起こります。

ほかにも奇抜、豪華な曳き物が奉納されます。オランダ船、南蛮《なんばん》船、唐人《とうじん》船など、江戸時代に唯一外国と交易をしていた長崎ならではの出し物が多くみられます。唐人船や御座《ござ》船は迫力ある船回しを展開し、川船は船頭の網打ちが会場を沸かします。太鼓山は、「コッコデショ」の掛け声で豪快に放り上げられます。伝統的な日本舞踊を本踊として奉納する町もあります。踊りを披露する各町、それぞれ自慢の踊りをもっていますが、祭りに出る踊町は、七年に一度の輪番制です。

見物客で埋まる参道で活躍するのが、白トッポ組という筒型の法被《はっぴ》を着込んだ一団です。アンコールを意味する「シャモーヤレ」「モッテコーイ」の掛け声で見物客を誘導して、祭りを盛り上げます。

市内各所で奉納踊が踊られたのち、午後からは神輿渡御《とぎょ》です。梅染めの衣装の**弥五郎《やごろう》どん**（三メートルほどの大人形）姿の少年、汐汲《しおく》み姿の少女などによる古式ゆかしい行列がはじまります。

神輿は諏訪神社から大波止の御旅所に向かい、九日の朝までここにとどまり、午後に本社へ還幸《かんこう》します。最終日は各町が力の限り踊り納めを行い、長い綱がつけられた神輿が、数百人の手によって諏訪の参道の長坂を一気に駆け上がるさまは壮観です。

長崎くんち
長崎《ながさき》くんちは江戸時代の長崎奉行《ぶぎょう》が、キリシタン対策として奨励し、交易で潤う長崎の町衆が異国情緒豊かな祭りに発展させた。ほかに「唐津《からつ》くんち」（唐津神社　佐賀県唐津市　十一月二〜四日）、「人吉《ひとよし》おくんち祭り」（青井阿蘇《あおいあそ》神社　熊本県人吉市　三〜十一日）なども広く知られている。

弥五郎どん
伝説上の大人《おおひと》弥五郎どんのモデルは、相撲と長寿の神とされる竹内宿禰《たけうちのすくね》などの諸説がある。南九州では「弥五郎どん祭り」（岩川八幡神社／鹿児島県曽於《そお》市　十一月三日）などで弥五郎どんの祭礼が行われている。

北条《ほうじょう》秋祭り（体育の日を含む三日間）

半鐘、太鼓を打ち鳴らし、神輿壊しと禊をする勇壮な祭礼

北条《ほうじょう》秋祭りは古い歴史をもつ国津比古命《くにつひこのみこと》神社（愛媛県松山市八反地《はったんじ》）と沖合の無人島に鎮座する鹿島《かしま》神社（松山市北条辻）の祭礼の総称です。

一日目は国津比古命神社の祭礼です。この日の夕方、笹花で飾られた屋台《やたい》（だんじり）が市内を練り歩き、参道の清めを行います。屋台二十数台による巡行は、迫力があり見ものです。午後四時ころに行われる宮入《みやいり》の前に「神輿《みこし》落とし」が行われます。四基の神輿が壊れるまで何度も三十九段の石段の上から投げ落とし、神輿がすべて壊されてから、御神体だけ宮入します。

二日目は鹿島神社の祭礼です。鹿島神社の宮入の前に町内を巡行した二基の神輿を、明星川《みょうじょうがわ》に何度も投げ込んで、神輿禊《みそぎ》を行います。その後、神船に乗せられた神輿は暮れなずむ鹿島瀬戸に宮入します。鹿島神社のある鹿島は、松山市の沖合三百メートルのところにある無人島ですから、水上渡御《とぎょ》となります。その昔、河野水軍《こうのすいぐん》が戦勝祈願をしたことにはじまるといわれる「櫂練《かいねり》」の古式にのっとった神事が行われます。曳舟では、「ホーランエー」の掛け声で、優雅な舞が踊られますが、神船はいまにも転覆しそうなくらい揺れるために、ときどき船から海中に落ちる人がいて、命がけのようです。

北条秋祭り
半鐘《はんしょう》や太鼓を火事のように激しく鳴らす北条秋祭りは、「風早《かざはや》の火事祭《ひのことまつり》」の異名をもつ。伊予国《いよのくに》（現・愛媛県）風早地方は、かつて瀬戸内海に勇名を馳せた河野水軍の本拠地で、河野水軍伝来の櫂練は噂に高い。

十日夜《とおかんや》（十日または十一月十日）　亥《い》の子《こ》（十一月の最初の亥の日）

収穫祝いであり、日本版のハロウィーン

十日夜《とおかんや》は、旧暦（太陰太陽暦）の十月十日に、東日本で行われていた**田の神**を祀《まつ》る行事です。現在は、昔からの日付に従って、新暦（太陽暦）の十月十日、または月遅れの十一月十日に行うところが多いようです。この日に田の神が山に帰ると言い伝えられています。子供たちが藁《わら》でつくった槌《つち》で家々の地面を叩きながら、「十日夜いいものだ、朝そばぎりに昼だんご、夕飯食ってひっぱたけ」と唱えながら家々を歩き回ります。

西日本でこの十日夜に対応するものが、亥《い》の子《こ》です。旧暦十月の最初の亥の日に行われましたが、現在は十一月の最初の亥の日に行われています。この日には亥の子餅をつくり、亥の子様に供えます。これを食べると病気にならないとされています。今でもこの時期には、和菓子屋で亥の子餅を売っているのを見かけることがあります。

また、この日、亥の子搗《つ》きもします。石に縄を巻きつけ、上に放り上げて落ちたときに地面を搗きます。子供たちは、「亥の子餅を搗かん者は、鬼を生め、蛇《へび》を生め、角《つの》の生えた子を生め」と唱えながら家々を回ります。時に菓子や祝儀をもらうこともありますが、これは十日夜も同じで、日本版のハロウィーンといえるでしょう。

なお、亥の子餅と、京都・護王《ごおう》神社の亥子祭《いのこさい》については、二七〇頁も参照ください。

田の神

亥の子餅を供えるのが亥の子様、すなわち田の神である。田の神は稲の無事な生育と五穀（米、麦、粟《あわ》、豆、黍《きび》〈または稗《ひえ》〉）豊穣を祈念して祀る農耕神の総称。田植え前と収穫後に祭礼が行われるが、行事も十日夜や亥の子のように暦日に固定されているものから、そうではないものまでさまざま。

⇦亥子餅（『絵本御伽品鏡』）

池上本門寺お会式《いけがみほんもんじえしき》（十一〜十三日）

万灯行列が引きも切らず続く「日蓮上人の命日」

お会式《えしき》とは、日蓮宗（法華宗）の宗祖日蓮上人の遺徳を偲《しの》び、供養する法会《ほうえ》です。日蓮は弘安五年（一二八二）十月十三日、池上本門寺《いけがみほんもんじ》（東京都大田区池上）で入滅しました（享年六十）。命日の前夜の十二日に関東地方を中心とした寺院でお会式（お逮夜《たいや》）が営まれています。

日蓮が甲斐国《かいのくに》（現・山梨県）身延山《みのぶさん》から武蔵国《むさしのくに》（現・東京都）池上に移り、日蓮入滅の地とされる本門寺へは、とりわけ全国から参拝者が集まり、「南無妙法蓮華経《なむみょうほうれんげきょう》」のお題目《だいもく》を唱えながら、夕方から万灯行列が華やかに行われます。

万灯に紙製の八重桜の花を飾るのは、日蓮が入滅したときに、季節はずれの桜が咲いたとされることからです。

万灯行列にはこんな由来があります。釈迦《しゃか》が遊説した際、富者は道すがら多くの灯火を並べて迎えましたが、貧者はたった一つの明かりを点じて迎えました。そこへ風が吹き、富者の万灯は消えましたが貧者のは消えなかったというところから、「富者の万灯より貧者の一灯」という箴言《しんげん》が生まれたとされます。

お会式
お会式が営まれる東京都内の主な日蓮宗の寺院の一例は以下のとおり。
- 妙法寺／杉並区
- 法明寺／豊島区
- 大経寺／品川区

これらでは池上本門寺とは一味違うお会式風景が見られる（日程も池上本門寺とは違う）。なお、日蓮宗の縁日を「祖師《そし》（信徒には日蓮は〝おそっさま〟と呼ばれる）」といい、妙法寺のように毎月三日のつく日などに行われるところもある。

島田帯祭《しまだおびまつり》（寅《とら》・巳《み》・申《さる》・亥《い》の年の中旬三日間）

江戸の昔から島田の名物は「帯祭と島田髷」

江戸時代、島田は東海道二十三番目の宿場でしたが、大井川《おおいがわ》がしばしば増水して川止めになることもあり、大井《おおい》神社（静岡県島田市大井町）は大井川の洪水を鎮める神様として信仰を集め、参勤交代《さんきんこうたい》の際には諸大名が献額、献灯をしました。

この島田の名物は、江戸時代以来、島田帯祭《しまだおびまつり》（「島田大祭」ともいう）と**島田髷《まげ》**です。

島田帯祭は、元禄八年（一六九五）、大井神社が島田の氏神に定められたことに伴う祭礼からはじまったとされます。帯祭は一言でいえば、安産祈願のためのものですが、三年に一度（寅《とら》、巳《み》、申《さる》、亥《い》の年）、十月中旬の三日間にわたり開催されます。

ハイライトは三日目の神輿渡御《みこしとぎょ》に従う行列（大名行列、大奴《おおやっこ》、鹿島踊、屋台踊）で、島田帯祭はこれらの総称です。

元禄スタイルの豪華な行列に見物客は息をのみます。なかでも神輿を警護するために随行する二十五人の大奴が、付け髭《ひげ》に金襴《きんらん》の回し、黒の筒袖の半纏《はんてん》を着て、腰の左右に差した木太刀《きだち》に美しい丸帯を吊し、左手に開いた蛇の目傘を持ち、優雅に静かに歩む姿が印象的です。

島田髷

曽我十郎祐成《そがのじゅうろうすけなり》の愛人とされる虎御前《とらごぜん》が考案したとする説、江戸時代前期に島田宿の遊女が考案したとする説など、起源はたぶんに伝説的である。島田髷は勝山髷《かつやままげ》と並ぶ江戸時代の代表的なヘアスタイルだが、これは未婚女性の結い方で、今日の文金高島田の原型。

嘉吉祭《かきつさい》（第二日曜日）

室町時代より続く嘉吉祭では独特の供物を捧げる

奈良盆地の東南部に位置し、巨大な古墳《こふん》が築かれた奈良県桜井市の南方に広がる山麓一帯を多武峰《とうのみね》といい、その山頂付近にあるのが談山《たんざん》神社（奈良県桜井市多武峰）で、十《じゅう》三重塔《さんじゅうのとう》で知られています。ここには律令政治の基礎を築いた藤原鎌足《ふじわらのかまたり》が祀《まつ》られています。中大兄皇子《なかのおおえのおうじ》と鎌足が談《かた》らった（大化改新の密議を凝らした）場所、という故事にちなんでこの神社名となりました。また、このあたりは「関西の日光」と呼ばれるほど、春は桜、秋は紅葉の名所として多くの観光客が訪れています。

談山神社の拝殿には、嘉吉祭《かきつさい》で供進《ぐしん》される神饌《しんせん》の「**百味《ひゃくみ》の御食《おんじき》**」が展示されています。御神体の帰座を祝して室町時代から行われているこの祭礼は、独特の神饌を捧げるのが特徴です。それは稲の籾《もみ》を五色に染めあげ、そのほか大豆、柿、栗、榧《かや》、樫《かし》の実などを盛り飾ったものです。十月一日からこれらの供物づくりがはじまるそうです。これらを古式にのっとり飾りつけします。

談山神社では、古くから八講祭《はちこうさい》（三月十二日に近い日曜日）、談山神社けまり祭（四月二十九日、十一月三日）などの諸行事も行われています。いずれも藤原鎌足を偲んでのものです。

百味の御食
彩色した米粒を一つ一つ貼りつけ、絵紋状に積み上げた和《にぎ》稲《しね》、粳《うるち》の穂を使い、四方へ広がった形の荒稲《あらしね》などが主な供物であるが、いずれもいわゆる特殊神饌である。

灘《なだ》のけんか祭り（十四〜十五日）

海外にも知れ渡る、神輿を壊す「喧嘩祭り」

灘《なだ》のけんか祭りは、松原八幡神社《まつばらはちまんじんじゃ》（兵庫県姫路市白浜町甲）の秋の例大祭です。この付近を「恋《こう》の浜」と呼ぶことから、地元では松原八幡神社を「恋浜八幡」ともいいます。

十五日の本宮《ほんみや》では、「ヨーイヤサー　ヨーイヤサー」「ヨッソイ」という勇ましい掛け声と太鼓の音を響かせ、締め込み姿の練り子たちが宮入《みやいり》します。露払いのだんじり（地車）が、「ヨーイセー　トーコセ」「ソラ　ヤートコセー　エーイヤナ　ソリャ」の掛け声と、「テ・テン・テテン」の太鼓の音をとどろかせて登場するや、神輿《みこし》三基がなだれ込みます。三基の神輿が高々と持ち上げられ、荒々しくぶつけられます。神輿がぶつかる瞬間に練り子は飛び散り、神輿が落ちるやワッとばかりに集まって神輿を壊します。破損がひどいほど神意にかなうと伝えられているそうです。

やがて、きらびやかな屋台《やたい》が赤、青、黄、緑などの**シデ**とともに入場します。重さ二トンの屋台が軽やかに宙に舞い、勇壮に練り合うさまは豪華絢爛で、海外にも知れ渡っています。そののち神輿と屋台は御旅所《おたびしょ》のある、擂鉢《すりばち》状の山を一気に駆け上がり、練り場に戻って最後の練りを競います。夕刻、電飾が灯された屋台が、登ってきた順に下りはじめます。夕闇に浮かぶ電飾の光景は、幻想的で美しいものです。

シデ
灘のけんか祭りの練り合わせに欠かせないのがシデで、青竹に色鮮やかな短冊をつけた棒をいう。シデは村ごとにつくられている。旧・七村それぞれに赤、青、黄緑などのシンボルカラーがある。練りに合わせてシデがいっせいに揺れ動くさまは、まるでさざなみのようで、自然の段々畑を利用した桟敷席《さじきせき》の見物客から歓声が上がる。

神嘗祭《かんなめさい》（十五〜十七日）

天皇家の祖先を祀る伊勢神宮のもっとも重要な祭儀「おおまつり」

天皇家の祖先を祀《まつ》る**伊勢神宮**《いせじんぐう》では、年間を通して多くの祭礼が行われますが、神嘗祭《かんなめさい》は伊勢神宮の**もっとも重要な祭儀**です。本来、神嘗祭は伊勢神宮の主祭神である天照大神《あまてらすおおみかみ》に新穀を捧げる祭事ですが、宮中のほか各地の神社でも祝いの祭典が行われています。

伊勢神宮は、皇大神宮《こうたいじんぐう》（内宮《ないくう》　三重県伊勢市宇治館町）、豊受大神宮《とようけだいじんぐう》（外宮《げくう》　伊勢市豊川町）より成り立っています。

伊勢神宮では御饌《みけ》、特に新穀に関する祭儀を重視します。毎日、日々の祭礼が行われていて、これを「日別朝夕大御饌祭《ひごとあさゆうのおおみけのまつり》」といいます。外宮の御饌殿では、毎日朝夕の二度、天照大神、豊受大神《とようけのおおかみ》をはじめとして相殿《あいどの》神と別宮の諸神に神饌《しんせん》を供していますが、これを大御饌といいます。『古事記《こじき》』によれば、皇孫の迩迩芸命《ににぎのみこと》が高天原《たかまがはら》から地上へ降臨する際、玉砂利の斎庭《ゆにわ》で稲穂を持たせ、これで日本を治めよと、天照大神が命じたとあります。この神話に由来して、その年に穫れた稲を、由貴《ゆき》（穢《けが》れのない）の大御饌と

⇨神嘗祭（『伊勢参宮名所図会』）

伊勢神宮
伊勢神宮はほかの神社とは別格とされ、戦前の社格制度でも格付けはされなかった。要するに社格がないのであるか

して天照大神に召し上がっていただくことが、すなわち神嘗祭なのです。

十五日の宵（午後十時）、外宮で「由貴夕大御饌」の儀が行われます。

十六日の暁（午前二時）、「由貴朝大御饌の儀」が行われます。午後に宮中から勅使が参向し、幣帛《へいはく》の奉納が行われます。同様の儀が内宮でも、一日ずつずらして繰り返し行われます。伊勢神宮では、祭礼は外宮先祭《げくうせんさい》で行われているのです。

十六日、皇大神宮敷地の西端を流れる五十鈴川《いすずがわ》に船を浮かべ、新米の米俵を積んで曳いていきます。この初穂曳は、揃いの法被《はっぴ》を着て、じゃぶじゃぶと川を歩き、浦田橋から宇治橋まで、船を上流へと曳いていきます。二本の綱を曳き合い、参加した若者たちが祭礼を盛り上げるために暴れます。威勢のよい木遣《きや》りや法螺貝《ほらがい》の音色が響き、「エンヤ　エンヤ」の掛け声とともに、船を勇壮に曳いていきます。

神に供える産物の種類は、鮑《あわび》、鯛、伊勢海老などの生魚や干し魚、また、野鳥、海苔、蓮根、大根、梨、柿、水と塩、飯と餅を各三盛りなど約三十品目です。そのほか、白酒《しろき》、黒酒、清酒を献じます。

十七日、前日に外宮で行われたのと同様に勅使が参向し、幣帛が奉納されます。神嘗祭でもっとも重要な祭儀で、宮中でも神嘗祭が催されます。明治時代以降、第二次世界大戦前は、大祭日として休日でした。

十八日から二十五日にかけて別宮や摂社においても同様のことが行われます。

なお、六月と十二月に行われる月次祭《つきなみさい》（神嘗祭とともに三節祭《さんせつさい》）も、ほぼ同じ形式で行われますが、勅使の参向がありません。

ら、別格官幣大社《べっかくかんぺいたいしゃ》などの言い方は正しくない。伊勢神宮の正式名称は神宮である。本宗《ほんそう》ともいう。一般には「お伊勢さん」「大神宮さん」とも呼ばれている。伊勢神宮は三重県伊勢湾岸の四市（伊勢、鳥羽、松阪、志摩）、二郡（度会《わたらい》、多気）にわたる内・外宮、別宮十四社、摂社四十三社、末社二十四社、所管社四十二社を合わせて百二十五の神社群の総称。天照大神を主祭神とし、伊勢神宮の内宮を総本宮《そうほんぐう》とする神社は約五千社ある。

もっとも重要な祭儀
伊勢神宮では二十年に一度、式年遷宮《しきねんせんぐう》が行われる。内・外宮の御殿を含めた六十五の建造物、祭器具などのすべてを新造・奉献する。平成二十五年（二〇一三）に第六十二回目の遷宮を迎えた。

べったら市　二十日《はつか》えびす（十九〜二十日）

晩秋を彩る東西の恵比寿講風景
庶民に愛され続ける「えべっさん」

十月二十日は商売の神様、**恵比寿**《えびす》の縁日です。東西で福の神の恵比寿を祀《まつ》る伝統行事が行われています。東京と京都の恵比寿神を祀る神社を訪ねてみましょう。

この十九〜二十日、ビルの建ち並ぶオフィス街の東京都中央区日本橋の人形町通、江戸通一帯は、通常とは雰囲気ががらりと変わり、べったらを売る店を中心にたくさんの露店も並び、麴《こうじ》の甘い香りが周辺に漂います。宝田恵比寿《たからだえびす》神社（中央区日本橋本町）から椙森《すぎのもり》神社（中央区日本橋堀留町）にかけて立つ、年にいっぺんのべったら市で、たいへんな賑わいぶりです。

「べったら」は米麴で漬け込んだ大根の浅漬です。べったらはパリッとした歯ごたえがあり、ほんのりと甘く、外側は麴がべったりついています。白いべったらに白いご飯は、大いに食欲を刺激してくれます。

べったらの名の由来は、その昔、若者が「べったりつくぞー、べったりつくぞー」と叫びながら、縄で縛った大根を振り回して、女性参詣客の着物の袖につけたことから、その名がついたといわれています。

恵比寿
七福神の一つ恵比寿は、右手に釣り竿《ざお》、左手に鯛を持った姿をしている。漁村にあっては豊漁、商家にあっては商売繁盛、農家では豊穣の神として信仰されて人気が高い。えびす講の由来は、旧暦十月（神無月《かんなづき》）に、日本中の神々が出雲に出かけるなかで、恵比寿だけが残って留守を守ってくれるため、残された恵比寿を慰めるためにはじまったといわれる。

べったら市は、もともとは商売繁盛を祈って恵比寿神を祀る商人を相手に、縁起物の恵比寿や大黒の像、供物、道具などを売る市でしたが、浅漬大根がよく売れたため、市の名になったといいます。

商家で盛んであった恵比寿講は廃《すた》れましたが、べったら市は今も存続しています。季節感が薄れた東京で、威勢のよいべったら市の客引きの呼び声は、晩秋の昔懐かしい風物詩でもあります。

一方、関西では、大阪の「商売繁盛で笹もってこい」の囃《はや》し言葉で知られる一月十日の「十日戎《とおかえびす》」が有名です。一月十日のこの日、今宮戎《いまみやえびす》神社は福笹を求める人々で賑わいます（五八頁参照）。

京都では十月二十日のえびす講を「二十日《はつか》えびす」といい、京都恵美須《えびす》神社（表記は「ゑびす」とも　京都市東山区小松町）で十九～二十日にえびす大祭が行われ、大和大路《やまとおおじ》通には多数の露店が出て賑わいます。この祭りは、江戸時代に**京の商人**が江戸で商いをして、十月二十日に京都へ戻り、恵比寿を祀り、その御神徳に感謝したことからはじまったといいます。

さらに京都ではこの日、誓文払《せいもんばらい》の売り出し行事が行われます。京都の商人や遊女が冠者殿社《じゃでんしゃ》（京都市下京区貞安前之町《ていあんまえのちょう》）に参り、日ごろ商売上の駆け引きで嘘をつき、誓いに背いた罪を祓《はら》い、神に許しを願う風習で、その罪滅ぼしのためにあわせて安売りをしてお客に還元するようになったといいます。バーゲンセールの原型ともいえそうです。

京の商人
京都の古い商家では、この日は恵比寿が鯛を釣り上げているおめでたい図柄の掛軸を床の間に掛けて、その前に御神《おみ》酒《き》、塩、洗い米と、紅白の糸で尾鰭《おびれ》をピンと反らせた鯛をお供えしている。そして恵比寿様に家族が順次お参りして、商売繁盛をお願いする。またこの日には、小判に見立てたはんぺい（はんぺん）と笹に見立てた九条葱《くじょうねぎ》の澄まし汁をいただくという。

時代祭《じだいまつり》（二十二日）

千年以上にわたる京都の歴史が一目でわかる平安神宮の秋の祭典

☯日本歴史の縮図のような時代祭

時代祭《じだいまつり》では、千年以上にわたる京都の歴史（風俗、文物など）をたどる、まるで日本歴史の縮図のような行列が、京都御所《ごしょ》から**平安神宮《へいあんじんぐう》**（旧・官幣大社《かんぺいたいしゃ》。京都市左京区岡崎西天王町）まで、古《いにしえ》の都大路《みやこおおじ》（京都の主要大通りの総称）でえんえん約四・五キロにわたり繰り広げられます。

時代祭の起源は比較的新しく、明治二十八年（一八九五）から、平安神宮に五十代桓《かん》武《む》天皇を祭神として祀《まつ》り、翌年からその**祭礼**として時代祭が行われるようになりました。その後、昭和十五年（一九四〇）には、京都を都とした最後の天皇である百二十一代孝《こう》明《めい》天皇が、平安神宮に合祀されました。

時代祭の中心は、祭神である桓武・孝明両天皇の神輿《みこし》ですが、それに供奉《ぐぶ》する多彩な時代風俗行列が見どころとなります。この行列の観賞は、次の三点がポイントです。

第一は、厳密な時代考証により、行列に用いる装束《しょうぞく》、持ち物などが調えられていることです。

平安神宮

明治維新により新政府が首都を東京に定めたことや、廃仏《はいぶつ》毀釈《きしゃく》により仏閣は荒廃し、京都は衰退した。京都が都であったころの活力を取り戻したい、その再興を志して明治二十八年（一八九五）に平安遷都《せんと》千百年祭が催されたときに、平安神宮が洛東の地岡崎に創建され、翌年からその祭礼として時代祭が行われるようになった。

祭礼

二十二日（雨天順延の場合あり）は平安神宮で午前七時より時代祭の祭文《さいもん》奏上、八時より神幸祭が執り行われ、十時半より御所内建礼門《けんれいもん》前で行在《あんざい》所祭《しょさい》を斎行後、行列は烏丸丸《からすまる》太町《たまち》から烏丸御池《おいけ》、河原町御池、川端三条、三条神宮道《じんぐうみち》と巡幸し、平安神宮に午後二時半ころに到着する。

第二は、八代・二十の行列は逆編年《ぎゃくへんねん》となって進んでいることです。つまり、明治維新から平安時代へと、時代の新しい順に行列が進むので、見物客にはなじみやすく、身近に感じられるのです。

第三は、女人の行列が華を添えていることです。まるで絵巻物や屏風絵《びょうぶえ》から抜け出したような美女がずらりと並びます。この女人列は特に人気なので、準備をしていないとシャッターチャンスを逃し、悔しい思いをしかねません。

時代祭の行列は正午に京都御所を出発します。

☯明治から平安に至る華麗な風俗、文物を表す行列①

京都御所から平安神宮を目指す二十列・総勢約二千人を、列ごとに紹介します。

第一列は維新勤王隊《いしんきんのうたい》列です。幕末の東北征討に馳せ参じた郷士《ごうし》たちです。山国隊《やまぐにたい》を組織して官軍に加勢しました。

第二列は幕末志士列です。坂本龍馬《さかもとりょうま》、桂小五郎《かつらこごろう》、西郷隆盛《さいごうたかもり》、吉田松陰《よしだしょういん》らの幕末の志士と、勤王に奔走した七卿落《しちきょうおち》の公卿で構成されています。

第三列は徳川《とくがわ》城《じょう》使《し》上洛《じょうらく》列です。徳川幕府が皇室に礼を厚く示し、幕府が将軍名代に遣わした大名行列です。近世武家風俗を示し、先頭の奴《やっこ》は掛け声勇ましく槍《やり》の投げ渡しを行います。

第四列は江戸時代婦人列です。十四代将軍徳川家茂《とくがわいえもち》の正室和宮《かずのみや》、歌人太田垣蓮月《おおたがきれんげつ》、吉野《よしの》太夫《たゆう》、銀座役人中村内蔵助《なかむらくらのすけ》の妻、池大雅《いけのたいが》の妻玉瀾《ぎょくらん》、歌舞伎の創始者出雲阿国《いずものおくに》など江戸時代を代表する女性の行列です。

第五列は豊公《ほうこう》参朝列です。慶長二年（一五九七）の豊臣秀頼《とよとみひでより》の元服《げんぷく》の際に、太閤秀吉《たいこうひでよし》が伏見城から御所に参内《さんだい》する行列を表し、秀吉は牛車《ぎっしゃ》に乗っているという設定です。

第六列は織田公上洛列です。永禄十一年（一五六八）、百六代正親町《おおぎまち》天皇の上洛要請で、織田信長が羽柴《はしば》秀吉、丹羽長秀《にわながひで》、滝川一益《たきがわかずまさ》、柴田勝家《しばたかついえ》ら家臣の武将を率いて入洛する様子を表した列です。

第七列は室町幕府執政列です。将軍足利《あしかが》氏を中心に、三管領《さんかんれい》、四職《しき》をはじめとする室町幕府官僚が従う行列です。

第八列は室町洛中風俗列です。室町時代の町衆《まちしゅう》に倣《なら》った風流踊《ふりゅうおどり》を再現した列です。

第九列は楠公《なんこう》上洛列です。元弘三・正慶二年（一三三三）、隠岐《おき》から還幸《かんこう》する九十六代後醍醐《ごだいご》天皇を兵庫に出迎え、上洛の先駆を務めた忠臣楠木正成《くすのきまさしげ》を中心とする行列です。

第十列は中世婦人列です。豪華な打掛《うちかけ》姿の淀殿《よどどの》や旅姿の阿仏尼《あぶつに》、白拍子《しらびょうし》姿の静御前《しずかごぜん》、薪《まき》を頭にのせる大原女《おはらめ》、桂包《かつらづつみ》の桂女《かつらめ》などの行列です。

☯明治から平安に至る華麗な風俗、文物を表す行列②

第十一列は城南流鏑馬《じょうなんやぶさめ》列です。承久《じょうきゅう》三年（一二二一）の承久の乱に際して、後鳥羽《ごとば》上皇が城南宮の流鏑馬にかこつけて畿内周辺の武士を集めたとき、それに応じて上洛した狩装束の武士たちを表した行列です。

第十二列は藤原公卿参朝列です。藤原氏全盛期に摂関家《せっかんけ》の貴族たちが、朝廷に参内した様子を示す行列です。

第十三列は平安時代婦人列です。騎馬武者姿の巴御前《ともえごぜん》や小野小町《おののこまち》、和気広虫《わけのひろむし》、紫式《むらさきしき》部《ぶ》、清少納言《せいしょうなごん》、常盤御前《ときわごぜん》らの行列です。

第十四列は延暦《えんりゃく》武官行進列です。延暦二十年（八〇一）、征夷大将軍《せいいたいしょうぐん》坂上田村麻《さかのうえのたむらま》呂《ろ》が都を出陣する様子を表した行列です。

第十五列は延暦文官参朝列です。延暦十五年（七九六）元日、平安京大極殿《だいごくでん》の朝賀に騎乗で参内した文官たちの様子を表す行列です。

第十六列は神饌《しんせん》**講社**列です。当日、神饌を奉献する御饌《みけ》長とそれに供奉する人たちの行列です。

第十七列は前列で、神幸列《しんこうれつ》を警備する列です。

第十八列は神幸列です。御賢木《おんさかき》を先頭に、桓武・孝明両天皇の二基の鳳輦《ほうれん》で、時代祭で最重要の列です。

第十九列は白川女《しらかわめ》献花列です。花を頭にのせて売り歩く、洛東白川女の行列です。

第二十列は弓箭組《きゅうせんぐみ》列です。神幸列の後ろを警備する行列です。

以上にように時代祭は、千年の都京都の歴史の移り変わりを目の当たりにでき、日本の歴史を肌で感じることのできる祭礼です。蛇足ながら最後に一言。平安神宮はいつも宮参りの家族連れや観光客で賑わいますが、それはおおむね正門の大極殿周辺の光景です。それとは別世界の感のある神苑《しんえん》にも足を運びたいもの。四つに分かれた神苑のうち南神苑は、八重紅枝垂桜《やえべにしだれざくら》の名所としてつとに知られています。

講社

時代祭は平安講社を中心に多くの市民に支えられている。時代風俗行列を運営し維持する団体の平安講社は、平安神宮創建当初につくられた。その当時は全学区を六社に分けていたが、現在は全十社。ほかにも祇園町の美妓、京都青年会議所の会員が行列に参加している。

千年以上も続く神秘的で勇壮な火の祭典

鞍馬《くらま》の火祭（二十二日）

鞍馬《くらま》の火祭は、京都洛北にある鞍馬山麓の由岐《ゆき》神社（京都市左京区鞍馬本町）の例祭です。

夕闇が迫るころ、拍子木《ひょうしぎ》の音とともに、「神事に参らっしゃれ」という神事触れの声が町中に響き渡り、家々の軒先に、篝火《かがりび》が焚《た》かれはじめます。あちらこちらから祭りの晴れ着姿に小松明《こたいまつ》を持った子供たちが現れ、町を練り歩きます。次第に若者たちも加わり、「サイレイイヤ、サイリョウ」と言いながら、大小の松明約二百本を担いで鞍馬街道を練り歩き、鞍馬山仁王門前石段に参集します。太鼓の合図とともに鞍馬寺の石段下に立てられた注連縄《しめなわ》が切られ、これを合図に**若者**たちは由岐神社の神輿《みこし》へと突進します。

由岐神社で二基の神輿に神霊が移され、御旅所《おたびしょ》まで神幸《しんこう》します。これからが祭りのハイライトです。神輿は若者に担がれ、山門の石段を一気に降ろされ、人波に揉《も》まれながら町内を巡行します。激しく揺さぶられる神輿の先には、成人式を迎えた二人の若者が、両足を高く差し出して、逆さ大の字の形で棒にぶら下がります。これは「チョッペン」という成人儀礼の一種です。手に松明を持つ人でごった返し、全町全山が火の海と化し、町民総出で行われる鞍馬の火祭は深夜まで続きます。

鞍馬の火祭
鞍馬寺の鎮守社である由岐神社は、鞍馬寺仁王門をのぼって三百メートルのところにあります。この祭礼は、天慶三年（九四〇）に天下泰平を祈念して、京都御所《ごしょ》内の由岐明神を移した際、里人たちが松明行列でお迎えしたのがはじまりとされている。若者はそれぞれ所属するグループにより、祭りの役割分担が決まっている。

若者
主役の若者の正装は、頭には向こう鉢巻き、裸に黒の締込み、下がり、肩や手は船頭籠《せんどうご》手《て》、足には黒の脚絆《きゃはん》、肩当てをかけ、黒足袋《くろたび》、武者草鞋《むしゃわらじ》、背中には厄除けの南天《なんてん》の小枝を挿している。

霜降《そうこう》（二十三日ころ）

初霜が降りはじめる、秋の最後の時期

この霜降は「そうこう」と読み、「しもふり」とは読みません。また、霜月《しもつき》（旧暦〈太陰太陽暦〉十一月の異称）のことでもありません。霜降は二十四節気《にじゅうしせっき》の一つで、旧暦九月の中気《ちゅうき》のことで、新暦（太陽暦）では毎年十月二十三日ころになります。天文学的には太陽が黄経《こうけい》二一〇度の点を通過したときのことです。霜降は文字どおり秋も末で、霜が降りはじめるころという意味です。しかし、もともと二十四節気は**中国華北《かほく》地方**の気候から生まれた言葉ですので、日本の本州の大部分では、この時期に霜が降りることはありません。日本では霜降は秋の俳句の季語です。一方、歳時記には「霜」も「霜月」も、冬の部に入っているように、実際に霜が降るのは、冬になってからです。

このようにややこしいのですが、この原因は霜の降りはじめやその終わりが、土地によってかなり相違するからです。たとえば、仙台の平均霜降期間は、十一月六日から翌年四月十四日まで、五か月以上に及びます。これに対し、東京では十二月十日から二月二十六日までの二か月半にすぎません。地域差の大きい霜降という気象現象を、二十四節気の名称に採用したのが、そもそもの混乱の発端というわけです。とにかく、霜降は初霜が降りる時期の目安くらいに考えてください。

中国華北地方
華北地方は中国古代文明の発祥の地で黄河《こうが》流域を指す。二十四節気はこの地方の気候を基準にしているが、名前のつけ方にしてもかなり融通性がある。まぎらわしいまま二千年間も平気で使い続けている中国の人は、なんともはやおおらかなことだろうか。

亥子祭《いのこさい》（一日）

宮中の祭祀に倣い亥の子餅を食べる行事

京都の護王《ごおう》神社（京都市上京区桜鶴円町《おうかくえんちょう》）の祭神は、**和気清麻呂**《わけのきよまろ》とその姉の和気広虫《ひろむし》です。平安時代の宮中祭祀の一つで、護王神社の祭神にゆかりの深い猪《いのしし》にちなんで行われているのが**亥子祭**《いのこさい》です。

当日は、本殿で祭典が行われたのち、境内に篝火《かがりび》が焚《た》かれ、舞殿では典雅な平安装《しょう》束《ぞく》の衣冠束帯姿の神職と十二単衣《じゅうにひとえ》の女房衆が座につき、**亥の子餅**搗《つ》きの御舂式《おつきしき》となります。朱盆に載せた胡麻（黒）、小豆（赤）、栗（白）の三種の粉餅が宮司の前に献上されます。宮司は、小臼に粉餅を入れ、水を加え、二本の柳の杵《きね》を片手に持って餅を搗きます（搗く所作のみ）。搗き上がった餅として用意された餅を神前に献じたのち、唐櫃《からびつ》に納めます。午後六時半ころ、禁裏御用の高札を先頭に、弓張提灯《ゆみはりぢょうちん》の灯火に伴われて、京都御所《ごしょ》へ献上のため参内《さんだい》します。護王神社のすぐ東に位置する蛤御門《はまぐりごもん》から京都御苑に入り、京都御所には清所門《せいしょもん》から参内し、「禁裏御亥猪鯛貢ノ儀《きんりおげんちょちょうこうのぎ》」を終了、帰参します。帰参ののち境内では、「亥の月、亥の日、亥の子刻、厄除け、三種《みくさ》の亥の子餅、舂つく、つくつく、命つく、つく、それ幸いなあ」と、「亥子囃《いのこばやし》」を唱えながら餅搗きをします。この餅搗きには誰でも自由に参加できます。

和気清麻呂　亥子祭
和気清麻呂は皇位をうかがった道鏡《どうきょう》の野心を打ち砕いたが、その逆鱗《げきりん》に触れて大隅国《おおすみのくに》（現・鹿児島県）に流された。このとき約三百頭の猪が現れ、清麻呂の道中を守ったと伝えられる。旧暦（太陰太陽暦）十月（亥の月）亥の日に行われた「御亥猪」を、昭和三十五年（一九六〇）に復活させたのが亥子祭。

亥の子餅
中国の亥の子餅は、大豆、小豆、大角豆《ささげ》、胡麻、栗、柿、糖の七種を混ぜた餅。日本の宮中では猪の形であることが重視されたが、一般には形にこだわらず、胡麻（黒）、小豆（赤）、栗（白）の三色《みくさ》の餅や牡丹餅《ぼたもち》など、地域によってさまざま。二五五頁参照。

文化の日　明治神宮例大祭《めいじじんぐうれいたいさい》（三日）

戦前の明治節が衣替えした文化の日

昭和二十二年（一九四七）五月から施行された日本国憲法にもとづき、昭和二十三年（一九四八）、十一月三日が「文化の日」に制定されました。「自由と平和を愛し、文化をすすめる」のを法定の趣旨とした、国民の祝日の一つです。この日、皇居では文化勲章の授与式が行われ、また、文化庁主催による芸術祭が開催されるなど、さまざまな文化的な行事が催されます。

明治神宮《めいじじんぐう》（東京都渋谷区代々木神園町）では、秋の例大祭（**旧・明治節《めいじせつ》**）が行われます。明治神宮は大正九年（一九二〇）に完成、祭神は百二十二代明治天皇と昭憲皇太后《しょうけんこうたいごう》です。明治神宮は旧・官幣大社《かんぺいたいしゃ》で、例大祭には宮中から勅使が参向します。また、大祭の一環として参道で流鏑馬《やぶさめ》が行われます。

このほかにも、東京・浅草で東京時代祭が行われ、歴史の流れに沿った扮装をした仮装行列が登場します。神奈川・箱根湯本では、大名行列が箱根旧街道（旧・東海道）を練り歩きます。広島市では市民参加型のひろしま国際平和マラソン、福岡市では北原白《きたはらはく》秋《しゅう》を偲《しの》んで行われる白秋祭水上パレード（一～三日）など、全国各地でイベントが行われます。なお、この日は晴れの日が多い、気象上の特異日として知られています。

旧・明治節
十一月三日を第二次世界大戦前は明治節といい、明治天皇の誕生日（嘉永五年〈一八五二〉旧暦九月二十二日）を記念する祝祭日で、明治時代には天長節《てんちょうせつ》と呼んでいた。文化と直接関係のない明治天皇誕生日を、文化の日として衣替えして残したところに、当時の立法関係者の苦心の跡がうかがわれる。

立冬《りっとう》（七日ころ）

暦の上では冬でも、秋真っ盛りの季節

立冬《りっとう》は二十四節気《にじゅうしせっき》の旧暦（太陰太陽暦）十月の節気で、例年、ほぼ新暦（太陽暦）の十一月七日にあたります。天文学的には、太陽が黄経《こうけい》二二五度の点を通過するときをいいます。秋分《しゅうぶん》と冬至《とうじ》のちょうど中間にあたります。

太平洋側では晴天の日が多く、小春日和《こはるびより》の暖かい日が二〜三日間続くこともあります。一方、日本海側では時雨《しぐ》れることがあります。この時期は日脚《ひあし》も次第に短くなり、冬枯れの景色が目立つようになってきて、日だまりがなんとなく恋しくなるころでもあります。

冬の季節風が吹きはじめるのもこのころで、気象庁が「木枯《こが》らし一号」（「初吹き出し」という）を発表するのもこのころです。木枯らしが落とした葉っぱをかき集めて、家族で「落ち葉焚《た》き」をしているのをときどき見かけます。なかには毎年、焼き芋を楽しみにしている人もいるでしょう。このころにぱらぱらと降る雨を、山茶花梅雨《さざんかづゆ》と呼んでいます。**山茶花**の真っ赤なつぼみが開きはじめる時期に降る雨だからです。

北国から初冠雪《はつかんせつ》（夏が終わってからはじめて山頂が雪や氷で白く見えること）の便りが届き、やがて本格的な冬の訪れを迎えます。

山茶花
この時期、西日本各地の寺院、庭園などでは山茶花を見ることができるが、なかでも西方寺《さいほうじ》（兵庫県篠山市）境内の「紅一重」と呼ばれる見事な木は、樹齢六百年で、同寺では十一月二十三日にサザンカ祭が開催される。

火焚祭《ひたきさい》（八日）　近春に迎えた稲荷神を山に送る「おしたき」

収穫の終わる晩秋に、近春（その年の春）に迎えた山の神を山に送り帰すための神事が、**お火焚《ひたき》行事**です。これに火の神事が加わり、火の霊力によって除災を願い、あるいは火を用いる業種に従事する人々が、日ごろの感謝を火の神に捧げるため、巫女《みこ》が神楽《かぐら》を奉納するようになりました。

十一月になると、京都の各寺社では、「お火焚」（地元では「おしたき」ともいう）の行事が行われます。なかでも最大規模を誇るのは、伏見稲荷大社《ふしみいなりたいしゃ》（京都市伏見区深草藪之内町）の火焚祭《ひたきさい》です。

火焚祭の当日、まず本殿で行われる「火鑽《ひきり》行事」で鑽《き》り出された忌火《いむび》が、「火焚の儀」で用意されている新穀の藁《わら》に点じられて焚き上げられます。

そして本殿背後の神苑斎場に準備された三基の火床に忌火が移され、「火焚神事」が行われます。全国の信者から奉納された数十万本の火焚串《ひたきぐし》と稲穂を焚き上げ、宮司以下神職らにより、大祓詞《おおはらえのことば》が唱和され、火に投じられます。

そののち、午後六時ころから、本殿前で神楽、人長舞《にんちょうのまい》が奉納されます。

ほかにも京都では下記のような数多くの神社で、お火焚行事が行われています。

⇨御火焚の景（『山城四季物語』）

お火焚行事の行われる京都の神社の一例

- 七日……貴船《きふね》神社／左京区
- 十日……安井金比羅宮《やすいこんぴらぐう》／東山区
- 第二日曜日……花山《かざん》稲荷神社／山科区
- 十八日……上御霊《かみごりょう》神社／上京区
- 二十三日……新熊野《いまくまの》神社／東山区
- 二十三日……車折《くるまざき》神社／右京区

酉《とり》の市《いち》（酉の日）

「おとりさま」で縁起物の熊手を買って正月支度のスタート

十一月の酉《とり》の日に、「酉《とり》の市《いち》」が立ちます。東京、埼玉、神奈川など各地の**鷲《おおとり》（大鳥、鳳）神社**の境内で毎年開かれるこの市は、開運出世、商売繁盛を願う人で賑わいます。なお、お酉様系統の総本宮《そうほんぐう》は大阪府堺市の大鳥大社（「大鳥神社」ともいう　堺市西区鳳北町《おおとりきたまち》）であり、関東・中京地方の神社は末社や分社です。

酉の市がはじまったのは江戸時代です。江戸では、まず花又村《はなまたむら》（現・東京都足立区花畑）の大鷲《おおとり》神社の酉の市が賑わいをみせるようになりました。これは鷲明神の祭礼です。もとは花又村周辺の農民たちが秋の収穫を祝い、鷲神社に鶏を奉納し、祭礼後に放ったという「とりまつり」に由来します。鶏は、現在のように、鶏舎に入って卵を産む洋鶏ではなく、矮鶏《ちゃぼ》と呼ばれる種類で、もっぱら時を告げたり、異変の予兆を知らせたりする鳥です。鳴き声によって時間を知ることができ、異変も察知できたことにより、大切な神の使いの時告げ鳥として奉納されたようです。

江戸時代後期から、花又村の大鷲神社から御神体を勧請《かんじょう》した、下谷《したや》竜泉寺町《りゅうせんじちょう》（現・東京都台東区千束《せんぞく》）の長国寺《ちょうこくじ》境内の鷲大明神社（現・浅草鷲神社）の酉の市のほうが有名

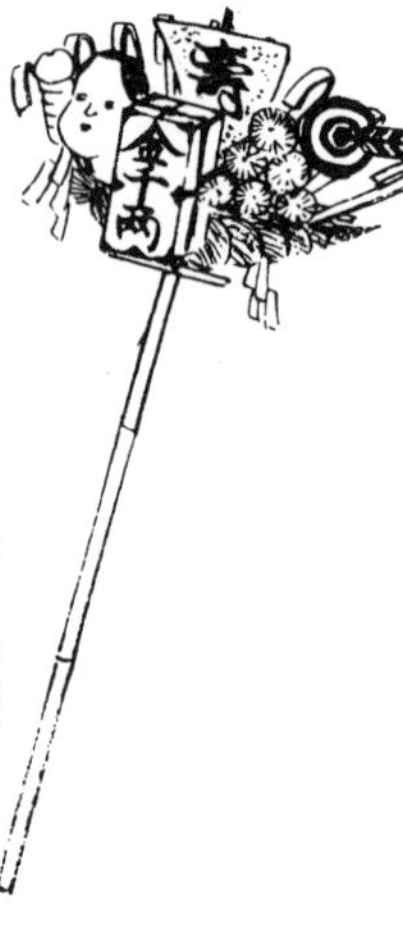

⇨熊手（『守貞謾稿』）

鷲（大鳥、鳳）神社
鷲神社の総本宮とされる大鳥神社は、和泉国《いずみのくに》（現・大阪府）の一宮《いちのみや》で旧・官幣大社《かんぺいたいしゃ》。大鳥神社は『延喜式《えんぎしき》』にも名神大社と記されており、祭神は大《おお》鳥連祖神《とりのむらじのおやがみ》、日本武尊《やまとたけるのみこと》。社殿は大鳥造で、境内にある「千種《ちぐさ》の森」の花菖蒲《はなしょうぶ》が知られる。

になりましたが、それはなんといってもここが吉原《よしわら》に近いからでした。千束（というより浅草）は都心から近いこともあり、現在も長国寺と、隣接する浅草鷲神社（神仏分離による）ともども非常に人気があり、参詣人で混み合います。このほか、下に**酉の市が行われる東京の神社の一例**を挙げておきます。

　酉の市では、縁起物の熊手《くまで》を売る露店が神社の周りにずらりと立ち並びます。七福神、宝船《たからぶね》、松竹梅、千両箱、お多福などをきれいに飾りつけた大小の熊手が、所狭しと並べられます。熊手は、福やお客を「掻《か》き寄せる」「取り込む」縁起物として人気です。縁起物がつけられた熊手は、もともと値段があってないようなもの。客が売り手と交渉し、商談が成立すれば、「いよー、パンパンパン」と威勢のよい掛け声とともに手締めが行われます。ちなみに、値切ったうえで、その値切り分をご祝儀としておいていく、それが粋《いき》とされています。

　熊手は、商売繁盛の縁起物だから、客の商売によって熊手の種類も違ってくるようです。客を待つ商売の人は、宝船の上の部分に「入」の文字がある熊手で、これは入り船、つまり客がやってくるという意味でしょう。自分から出かけていく商売の場合は、「福」や「宝」の文字がある熊手がよいということです。

　購入した熊手は、より多くの福を掻き込んでくれることを願い、帰りは熊手を高く掲げて歩きます。家に着いたら、玄関の入り口に向けて、少し高いところに飾ります。前年の熊手は、持参して神社の納め所に納めます。ほぼ二年に一度、三**の酉**まであり、俗に「三の酉のある年は火事が多い」といわれています。

酉の市が行われる東京の神社の一例

- 花園神社／新宿区（境内に新宿大鳥神社がある）
- 須賀神社／新宿区（境内に大鳥神社がある）
- 目黒大鳥神社／目黒区
- 荏原《えばら》神社／品川区
- 雑司《ぞうし》が谷《や》大鳥神社／豊島区

三の酉

十一月に入って五日（旧暦〈太陰太陽暦〉の「小の月」の場合）か六日までに一の酉があれば、その年は三の酉まであることになる。ほぼ二年に一回の割だから、三の酉は珍しいことでもない。「三の酉のある年は火事が多い」と言いならわしているのは、この時期、そろそろ北風が吹きはじめ、空気が乾燥するからである。

七五三《しちごさん》（十五日）

親のフトコロはかなり痛むが、にぎにぎしく微笑ましい宮詣り風景

七五三《しちごさん》は、子供の心身ともに成長の節目にあたる三・五・七歳に、氏神や近在の神社に「七五三のお宮参り」をして、わが子の健やかな成長を見守ってもらったことに感謝し、これからの無事を願う行事です。

昔は数え年で祝いましたが、現在では満年齢で行うことが多くなっています。男の子は三歳と五歳、女の子は三歳と七歳に祝います。

七、五、三という数字は、奇数を重んじる中国ではめでたいとされたところから、その影響を受けて行事の名称になりました。

七五三は、もともと宮廷や武家で行われていた儀式である、三歳の男女の「髪置《かみおき》の儀」、五歳の男の子の「袴着《はかまぎ》の儀」、七歳の女の子の「帯解《おびとき》の儀」が江戸時代に統合されてできた行事です。

日取りもこのころ、十一月十五日に固定されたといわれています。この日本独特の行

⇨七五三の景（『絵本物見岡』）

事が広まったのは明治以降です。

この行事が広まるにつれて、祝いの席を設けたり、数々の贈り物をしたりするなど、派手になったのです。

三歳の男女の髪置の儀は、生まれて七日目から剃《そ》っていた頭髪を、三歳の春から伸ばしはじめ、髪置の日に結い直し、そして絹糸や真綿でつくった白髪を頭に載せ、白髪《しらが》頭《あたま》になるまで長生きするように祈る儀式です。

袴着の儀は、はじめて袴をつける儀式に由来します。江戸時代から男の子だけになりましたが、もともとは男女の風習でした。このとき、子供は冠をつけ、碁盤の上に乗り、どちらを向いても勝つように四方に向かって神に祈ったといいます。

帯解の儀は、「帯直し」「紐《ひも》落とし」ともいいます。七歳前の女の子が着る付け紐のある着物をやめ、本式の帯を締める着物に切り替える儀式です。

三・五・七歳は、子供の厄年でもあるところから、神社でお祓《はら》いをしてもらったり、縁起ものの千歳飴《ちとせあめ》を手にして記念写真を撮ったりして、家族でお祝いをします。

千歳飴は紅白二色の長い棒状の飴で、松竹梅や鶴亀が描かれた化粧袋に入っています。この起源は、江戸時代に水飴から固形飴にする技術に長《た》けた大阪商人が江戸へ下り、浅草・浅草寺《せんそうじ》で売り出したのがはじまりとされるなど諸説あります。

十一月十五日に祝うことになったのは、古くはこの日が**二十八宿**《にじゅうはっしゅく》の鬼宿日《きしゅくにち》にあたり、万事に大吉とされた最良の日であるからです。ただ、最近は十五日という日付にこだわることなく、十五日に近い日曜日に行われています。

二十八宿

本来は天の赤道に沿った二十八の星座のことで、天体の位置、季節を知るものであった。江戸時代にはすでに暦に「鬼宿」のみが記載されていた。二十八宿にはそれぞれの吉凶の意味づけがあるが、以下に名称のみ紹介する（詳しくは岡田芳朗『旧暦読本』〈創元社〉参照）。

●東方七宿……角《かく》、亢《こう》、氐《てい》、房《ぼう》、心《しん》、尾《び》、箕《き》

●北方七宿……斗《と》、牛《ぎゅう》、女《じょ》、虚《きょ》、危《き》、室《しつ》、壁《へき》

●西方七宿……奎《けい》、婁《ろう》、胃《い》、昴《ぼう》、畢《ひつ》、觜《し》、参《しん》

●南方七宿……井《せい》、鬼《き》、柳《りゅう》、星《せい》、張《ちょう》、翼《よく》、軫《しん》

神在祭《かみありさい》（旧暦十月十〜十七日〈出雲大社〉、新暦十一月二十〜三十日〈佐太神社〉など）

古代から現代へと連綿と続く神事
出雲に集う八百万の神々を先導する龍神

☯他国は神無月、出雲では神在月

古来、島根県の東半分は出雲国《いずものくに》と呼ばれ、神々の国、神話の舞台とされてきました。ところが、近年この地の遺跡から**考古学上の重要な発掘**が相次ぎ、神話が史実として裏づけられ、古代史における出雲地方の重要性が注目されてきています。

出雲地方には由緒のある神社が数多くありますが、その代表が出雲大社《いずもたいしゃ》（島根県出雲市大社町杵築《きづき》東）です。

大国主神《おおくにぬしのかみ》が天照大神《あまてらすおおみかみ》に国譲りしたときに、大国主神がみずから住まうために「柱は高く太し、板は広く厚くせむ」形の宮殿（大社造）を要求して造営したのが、出雲大社の起源とされています。こうした伝承は、『古事記《こじき》』や『日本書紀《にほんしょき》』、『出雲国風土記《いずものくにふどき》』に記されています。

「出雲三大社」とされている出雲大社、佐太《さだ》神社（島根県松江市鹿島町佐陀宮内《さだみやうち》）、日御《ひのみ》碕《さき》神社（島根県出雲市大社町日御碕）のほか六社を含む、宍道湖《しんじこ》を挟むように点在する九神社で旧暦（太陰太陽暦）十月に行われる、出雲に神々が集う例大祭が神在祭《かみありさい》です。

考古学上の重要な発掘
出雲地方の弥生式《やよいしき》遺跡から多数の銅剣《どうけん》、銅鐸《どうたく》などの青銅器が発掘されている。昭和五十八年（一九八三）、島根県東部の荒神谷《こうじんだに》遺跡から銅剣三百五十八本を出土。平成八年（一九九六）、加茂岩倉《かもいわくら》遺跡から銅鐸三十九個を出土。これらは弥生人が祭礼に使ったもので、意図的に土中に埋めたとされる。

十月の異称（和風月名）を神無月《かんなづき》といいますが、他国での神無月は、出雲では神在月《かみありづき》なのです。

☯神在祭①佐太神社

全国から出雲に参集した神々は、旧暦十月十日から出雲大社に、そののち同二十五日まで、佐太神社に滞在するといわれています。神々が出雲を去るまでを**物忌《ものいみ》の期間**としています。

このころになると海が荒れる日が多くなり、佐陀《さだ》の浦（松江市鹿島町古浦海岸）に、龍蛇《りゅうじゃ》が漂着します。江戸時代までは、龍蛇上げを行う龍蛇祝《りゅうじゃはふり》という職の社人がそれを大社に奉納していました。龍蛇は南方産のセグロウミヘビで、この時期特有の季節風によって寄りつき、日本海を漂着し浜辺に打ち上げられます。黄金色に鮮やかに輝く龍蛇を佐太神社では龍蛇神と呼び、龍宮からの使者とされ、また、出雲へ神々が集まる先導役ともされており、八百万《やおよろず》の神々の参集の証《あかし》とされています。

出雲大社、佐太神社、日御碕神社などに龍神の骸《むくろ》が安置されていて、神在祭では拝礼されています。

佐太神社の神在祭は現在、新暦（月遅れ）で行われます。新暦十一月二十日の神迎神事にはじまり、同二十五日に神等去出《からさで》神事が行われ、同三十日の止神送《しわがみおくり》神事で終わります。

新暦十一月二十日夜の神迎神事では、境内に仮拝殿が設けられ、宮司以下神職が三殿

物忌の期間

この期間は神職のほか氏子に至るまで、厳重な物忌が課せられる。歌舞音曲、読経《どきょう》、梵鐘《ぼんしょう》、理髪・爪切りなど刃物を体にあてること、針仕事・障子張り・壁塗りなど、さらには嫁取りの禁止といったことが決められている。そのため地元では神在祭のことを「御忌《おいみ》さん」とも呼ぶ。

の前で古式にのっとり拝礼を行います。このとき正中門の御扉が閉じられ、左右の中門の御扉が開けられ、正中、左、右の門前にそれぞれ三本の土幣《つちべい》が立てられ、お供えの餅と小豆が並べられます。

次に宮司以下が直会殿《なおらいどの》に入り、棚の中央柱の根に神籬《ひもろぎ》（榊《さかき》に細長い幣《ぬさ》をつけたもの）を立て八百万の神々を迎えます。それから宮司が榊葉の御神酒《おみき》を献上して神事を行い、一同退出すると、境内に注連縄《しめなわ》が張りめぐらされ、神社の石垣の上に土幣を同間隔に立て、これに注連縄を結びつけて張っていきます。

翌日から多くの信者が訪れ、一夜御水《いちやごす》（一夜酒《いちやざけ》）を頂戴します。新暦十一月二十五日夜に神等去出神事があります。午後九時ころ、神主による修祓《しゅうばつ》があり、明かりがすべて消された暗がりの中で龍神の御霊移しが行われます。

この神事は、佐太神社から二キロほど北西にある、神目山《かんのめやま》で行います。中腹の祭場の中央に老松の神木があり、そこに幣を置き、神木近くの神池という窪地には、周囲に十二本の土幣を立て、注連縄で籠目《かごめ》に張っていきます。その中に小さな舟型の木片（御《お》舟《ふね》）を入れ、神霊をこの御舟に移して海に向かって、「カコ（お立ち）、カコ（お立ち）」と唱えます。この舟出式は、真夜中の山中の神事だけに、秘め事めかしく神秘的な雰囲気が漂います。あたりの闇に神々がうごめくような雰囲気がするのも、かたくなに神事を保持してきた信仰のなせる力といえるでしょう。

⇨神無月、出雲大社に集まる神々（『絵本柳樽』）

新暦十一月三十日に行われる止神送神事は、まだ出雲に残っているとされる神を送るもので、神等去出神事と同じ内容です。

☯神在祭②出雲大社

出雲大社でも、旧暦十月十日の夜、斎服に身を包んだ神職が、何千人もの参拝者が見守るなか、国譲り神話の舞台とされる稲佐《いなさ》の浜（島根県出雲市大社町杵築北稲佐）に斎場が設けられ、篝火《かがりび》が焚《た》かれ、**全国各地より参集する神々**を神籬に迎えます。稲佐の浜から出雲大社までの神幸《しんこう》では、海岸に漂着した龍蛇が神々を先導して、神職を先頭に多くの参拝者も従えて、出雲大社へと向かいます。

神楽殿《かぐらでん》で神迎祭が行われたのち、神々は境内の東西にある御旅所《おたびしょ》の十九社《じゅうくしゃ》に入ります。

これより旧暦十月十～十七日（平成二十五年の新暦では十一月十二～十九日）の八日間は、物忌となります。この期間、本殿前では三度（旧暦十月十一、十五、十七日）の神在祭が行われます。神在祭の時期は、神々の会議を邪魔しないようにと奉楽などの歌舞音《かぶおん》曲《ぎょく》をいっさい禁止しており、わずかに鈴の音が聞こえるのみです。

また、稲佐の浜にほど近い、出雲大社の境外摂社である上宮《かみのみや》（仮宮）で、大国主神と八百万の神々が、男女の縁結びの議題を中心に神議《かむはかり》を行います。

そして旧暦十月十七日夕方、出雲に参集した神々が帰られる神事である神等去出祭が行われます。十九社から神籬が拝殿に運ばれ、神職が「お立ち」と三度唱えて神々は出雲の地を去ります。

全国各地より参集する神々
なぜ八百万の神が出雲に集まるかについては諸説あるが、出雲大社祭神の大国主神が日本を支配していたためという説が有力。出雲に集まった神が縁結びの相談をしていること、大国主神が大黒天《だいこくてん》（豊穣の神）と習合して生まれた、いわゆる出雲大社信仰は大社の御師《おんし》が全国に広めた。

小雪《しょうせつ》（二十二日ころ）　大雪《たいせつ》（十二月七日ころ）

「雪」とはいえ、雪が降るのはまだ北国だけ

小雪《しょうせつ》は立冬《りっとう》から十五日目にあたり、二十二日ころです。二十四節気《にじゅうしせっき》では、十月の中《ちゅう》気《き》です。天文学的には、太陽が黄経《こうけい》二四〇度の点を通過するときをいいます。

このころから北風が冷たくなり、北国からは初雪の便りが訪れますが、本州の大半ではまだ本格的な冬の訪れはありません。小雪は、雪とはいっても、さほど多くないところからの命名でしょう。陽射しが弱くなり、紅葉が散りはじめ、銀杏《いちょう》の葉や柑橘類《かんきつるい》の実も黄色く色づいてきます。

同じく二十四節気の一つで、小雪とセットになっている大雪《たいせつ》は、旧暦（太陰太陽暦）十一月の正節です。現在では太陽が黄経二五五度の点に通るときで、例年十二月七日ころとなります。

大雪の意味は、このころ大いに雪が降るということですが、日本では北海道や高い山以外では、まだほとんど雪が降ることはありません。

しかし、遠くの高い山の頂に白いものを見ると、ああ、いよいよ冬になるなあ、と感じさせられます。暦を見ると、この前後に「事納《ことおさ》め」があり、まもなく正月を迎えるための準備をはじめる「事始《ことはじ》め」がやってきます。

大雪

大雪のころは一年のうちで日没がいちばん早い。冬至《とうじ》はまだ半月も先のことだと油断して、もっと昼が長いはずだと勘違いしている人が多いようだが、日の入りはこのころがいちばん早く、たとえば東京では午後四時二十八分。うっかり薄着で出かけると、風邪をひきかねない。

神農祭《しんのうさい》（二十二〜二十三日）

「張り子の虎」のお守りが有名な薬事の守護神の祭礼

大阪船場《せんば》の道修町《どしょうまち》は、薬問屋街として江戸時代以来知られ、現在も多くの老舗の製薬会社が本社を構えています。その薬事の守護神である少彦名命《すくなひこなのみこと》を祭神とする**少彦名《すくなひこな》神社**（大阪市中央区道修町）の祭礼が神農祭《しんのうさい》です。

この祭礼は江戸時代以来、冬至《とうじ》の日に行われてきましたが、祭礼の起源には興味深いエピソードがあります。江戸時代後期の文政五年（一八二二）八月、わが国初のコレラ（当時は「コロリ」と呼んだ）が大流行して、十万人超が亡くなりました。道修町の薬種商たちは協力してコレラ封じの丸薬「虎頭殺鬼雄黄円《ことうさっきうおうえん》」を考案、また同時に、腹部に貼る「張り子の虎」という笹の葉に吊されたお守りを少彦名神社へ奉納、神の加護を念じました。コレラは感染症ですから、今日の医学常識からはこれらの効能は疑問ですが、当時としては精一杯の救急医療といえるでしょう。

少彦名神社には、少彦名命と一緒に神農も祀《まつ》られています。神農は中国伝説上の帝王で、百草を舐《な》めてその中から薬草を選び出した、漢方《かんぽう》（東洋医学）の祖とされています。祭礼の当日、道修町通の人々は少彦名神社に参拝し、病気退散と商売繁盛を祈願します。この日、神社は「薬」の朱印を腹に押された張り子の虎を求める参拝客で賑わいます。

少彦名神社
医薬業の守護神として崇められている少彦名命を祀る神社で、社伝によれば創建は寛永九年（一六三二）で、京都の五条天神社《ごじょうてんじんじゃ》（京都市下京区）より少彦名命を勧請《かんじょう》したのがはじまりという。そののち中国の医薬の神とされる神農を併祀。地元では親しみを込めて「神農さん」と呼んでいる。

勤労感謝の日　新嘗祭《にいなめさい》　古伝新嘗祭《こでんしんじょうさい》（二十三日）

皇室・神社で古代から行われている収穫を祝う新穀感謝祭

宮廷祭祀としての新嘗祭

第二次世界大戦以前は新嘗祭《にいなめさい》（古くは「にひなめのまつり」といった）が行われていました。

新嘗祭は、奈良時代以来続く宮廷の重要行事で、天皇がその年の新穀《しんこく》を神に供えて実りを祝し、天皇自身も神とともに食す儀式です。翌日には新穀を群臣にも賜り、豊楽殿《ぶがくでん》で盛大な豊明節会《とよのあかりのせちえ》が行われました。

特に、天皇即位後に最初に行う新嘗祭は大嘗祭《だいじょうさい》と呼ばれ、もっとも重要な祭儀とされました。

新嘗祭は、旧暦（太陰太陽暦）時代には十一月の第二卯《う》の日に行われました。十一月第二の卯の日とは、十一月の十三日以降二十五日以前となります。新嘗祭が新暦（太陽暦）の十一月二十三日に固定されたのは、改暦の年の明治六年（一八七三）のことです。

現在では晩秋にあたっている新嘗祭は、宮廷では長い間、現在の十二月下旬前後、つまり冬至《とうじ》に近いころに行われていました。では、民間でもそのころに行われたかという

新嘗祭
新嘗祭の「嘗」とは、「舐める」ことで、新嘗祭とは神と人が一緒に食べ合う、すなわち「神人共食《しんじんきょうしょく》」を意味している。そのため新嘗祭が終わるまで、その年の新米は食べないという慣習もあった。

と、かならずしもそうではなかったようです。

『万葉集《まんようしゅう》』には、新嘗祭の祭りを詠んだ和歌が幾首かあります。たとえば、次もその一首で、巻十四の東歌《あずまうた》（東北地方の口承歌謡）にあります。

「鳰鳥《におどり》の葛飾早稲《かづしかわせ》を贄《にえ》すとも　その愛《かな》しきを外《と》に立てめやも」

この和歌は、女たちだけで物忌《ものいみ》が行われている新嘗の祭りの夜、愛《いと》しい人を戸外に立たせておかなければならない女心の苦しさを、切々と詠んだものです。

宮廷では、早稲《わせ》の刈り入れ後、間もなく新嘗祭が行われたとすれば、旧暦の九月か十月のことでしょう。

早稲に限らず、新嘗祭は秋の収穫からほど遠からず行われたようです。してみると、宮廷の新嘗祭はあまりに遅すぎるわけです。太陽暦になって新嘗祭は一か月早く催されるようになりましたが、かえって新穀感謝祭にふさわしい時期になったといえるでしょう。

戦後は国家行事としての新嘗祭は中止され、現在は「勤労感謝の日」としてその名残をとどめています。勤労感謝の日は、「勤労をたっとび、生産を祝い、国民たがいに感謝しあう」を法定の趣旨とした国民の祝日です。

☯神社行事としての新嘗祭

新嘗祭は全国の各神社でも行われていますので、幾例かご紹介します。

伊勢神宮《いせじんぐう》では、宮中および一般神社の新嘗祭にあたる祭儀の神嘗祭《かんなめさい》が十月十五～十七日に催行されています（二六〇頁参照）。

明治天皇と昭憲皇太后《しょうけんこうたいごう》を祀《まつ》る、旧・官幣大社《かんぺいたいしゃ》の明治神宮《めいじじんぐう》（東京都渋谷区代々木神園町）では、十一月二十三日午前十時より新嘗祭の祭礼が行われます。また、明治神宮農林水産物奉納会より、多くの野菜が奉納され、その野菜でつくった宝船《たからぶね》が南神門と東回廊に並べられますが、その美しさに参拝者たちは一驚します。

下総国《しもうさのくに》（現・千葉県）の一宮《いちのみや》で旧・官幣大社の香取神宮《かとりじんぐう》（千葉県香取市香取）では、主祭神である経津主大神《ふつぬしのおおかみ》に御膳を献ずる祭りとして、大饗祭《だいきょうさい》が十一月二十三日の夕刻に行われます。

旧・官幣大社の伏見稲荷大社《ふしみいなりたいしゃ》（京都市伏見区深草藪之内町）では、十月の抜穂祭《ぬきほさい》で収穫した神田の新穀を、十一月二十三日に山海の幸とともに神前に供え、その豊作を感謝し、国家の平安を祈念します。しるしの杉葉をかざし、稲穂を両手に持つ巫女《みこ》の神楽舞《かぐらまい》が奉納されます。

☯出雲大社の古伝新嘗祭

古伝新嘗祭《こでんしんじょうさい》は、その年の新穀を神前に供え、国家繁栄、五穀豊穣を祈念する神事で、年中の祭礼が七十二回にも及ぶといわれる出雲大社宮司が奉仕する祭礼のなかで、もっとも重要なものの一つです。

出雲大社の現宮司は千家《せんげ》家ですが、かつては出雲国造《いずものくにのみやつこ》を兼職していました。

古伝新嘗祭は、昔は出雲大社宮司みずから熊野大社《くまのたいしゃ》（島根県松江市八雲町熊野）に参向

出雲大社

島根半島の西端部に位置する出雲大社の創建の由来については、『古事記《こじき》』などの古文献では「葦原中国《あしはらのなかつくに》の大国《おおくに》主神《ぬしのかみ》が住まう日本最古の神社」と記されている。社殿建築はいわゆる大社造で、もともとの高さは十六丈（約四十八メートル）と伝承されているが、現在の本殿は延享元年（一七四四）に造営されたもので、高さ約二十四メートル。平成二十五年（二〇一三）は、六十年に一度の式年遷宮の年となった。

して執行されましたが、やがて神魂《かもす》神社（島根県松江市大庭町《おおばちょう》）に移り、明治時代になってからは十一月二十三日夜に**出雲大社**で行われるようになりました。

古伝新嘗祭では、出雲大社宮司による「四方拝《しほうはい》」「相嘗《あいなめ》」「歯固め」「百番の舞」「お釜の神事」などが執り行われています。

この神事に火をつくりだすための重要なツールである**燧臼《ひきりうす》と燧杵《ひきりぎね》**は、出雲大社宮司が熊野大社に赴き、新穀で炊いた餅一対を献呈して受け取るものです。その熊野神社の神事を火鑽《ひきり》神事（「鑽火祭《さんかさい》」、別名「亀太夫《かめだゆう》神事」ともいう）といいます。

出雲国の一宮で旧・官幣大社の熊野大社は「日本火之出初之社《ひのもとひのでぞめのやしろ》」といわれています。

火鑽神事は毎年十一月十五日に行われます。本殿の横に鑽火殿《さんかでん》があり、そこに燧臼、燧杵が奉安されています。燧臼は檜《ひのき》の芯、燧杵は空木《うつぎ》からできています。

出雲大社宮司が「百番の舞」を、熊野大社の宮司亀太夫が「三番の舞」を舞って、燧臼、燧杵を渡す古式神事が終わります。『出雲国《いずものくに》風土記《ふどき》』に「大社」として記載されるのは、出雲大社と熊野大社の二社だけで、古伝新嘗祭はそのつながりを今に伝える興味深い神事といえるでしょう。

燧臼と燧杵

国譲り神話では、「海布《め》の柄《から》」を燧臼とし、「海蓴《こも》の柄」を燧杵としたとある。燧臼と燧杵は、現在出雲大社の祭儀で用いられるものに形が酷似しているところからも、古代の出雲大社の神事を神話にしたと考えられている。

八代妙見祭《やつしろみょうけんさい》（二十二〜二十三日）

九州三大祭りの一つで、多くの見物客で賑わう星祭り

八代《やつしろ》神社（熊本県八代市妙見町）は、もとは妙見宮《みょうけんぐう》と称していたところから、地元では「妙見さん」と呼ばれて親しまれています。仏教では、北極星あるいは北斗七星のことを妙見（北辰菩薩《ほくしんぼさつ》）といいます。

祭礼の幕開けは二十二日、八代神社から御旅所《おたびしょ》の塩屋八幡宮《しおやはちまんぐう》までの厳粛な神輿渡御《みこしとぎょ》にはじまります。神輿を担ぐ人だけによる静かな行列です。

二十三日は神幸行列《しんこうぎょうれつ》です。神輿、鉄砲隊、毛槍《けやり》、神馬《しんめ》、飾り馬のほか笠鉾《かさぼこ》（九基）、妙見様が乗ってきたとされる亀蛇《きだ》（通称「ガメ」）、獅子舞《ししまい》、花奴、木馬《きんま》（「きうま」ともいう）など、江戸時代から受け継がれてきた伝統ある出し物が多く参列し、豪華絢爛な時代絵巻として見物客を魅了します。

一キロにも及ぶ行列の先頭に立つ**獅子舞**は道筋を清め、見物の人々の穢《けが》れを祓《はら》います。行列に華を添える九基の笠鉾は、菊慈童《きくじどう》、迦陵頻伽《かりょうびんが》などの飾り物を屋根につけています。異国情緒あふれる豪華な妙見祭の最大の見ものガメは、十数人の若者がこれを担いで豪快に暴れ回り、見物客を楽しませてくれます。

神幸行列は、磯崎の河原で勇壮な舞を披露したのち御旅所へと向かいます。

獅子舞
雄獅子は角が二本で赤と白の衣装をつけ、雌獅子は角一本で赤と黄色の衣装をつけている。この雌雄の両獅子が乱舞する曲芸もみられ、ラッパやチャルメラを吹き、鉦《かね》を打ち鳴らすなど中国情緒にあふれている。獅子につく童子も中国風の衣装で人目を引く。

子供が主役の豊作を祈る伝統行事

子供強飯式《こどもごうはんしき》（二十五日）

「ご飯を食べろ」と強要する強飯《ごうはん》の習俗は全国的に見受けられますが、特に栃木県一帯に多くみられ、なかでも生岡《いきおか》神社（栃木県日光市七里《しちり》）の子供強飯式はよく知られています。**子供強飯式**《こどもごうはんしき》は、法螺貝《ほらがい》や太鼓の合図で、山伏《やまぶし》とともに「強力《ごうりき》」に扮した子供二人が大人（氏子が扮する「強飯頂戴人」）を責めるというユーモラスな神事です。子供二人は地元の小・中学生です。法螺貝が鳴り山伏姿の強飯僧が出てきて、拝殿に座った二人の強飯頂戴人の前で大げさな身振りで片膝をつきます。山伏は頂戴人の竹編み細工に藁《わら》シメを載せると、「強力をもって責む。やい強力、料理をもて」と言って退場します。続いて床を踏みならしながら、黒いビロード地の、裾が短い衣装に、赤い丸ぐけ帯と赤い襷《たすき》という派手な出立ちで、両手には輪切りの大根を抱えた強力が登場します。強力は頂戴人の前でひとっ飛びして、片膝をつき、両手の大根で床を打ち、そして左手の大根を差し出し、「ありがたい山海の珍味を残さず食え」と命じて退場します。そして二人の頂戴人が、介添人の別当《べっとう》から振る舞われた山盛りの里芋を食す「御飯食《ごはんじき》に案内もん」が行われます。こののち「春駒」の神事です。白装束《しろしょうぞく》の氏子代表が木馬に乗り、拝殿内を荒々しくはね回ります。これで強飯式の行事がようやく終わります。

子供強飯式
子供強飯式は日光修験《しゅげん》（山伏）に由来する輪王寺《りんのうじ》（栃木県日光市）の強飯式の作法を下敷きにしながらも、より芸能色の強い神事として伝えられている。輪王寺の強飯式は、「日光責め」ともいい、山伏が米三升山盛りにした大椀を差し出して「七十五杯頂戴あろう」と責める儀式で、江戸時代には全国的に知られていたが、現在も四月二日に行われている。

裸坊祭《はだかほうまつり》（第四土曜日）

五千人の裸の男の群れが御網代輿と激しく揉み合う荒祭り

西日本屈指の荒祭りとしても有名なこの裸坊祭《はだかぼうまつり》は、防府天満宮《ほうふてんまんぐう》（山口県防府市松崎町）の御神幸祭《ごしんこうさい》です。祭礼当日の午後二時、**大行司**《だいぎょうじ》、**小行司**《こぎょうじ》が加勢の人々多数を従えて駅前を出発し、大名行列を組んで防府天満宮へ社参します。この祭礼に欠かせない裸坊と呼ばれる男たちも、白装束《しろしょうぞく》で天満宮に向かいます。

午後五時、天満宮では菅原道真《すがわらのみちざね》公の御分霊を、神輿《みこし》二基と御網代輿《おあじろこし》一基に移します。多数の裸坊たちが拝殿の扉が開くのを待ち構えます。午後六時、拝殿正面の扉が開かれるやいなや、裸坊がいっせいに拝殿になだれ込み、拝殿内は熱気を帯びます。

そして、いよいよハイライトの御網代輿の出発です。裸坊たちは、約五百キロもある御網代輿に群がり、楼門を経て五十八段の石段を滑り降ります。彼らはなんとかして御網代輿に触れ、所願成就を願うのです。

防府天満宮大鳥居まで降りた御網代輿は、下で待ち受けている台車に仕立てられ、神《しん》幸《こう》の列に加わります。途中、獅子堂御旅所《おたびしょ》で、網代から御神酒《おみき》が振る舞われます。菅原道真が上陸した勝間の浦の御旅所（浜殿）に向かい、諸神事ののち、行列は防府天満宮に還幸《かんこう》します。裸坊祭の最後は、万歳三唱で締めくくられます。

大行司　小行司
祭礼は主祭神菅原道真が大宰《だざい》府《ふ》に左遷となり、九州に下る途中、当地に立ち寄ったという故事に由来する。左遷の途中、防府勝間の浦へ着船した道真を、周防国《すおうのくに》（現・山口県）国司とともに迎えた国衙《こくが》（国司を長とする地方統治の中心施設。国府ともいう）の役人の子孫が現在の大行司（藤井家）、小行司（清水家）とされている。

巻末付録

新暦／旧暦対応表
二十四節気一覧表

（平成二十五年〈二〇一三〉～平成三十四年〈二〇二二〉）

新暦／旧暦対応表

（平成二十五年〈二〇一三〉～平成三十四年〈二〇二二〉）

伝統的な行事は新暦よりも旧暦がしっくりする
旧暦を新暦に換算して実施すると実感が湧く

わが国では、明治六年（一八七三）から新暦（太陽暦の一種であるグレゴリオ暦）を使用しています。新暦の特徴は、月の満ち欠けとこれまでの季節感とのズレはあるものの、毎年の季節と暦の上の日付との対応が一定していることです。

それ以前の暦を、旧暦（太陰太陽暦《たいいんたいようれき》）といいます。江戸時代、徳川幕府は日本製の暦の作成に着手し、「貞享暦《じょうきょうれき》」「宝暦暦《ほうりゃくれき》」「寛政暦《かんせいれき》」「天保暦《てんぽうれき》」などが採用されました。

これらの暦法は、中国流の方式で月の朔望《さくぼう》（満ち欠け）を基準にして一か月を積算したもので、このままでは太陽を基準にした季節と合わなくなります。そこで、約三十三～三十四か月に一回「閏月《うるうづき》」を設け、その年を十三か月の「閏年《うるうどし》」にしました。

旧暦の日付は季節とズレがあるため、これを頼りに農作業を計画すれば失敗します。そのため、旧暦の二十四節気《にじゅうしせっき》（三〇四頁参照）、雑節《ざっせつ》（節分《せつぶん》、彼岸《ひがん》、社日《しゃにち》、八十八夜《はちじゅうはちや》、入梅《にゅうばい》、半夏生《はんげしょう》、二百十日《にひゃくとおか》、二百二十日《にひゃくはつか》、土用《どよう》）などの太陽暦的な要素を目安にしなければなりませんでした。

月の朔望の周期は約二十九日半ですから、小の月（二十九日）と大の月（三十日）とを組み合わせて暦をつくりましたが、その組み合わせは毎年変わります。

このように旧暦は、月の朔望と季節の変化の両方に配慮しているので、仕組みが複雑になっています。しかし、そんなややこしい暦を、先人は辛抱して約千五百年もの長期間使用してきました。それは旧暦が日本の伝統文化にしっくり合っているからです。

この新暦／旧暦対照表は、最後の旧暦である「天保暦（正しくは「天保壬寅元暦《じんいんげんれき》」という）と新暦の日付とを対照したものです。つまり、その年の天保暦をグレゴリオ暦に換算してあります。

では、使い方を具体例でご説明しましょう。表の最上行と最左列に漢数字で記されているのが新暦の月日で、表の中の算用数字が旧暦の月日を示します。

本書には旧暦で行われている行事をいくつか掲載していますが、その一つが厳島管絃祭《いつくしまかんげんさい》（一九六頁参照）です。毎年、旧暦六月十七日に行われている神事です。この平成二十六年（二〇一四）の日取りを知るには、「七月」の列の「六月大5」から下を見ていって「17」（十七日）を取ります。その段の最左列の日を見ると、新暦七月十三日とわかります。同じようにして、毎年、旧暦の十月十一、十五、十七日に行われている出雲大社《いずもたいしゃ》の神在祭《かみありさい》（二七八頁参照）は、平成二十六年（二〇一四）には、十二月二、六、八日に行われるとわかります。

伝統的な年中行事のほとんどが新暦、または月遅れで行われている現在でも、月見だけは旧暦で行うしかありません。月見は、旧暦八月十五日の月を観る行事です。この「新暦／旧暦対応表」を見れば、旧暦八月十五日が太陽暦の何月何日に該当するかがわかります（十年分の中秋の名月と望は二四六頁参照）。

最後に一言お断りしておきます。この新暦／旧暦対照表は、国立天文台などとは無関係に、著者ら暦の研究者が独自に各種データを計算して年暦を作成したものです。

（岡田芳朗）

平成二十五年(2013)　癸巳　五黄土星

太陽暦 月／日	一月	二月	三月	四月	五月	六月	七月	八月	九月	十月	十一月	十二月
一	十一月 大20	十二月 小21	正月 大20	二月 小21	三月 大22	四月 大23	五月 小23	六月 大25	七月 小26	八月 大27	九月 小28	十月 大29
二	21	22	21	22	23	24	24	26	27	28	29	30
三	22	23	22	23	24	25	25	27	28	29	十月 大朔	十一月 小朔
四	23	24○	23	24	25	26	26	28	29	30	2	2
五	24○	25	24○	25○	26○	27○	27	29	八月 大朔	九月 小朔	3	3
六	25	26	25	26	27	28	28	30	2	2	4	4
七	26	27	26	27	28	29	29○	七月 小朔○	3○	3	5○	5○
八	27	28	27	28	29	30	六月 大朔	2	4	4○	6	6
九	28	29	28	29	30	五月 小朔	2	3	5	5	7	7
一〇	29	正月 大朔	29	三月 大朔	四月 大朔	2	3	4	6	6	8	8
一一	30	2	30	2	2	3	4	5	7	7	9	9
一二	十二月 小朔	3	二月 小朔	3	3	4	5	6	8	8	10	10
一三	2	4	2	4	4	5	6	7	9	9	11	11
一四	3	5	3	5	5	6	7	8	10	10	12	12
一五	4	6	4	6	6	7	8	9	11	11	13	13
一六	5	7	5	7	7	8	9	10	12	12	14	14
一七	6	8	6	8	8	9	10	11	13	13	15	15
一八	7	9×	7	9	9	10	11	12	14	14	16	16
一九	8	10	8	10	10	11	12	13	15	15	17	17
二〇	9×	11	9×	11×	11	12	13	14	16	16	18	18
二一	10	12	10	12	12×	13×	14	15	17	17	19	19
二二	11	13	11	13	13	14	15	16	18	18	20×	20×
二三	12	14	12	14	14	15	16×	17×	19×	19×	21	21
二四	13	15	13	15	15	16	17	18	20	20	22	22
二五	14	16	14	16	16	17	18	19	21	21	23	23
二六	15	17	15	17	17	18	19	20	22	22	24	24
二七	16	18	16	18	18	19	20	21	23	23	25	25
二八	17	19	17	19	19	20	21	22	24	24	26	26
二九	18	／	18	20	20	21	22	23	25	25	27	27
三〇	19	／	19	21	21	22	23	24	26	26	28	28
三一	20	／	20	／	22	／	24	25	／	27	／	29

○は「節気」、×は「中気」を示す。

平成二十六年（2014）　甲午　四緑木星

太陽暦 月／日	一月	二月	三月	四月	五月	六月	七月	八月	九月	十月	十一月	十二月
一	十二月大朔	正月小2	二月大朔	三月小2	四月大3	五月小4	六月大5	七月小6	八月大8	九月大8	閏九月小9	十月大10
二	2	3	2	3	4	5	6	7	9	9	10	11
三	3	4	3	4	5	6	7	8	10	10	11	12
四	4	5○	4	5	6	7	8	9	11	11	12	13
五	5○	6	5	6○	7○	8	9	10	12	12	13	14
六	6	7	6○	7	8	9○	10	11	13	13	14	15
七	7	8	7	8	9	10	11○	12○	14	14	15○	16○
八	8	9	8	9	10	11	12	13	15○	15○	16	17
九	9	10	9	10	11	12	13	14	16	16	17	18
一〇	10	11	10	11	12	13	14	15	17	17	18	19
一一	11	12	11	12	13	14	15	16	18	18	19	20
一二	12	13	12	13	14	15	16	17	19	19	20	21
一三	13	14	13	14	15	16	17	18	20	20	21	22
一四	14	15	14	15	16	17	18	19	21	21	22	23
一五	15	16	15	16	17	18	19	20	22	22	23	24
一六	16	17	16	17	18	19	20	21	23	23	24	25
一七	17	18	17	18	19	20	21	22	24	24	25	26
一八	18	19	18	19	20	21	22	23	25	25	26	27
一九	19	20×	19	20	21	22	23	24	26	26	27	28
二〇	20×	21	20	21×	22	23	24	25	27	27	28	29
二一	21	22	21×	22	23×	24×	25	26	28	28	29	30
二二	22	23	22	23	24	25	26	27	29	29	十月大朔×	十一月小朔×
二三	23	24	23	24	25	26	27×	28×	30×	30×	2	2
二四	24	25	24	25	26	27	28	29	九月大朔	閏九月小朔	3	3
二五	25	26	25	26	27	28	29	八月大朔	2	2	4	4
二六	26	27	26	27	28	29	30	2	3	3	5	5
二七	27	28	27	28	29	六月大朔	七月小朔	3	4	4	6	6
二八	28	29	28	29	30	2	2	4	5	5	7	7
二九	29	／	29	四月大朔	五月小朔	3	3	5	6	6	8	8
三〇	30	／	30	2	2	4	4	6	7	7	9	9
三一	正月小朔	／	三月小朔	／	3	／	5	7	／	8	／	10

○は「節気」、×は「中気」を示す。

平成二十七年(2015)　乙未　三碧木星

太陽暦 月／日	一月	二月	三月	四月	五月	六月	七月	八月	九月	十月	十一月	十二月
一	十一月 小11	十二月 大13	正月 小11	二月 大13	三月 小13	四月 小15	五月 大16	六月 小17	七月 大19	八月 大19	九月 大20	十月 小20
二	12	14	12	14	14	16	17	18	20	20	21	21
三	13	15	13	15	15	17	18	19	21	21	22	22
四	14	16○	14	16	16	18	19	20	22	22	23	23
五	15	17	15	17○	17	19	20	21	23	23	24	24
六	16○	18	16○	18	18○	20○	21	22	24	24	25	25
七	17	19	17	19	19	21	22○	23	25	25	26	26○
八	18	20	18	20	20	22	23	24○	26○	26○	27○	27
九	19	21	19	21	21	23	24	25	27	27	28	28
一〇	20	22	20	22	22	24	25	26	28	28	29	29
一一	21	23	21	23	23	25	26	27	29	29	30	十一月 大朔
一二	22	24	22	24	24	26	27	28	30	30	十月 小朔	2
一三	23	25	23	25	25	27	28	29	八月 大朔	九月 大朔	2	3
一四	24	26	24	26	26	28	29	七月 大朔	2	2	3	4
一五	25	27	25	27	27	29	30	2	3	3	4	5
一六	26	28	26	28	28	五月 大朔	六月 小朔	3	4	4	5	6
一七	27	29	27	29	29	2	2	4	5	5	6	7
一八	28	30	28	30	四月 小朔	3	3	5	6	6	7	8
一九	29	正月 小朔×	29	三月 小朔	2	4	4	6	7	7	8	9
二〇	十二月 大朔×	2	二月 大朔	2×	3	5	5	7	8	8	9	10
二一	2	3	2×	3	4×	6	6	8	9	9	10	11
二二	3	4	3	4	5	7×	7	9	10	10	11	12×
二三	4	5	4	5	6	8	8×	10×	11×	11	12×	13
二四	5	6	5	6	7	9	9	11	12	12×	13	14
二五	6	7	6	7	8	10	10	12	13	13	14	15
二六	7	8	7	8	9	11	11	13	14	14	15	16
二七	8	9	8	9	10	12	12	14	15	15	16	17
二八	9	10	9	10	11	13	13	15	16	16	17	18
二九	10	／	10	11	12	14	14	16	17	17	18	19
三〇	11	／	11	12	13	15	15	17	18	18	19	20
三一	12	／	12	／	14	／	16	18	／	19	／	21

○は「節気」、×は「中気」を示す。

平成二十八年（2016）　閏年　丙申　二黒土星

太陽暦 月／日	一月	二月	三月	四月	五月	六月	七月	八月	九月	十月	十一月	十二月
一	十一月 大22	十二月 小23	正月 大23	二月 小24	三月 大25	四月 小26	五月 小27	六月 大29	八月 大朔	九月 大朔	十月 小2	十一月 大3
二	23	24	24	25	26	27	28	30	2	2	3	4
三	24	25	25	26	27	28	29	七月 小朔	3	3	4	5
四	25	26○	26	27○	28	29	六月 大朔	2	4	4	5	6
五	26	27	27○	28	29○	五月 小朔○	2	3	5	5	6	7
六	27○	28	28	29	30	2	3	4	6	6	7	8
七	28	29	29	三月 大朔	四月 小朔	3	4○	5○	7○	7	8○	9○
八	29	正月 大朔	30	2	2	4	5	6	8	8○	9	10
九	30	2	二月 小朔	3	3	5	6	7	9	9	10	11
一〇	十二月 小朔	3	2	4	4	6	7	8	10	10	11	12
一一	2	4	3	5	5	7	8	9	11	11	12	13
一二	3	5	4	6	6	8	9	10	12	12	13	14
一三	4	6	5	7	7	9	10	11	13	13	14	15
一四	5	7	6	8	8	10	11	12	14	14	15	16
一五	6	8	7	9	9	11	12	13	15	15	16	17
一六	7	9	8	10	10	12	13	14	16	16	17	18
一七	8	10	9	11	11	13	14	15	17	17	18	19
一八	9	11	10	12	12	14	15	16	18	18	19	20
一九	10	12×	11	13	13	15	16	17	19	19	20	21
二〇	11	13	12×	14×	14×	16	17	18	20	20	21	22
二一	12×	14	13	15	15	17×	18	19	21	21	22	23×
二二	13	15	14	16	16	18	19×	20	22×	22	23×	24
二三	14	16	15	17	17	19	20	21×	23	23×	24	25
二四	15	17	16	18	18	20	21	22	24	24	25	26
二五	16	18	17	19	19	21	22	23	25	25	26	27
二六	17	19	18	20	20	22	23	24	26	26	27	28
二七	18	20	19	21	21	23	24	25	27	27	28	29
二八	19	21	20	22	22	24	25	26	28	28	29	30
二九	20	22	21	23	23	25	26	27	29	29	十一月 大朔	十二月 大朔
三〇	21	／	22	24	24	26	27	28	30	30	2	2
三一	22	／	23	／	25	／	28	29	／	十月 小朔	／	3

○は「節気」、×は「中気」を示す。

平成二十九年(2017)　丁酉　一白水星

太陽暦 月／日	一月	二月	三月	四月	五月	六月	七月	八月	九月	十月	十一月	十二月
一	十二月 大4	正月 小5	二月 大4	三月 小5	四月 大6	五月 小7	閏五月 小8	六月 大10	七月 小11	八月 大12	九月 小13	十月 大14
二	5	6	5	6	7	8	9	11	12	13	14	15
三	6	7	6	7	8	9	10	12	13	14	15	16
四	7	8○	7	8○	9	10	11	13	14	15	16	17
五	8○	9	8○	9	10○	11○	12	14	15	16	17	18
六	9	10	9	10	11	12	13	15	16	17	18	19
七	10	11	10	11	12	13	14○	16○	17○	18	19○	20○
八	11	12	11	12	13	14	15	17	18	19○	20	21
九	12	13	12	13	14	15	16	18	19	20	21	22
一〇	13	14	13	14	15	16	17	19	20	21	22	23
一一	14	15	14	15	16	17	18	20	21	22	23	24
一二	15	16	15	16	17	18	19	21	22	23	24	25
一三	16	17	16	17	18	19	20	22	23	24	25	26
一四	17	18	17	18	19	20	21	23	24	25	26	27
一五	18	19	18	19	20	21	22	24	25	26	27	28
一六	19	20	19	20	21	22	23	25	26	27	28	29
一七	20	21	20	21	22	23	24	26	27	28	29	30
一八	21	22×	21	22	23	24	25	27	28	29	十月 大朔	十一月 大朔
一九	22	23	22	23	24	25	26	28	29	30	2	2
二〇	23×	24	23×	24×	25	26	27	29	八月 大朔	九月 小朔	3	3
二一	24	25	24	25	26×	27×	28	30	2	2	4	4
二二	25	26	25	26	27	28	29	七月 小朔	3	3	5×	5×
二三	26	27	26	27	28	29	六月 大朔×	2×	4×	4×	6	6
二四	27	28	27	28	29	閏五月 小朔	2	3	5	5	7	7
二五	28	29	28	29	30	2	3	4	6	6	8	8
二六	29	二月 大朔	29	四月 大朔	五月 小朔	3	4	5	7	7	9	9
二七	30	2	30	2	2	4	5	6	8	8	10	10
二八	正月 小朔	3	三月 小朔	3	3	5	6	7	9	9	11	11
二九	2	／	2	4	4	6	7	8	10	10	12	12
三〇	3	／	3	5	5	7	8	9	11	11	13	13
三一	4	／	4	／	6	／	9	10	／	12	／	14

○は「節気」、×は「中気」を示す。

平成三十年（2018）　戊戌　九紫火星

太陽暦 月／日	一月	二月	三月	四月	五月	六月	七月	八月	九月	十月	十一月	十二月
一	十一月大15	十二月大16	正月小14	二月大16	三月小16	四月大18	五月小18	六月小20	七月大22	八月小22	九月大24	十月小24
二	16	17	15	17	17	19	19	21	23	23	25	25
三	17	18	16	18	18	20	20	22	24	24	26	26
四	18	19○	17	19	19	21	21	23	25	25	27	27
五	19○	20	18	20○	20○	22	22	24	26	26	28	28
六	20	21	19○	21	21	23○	23	25	27	27	29	29
七	21	22	20	22	22	24	24○	26○	28	28	30○	十一月大朔○
八	22	23	21	23	23	25	25	27	29○	29○	十月小朔	2
九	23	24	22	24	24	26	26	28	30	九月大朔	2	3
一〇	24	25	23	25	25	27	27	29	八月小朔	2	3	4
一一	25	26	24	26	26	28	28	七月大朔	2	3	4	5
一二	26	27	25	27	27	29	29	2	3	4	5	6
一三	27	28	26	28	28	30	六月小朔	3	4	5	6	7
一四	28	29	27	29	29	五月小朔	2	4	5	6	7	8
一五	29	30	28	30	四月大朔	2	3	5	6	7	8	9
一六	30	正月小朔	29	三月小朔	2	3	4	6	7	8	9	10
一七	十二月大朔	2	二月大朔	2	3	4	5	7	8	9	10	11
一八	2	3	2	3	4	5	6	8	9	10	11	12
一九	3	4×	3	4	5	6	7	9	10	11	12	13
二〇	4×	5	4	5×	6	7	8	10	11	12	13	14
二一	5	6	5×	6	7×	8×	9	11	12	13	14	15
二二	6	7	6	7	8	9	10	12	13	14	15×	16×
二三	7	8	7	8	9	10	11×	13×	14×	15×	16	17
二四	8	9	8	9	10	11	12	14	15	16	17	18
二五	9	10	9	10	11	12	13	15	16	17	18	19
二六	10	11	10	11	12	13	14	16	17	18	19	20
二七	11	12	11	12	13	14	15	17	18	19	20	21
二八	12	13	12	13	14	15	16	18	19	20	21	22
二九	13	／	13	14	15	16	17	19	20	21	22	23
三〇	14	／	14	15	16	17	18	20	21	22	23	24
三一	15	／	15	／	17	／	19	21	／	23	／	25

○は「節気」、×は「中気」を示す。

平成三十一年（2019）　己亥　八白土星

太陽暦 月／日	一月	二月	三月	四月	五月	六月	七月	八月	九月	十月	十一月	十二月
一	十一月 大26	十二月 大27	正月 大25	二月 小26	三月 大27	四月 小28	五月 大29	七月 小朔	八月 大3	九月 小3	十月 大5	十一月 小5
二	27	28	26	27	28	29	30	2	4	4	6	6
三	28	29	27	28	29	五月 大朔	六月 小朔	3	5	5	7	7
四	29	30○	28	29	30	2	2	4	6	6	8	8
五	30	正月 大朔	29	三月 大朔○	四月 小朔	3	3	5	7	7	9	9
六	十二月 大朔○	2	30○	2	2○	4○	4	6	8	8	10	10
七	2	3	二月 小朔	3	3	5	5○	7	9	9	11	11○
八	3	4	2	4	4	6	6	8○	10○	10○	12○	12
九	4	5	3	5	5	7	7	9	11	11	13	13
一〇	5	6	4	6	6	8	8	10	12	12	14	14
一一	6	7	5	7	7	9	9	11	13	13	15	15
一二	7	8	6	8	8	10	10	12	14	14	16	16
一三	8	9	7	9	9	11	11	13	15	15	17	17
一四	9	10	8	10	10	12	12	14	16	16	18	18
一五	10	11	9	11	11	13	13	15	17	17	19	19
一六	11	12	10	12	12	14	14	16	18	18	20	20
一七	12	13	11	13	13	15	15	17	19	19	21	21
一八	13	14	12	14	14	16	16	18	20	20	22	22
一九	14	15×	13	15	15	17	17	19	21	21	23	23
二〇	15×	16	14	16×	16	18	18	20	22	22	24	24
二一	16	17	15×	17	17×	19	19	21	23	23	25	25
二二	17	18	16	18	18	20×	20	22	24	24	26×	26×
二三	18	19	17	19	19	21	21×	23×	25×	25	27	27
二四	19	20	18	20	20	22	22	24	26	26×	28	28
二五	20	21	19	21	21	23	23	25	27	27	29	29
二六	21	22	20	22	22	24	24	26	28	28	30	十二月 大朔
二七	22	23	21	23	23	25	25	27	29	29	十一月 小朔	2
二八	23	24	22	24	24	26	26	28	30	十月 大朔	2	3
二九	24	／	23	25	25	27	27	29	九月 小朔	2	3	4
三〇	25	／	24	26	26	28	28	八月 大朔	2	3	4	5
三一	26	／	25	／	27	／	29	2	／	4	／	6

○は「節気」、×は「中気」を示す。

平成三十二年（2020）　閏年　庚子　七赤金星

太陽暦 月／日	一月	二月	三月	四月	五月	六月	七月	八月	九月	十月	十一月	十二月
一	十二月 大7	正月 大8	二月 小7	三月 大9	四月 大9	閏四月 小10	五月 大11	六月 小12	七月 小14	八月 大15	九月 小16	十月 大17
二	8	9	8	10	10	11	12	13	15	16	17	18
三	9	10	9	11	11	12	13	14	16	17	18	19
四	10	11○	10	12○	12	13	14	15	17	18	19	20
五	11	12	11○	13	13○	14○	15	16	18	19	20	21
六	12○	13	12	14	14	15	16	17	19	20	21	22
七	13	14	13	15	15	16	17○	18○	20○	21	22○	23○
八	14	15	14	16	16	17	18	19	21	22○	23	24
九	15	16	15	17	17	18	19	20	22	23	24	25
一〇	16	17	16	18	18	19	20	21	23	24	25	26
一一	17	18	17	19	19	20	21	22	24	25	26	27
一二	18	19	18	20	20	21	22	23	25	26	27	28
一三	19	20	19	21	21	22	23	24	26	27	28	29
一四	20	21	20	22	22	23	24	25	27	28	29	30
一五	21	22	21	23	23	24	25	26	28	29	十月 大朔	十一月 小朔
一六	22	23	22	24	24	25	26	27	29	30	2	2
一七	23	24	23	25	25	26	27	28	八月 大朔	九月 小朔	3	3
一八	24	25	24	26	26	27	28	29	2	2	4	4
一九	25	26×	25	27×	27	28	29	七月 小朔	3	3	5	5
二〇	26×	27	26×	28	28×	29	30	2	4	4	6	6
二一	27	28	27	29	29	五月 大朔×	六月 小朔	3	5	5	7	7×
二二	28	29	28	30	30	2	2×	4	6×	6	8×	8
二三	29	30	29	四月 大朔	閏四月 小朔	3	3	5×	7	7×	9	9
二四	30	二月 小朔	三月 大朔	2	2	4	4	6	8	8	10	10
二五	正月 大朔	2	2	3	3	5	5	7	9	9	11	11
二六	2	3	3	4	4	6	6	8	10	10	12	12
二七	3	4	4	5	5	7	7	9	11	11	13	13
二八	4	5	5	6	6	8	8	10	12	12	14	14
二九	5	6	6	7	7	9	9	11	13	13	15	15
三〇	6	／	7	8	8	10	10	12	14	14	16	16
三一	7	／	8	／	9	／	11	13	／	15	／	17

○は「節気」、×は「中気」を示す。

平成三十三年(2021)　辛丑　六白金星

太陽暦月／日	一月	二月	三月	四月	五月	六月	七月	八月	九月	十月	十一月	十二月
一	十一月小18	十二月大20	正月小18	二月大20	三月大20	四月小21	五月大22	六月小23	七月大25	八月小25	九月大27	十月小27
二	19	21	19	21	21	22	23	24	26	26	28	28
三	20	22○	20	22	22	23	24	25	27	27	29	29
四	21	23	21	23○	23	24	25	26	28	28	30	十一月大朔
五	22○	24	22○	24	24○	25○	26	27	29	29	十月小朔	2
六	23	25	23	25	25	26	27	28	30	九月大朔	2	3
七	24	26	24	26	26	27	28○	29○	八月小朔○	2	3○	4○
八	25	27	25	27	27	28	29	七月大朔	2	3○	4	5
九	26	28	26	28	28	29	30	2	3	4	5	6
一〇	27	29	27	29	29	五月大朔	六月小朔	3	4	5	6	7
一一	28	30	28	30	30	2	2	4	5	6	7	8
一二	29	正月小朔	29	三月大朔	四月小朔	3	3	5	6	7	8	9
一三	十二月大朔	2	二月大朔	2	2	4	4	6	7	8	9	10
一四	2	3	2	3	3	5	5	7	8	9	10	11
一五	3	4	3	4	4	6	6	8	9	10	11	12
一六	4	5	4	5	5	7	7	9	10	11	12	13
一七	5	6	5	6	6	8	8	10	11	12	13	14
一八	6	7×	6	7	7	9	9	11	12	13	14	15
一九	7	8	7	8	8	10	10	12	13	14	15	16
二〇	8×	9	8×	9×	9	11	11	13	14	15	16	17
二一	9	10	9	10	10×	12×	12	14	15	16	17	18
二二	10	11	10	11	11	13	13×	15	16	17	18×	19×
二三	11	12	11	12	12	14	14	16×	17×	18×	19	20
二四	12	13	12	13	13	15	15	17	18	19	20	21
二五	13	14	13	14	14	16	16	18	19	20	21	22
二六	14	15	14	15	15	17	17	19	20	21	22	23
二七	15	16	15	16	16	18	18	20	21	22	23	24
二八	16	17	16	17	17	19	19	21	22	23	24	25
二九	17	／	17	18	18	20	20	22	23	24	25	26
三〇	18	／	18	19	19	21	21	23	24	25	26	27
三一	19	／	19	／	20	／	22	24	／	26	／	28

○は「節気」、×は「中気」を示す。

平成三十四年（2022）　壬寅　五黄土星

太陽暦 月／日	一月	二月	三月	四月	五月	六月	七月	八月	九月	十月	十一月	十二月
一	十一月大29	正月大朔	正月大29	三月大朔	四月小朔	五月大3	六月大3	七月小4	八月大6	九月小6	十月大8	十一月小8
二	30	2	30	2	2	4	4	5	7	7	9	9
三	十二月小朔	3	二月小朔	3	3	5	5	6	8	8	10	10
四	2	4○	2	4	4	6	6	7	9	9	11	11
五	3○	5	3○	5○	5○	7	7	8	10	10	12	12
六	4	6	4	6	6	8○	8	9	11	11	13	13
七	5	7	5	7	7	9	9○	10○	12	12	14○	14○
八	6	8	6	8	8	10	10	11	13○	13○	15	15
九	7	9	7	9	9	11	11	12	14	14	16	16
一〇	8	10	8	10	10	12	12	13	15	15	17	17
一一	9	11	9	11	11	13	13	14	16	16	18	18
一二	10	12	10	12	12	14	14	15	17	17	19	19
一三	11	13	11	13	13	15	15	16	18	18	20	20
一四	12	14	12	14	14	16	16	17	19	19	21	21
一五	13	15	13	15	15	17	17	18	20	20	22	22
一六	14	16	14	16	16	18	18	19	21	21	23	23
一七	15	17	15	17	17	19	19	20	22	22	24	24
一八	16	18	16	18	18	20	20	21	23	23	25	25
一九	17	19×	17	19	19	21	21	22	24	24	26	26
二〇	18×	20	18	20×	20	22	22	23	25	25	27	27
二一	19	21	19×	21	21×	23×	23	24	26	26	28	28
二二	20	22	20	22	22	24	24	25	27	27	29×	29×
二三	21	23	21	23	23	25	25×	26×	28×	28×	30	十二月大朔
二四	22	24	22	24	24	26	26	27	29	29	十一月小朔	2
二五	23	25	23	25	25	27	27	28	30	十月大朔	2	3
二六	24	26	24	26	26	28	28	29	九月小朔	2	3	4
二七	25	27	25	27	27	29	29	八月大朔	2	3	4	5
二八	26	28	26	28	28	30	30	2	3	4	5	6
二九	27	／	27	29	29	六月大朔	七月小朔	3	4	5	6	7
三〇	28	／	28	30	五月大朔	2	2	4	5	6	7	8
三一	29	／	29	／	2	／	3	5	／	7	／	9

○は「節気」、×は「中気」を示す。

二十四節気一覧表

（平成二十五年〈二〇一三〉～平成三十四年〈二〇二二〉）

季節の変化を知る目安で二十四節気への愛着が深く、年中行事の中に残されているものが少なくない

旧暦（太陰太陽暦）の日付は、毎年季節より十一日ずつ先へ進み、ほぼ三年に一回閏月《うるうづき》があるために二十日ほど遅くなります。したがって、早い年と遅い年では一か月も違うことになり、農作業には使えません。そこで正しい季節の目安になるものとして、二十四節気《にじゅうしせっき》が考案されました。

二十四節気は、今から二千数百年前の中国で成立しました。二十四節気は、太陽を周回する地球の運行により、季節を知らせるものです。二十四節気は、旧暦の太陽暦にあたる部分で、毎年季節と一致し、ズレはありません。

二十四節気の仕組みを簡単にご説明しましょう。

古代中国では、冬至《とうじ》を暦の計算の起点においています。冬至からはじまって、一年を二十四等分したものが二十四節気です。旧暦では、一年を十二の「節《せつ》」と、その中間に十二の「中《ちゅう》」を設け、合計二十四の節気に分け、それらにはこの一覧表のようにそれぞれの季節にふさわしい名称がつけられています。各節気の間隔は、平均十五・二二日です。

旧暦で月の順序数名は、その月に入る中気《ちゅうき》によって決められます。すなわち、表のように、「大寒《だいかん》」のあった月を十二月、「雨水《うすい》」のあった月を正月とします。

一年が十三か月になる年は、表中の「中気」のない月ができるので、その月を「閏月」として、月名は前月の順序数名の前に「閏」を付して示します。

なお、閏月は季節（気候の変動）とは関係ありません。閏は、暦の上の日付と実際の季節との調整のために設けられたものですから、たとえば、八月に閏月があり、八月が二回続いても、夏が長い年とはいえませんので、誤解しないようにしてください。

では、二十四節気と四季の成り立ちの関係は、どう考えられていたのでしょうか。

旧暦のなかでもっとも重要なのは、「二至二分《にしにぶん》」です。二至二分とは、太陽の位置がもっとも北に来たときを「夏至《げし》」、反対にもっとも南に来たときを「冬至」としています。そして太陽が真東から出て真西に沈む日を「春分《しゅんぶん》」「秋分《しゅうぶん》」と定めています。

二至二分は旧暦の天文学的な部分で、これを軸にして、その中間点に四立《しりつ》を配してあります。つまり、立春《りっしゅん》、立夏《りっか》、立秋《りっしゅう》、立冬《りっとう》をもって各四季がはじまり、一年は正月節立春にはじまり、十二月中大寒で暮れます。

二十四節気は、古代中国の文化の中心地であった黄河《こうが》流域の気候を基準にしてあるため、日本の気候とは多少の違いもあります。たとえば、中国流の太陰太陽暦では、冬至は旧暦十一月の中気と決められていますので、旧暦正月の節気である立春は、新暦では二月はじめになり、私たちの春・新年のはじまりの感覚とは合っていないようです。

この「二十四節気一覧表」は、十年分の標準的な二十四節気を掲載しています。春分点を起点として黄経《こうけい》一五度ずつに二十四分し、地球の実際の運行に合わせた「定気法《ていきほう》」によっていますので、各節気の長さはまちまちです。なお、厳密に調べたい場合は、当該年の前年に国立天文台が発表する「暦要綱」をご覧ください。

（松井吉昭）

夏				秋						冬			
6月		7月		8月		9月		10月		11月		12月	
五節	五中	六節	六中	七節	七中	八節	八中	九節	九中	十節	十中	十一節	十一中
芒種	**夏至**	**小暑**	**大暑**	**立秋**	**処暑**	**白露**	**秋分**	**寒露**	**霜降**	**立冬**	**小雪**	**大雪**	**冬至**
5	21	7	23	7	23	7	23	8	23	7	22	7	22
6	21	7	23	7	23	8	23	8	23	7	22	7	22
6	22	7	23	8	23	8	23	8	24	8	23	7	22
5	21	7	22	7	23	7	22	8	23	7	22	7	21
5	21	7	23	7	23	7	23	8	23	7	22	7	22
6	21	7	23	7	23	8	23	8	23	7	22	7	22
6	22	7	23	8	23	8	23	8	24	8	22	7	22
5	21	7	22	7	23	7	22	8	23	7	22	7	21
5	21	7	22	7	23	7	23	8	23	7	22	7	22
6	21	7	23	7	23	8	23	8	23	7	22	7	22

二十四節気一覧表　平成二十五～三十四年（2013～2022）

	四季	冬		春						夏	
	月	1月		2月		3月		4月		5月	
	節気	十二節	十二中	正節	正中	二節	二中	三節	三中	四節	四中
	名称	**小寒**	**大寒**	**立春**	**雨水**	**啓蟄**	**春分**	**清明**	**穀雨**	**立夏**	**小満**
平成25	西暦2013	5	20	4	18	5	20	5	20	5	21
26	2014	5	20	4	19	6	21	5	20	5	21
27	2015	6	20	4	19	6	21	5	20	6	21
28	2016	6	21	4	19	5	20	4	20	5	20
29	2017	5	20	4	18	5	20	4	20	5	21
30	2018	5	20	4	19	6	21	5	20	5	21
31	2019	6	20	4	19	6	21	5	20	6	21
32	2020	6	20	4	19	5	20	4	19	5	20
33	2021	5	20	3	18	5	20	4	20	5	21
34	2022	5	20	4	19	5	21	5	20	5	21

参考文献（本文中に引用したものを除く。順不同）

●書籍……………………………………………………

加藤友康他編『年中行事大辞典』吉川弘文館、二〇〇九年
倉林正次編『日本まつりと年中行事事典』おうふう、一九八三年
日本風俗史学会編『日本風俗史事典』弘文堂、一九九四年
国書刊行会編『民間風俗年中行事』国書刊行会、一九七〇年
宮田登『暮らしと年中行事（宮田登日本を語る5）』吉川弘文館、二〇〇六年
講談社編『暮らしの歳時記――日本の十二ヵ月生活暦』講談社、一九八六年
白井永二他編『神社辞典（新装普及版）』東京堂出版、一九九七年
神田より子他編『民俗小事典――神事と芸能』吉川弘文館、二〇一〇年
田中宣一他編『三省堂年中行事事典』三省堂、一九九九年
佐藤和彦他編『祭りの事典』東京堂出版、二〇〇六年
国立歴史民俗博物館編集・発行『日本の神々と祭り――神社とは何か？』二〇〇六年
瀧音能之『古代の出雲事典』新人物往来社、二〇〇一年
福田アジオ他編『知っておきたい日本の年中行事事典』吉川弘文館、二〇一二年
井上順孝監修『すぐわかる日本の神社――「古事記」「日本書紀」で読み解く』東京美術、二〇〇八年
鎌田東二監修『すぐわかる日本の神々――聖地、神像、祭り、神話で読み解く』東京美術、二〇〇五年
長谷川成一他『青森県の歴史』山川出版社、二〇〇〇年
青森県高等学校地方史研究会編『青森県の歴史散歩』山川出版社、二〇〇七年
東京都歴史教育研究会編『東京都の歴史散歩（上・中・下）』山川出版社、二〇〇五年
長野県の歴史散歩編集委員会編『長野県の歴史散歩』山川出版社、二〇〇六年
京都府歴史遺産研究会編『京都府の歴史散歩（上・中・下）』山川出版社、二〇一一年
大阪府の歴史散歩編集委員会編『大阪府の歴史散歩（上・下）』山川出版社、二〇〇七年
奈良県高等学校教科等研究会歴史部会編『奈良県の歴史散歩（上・下）』山川出版社、二〇〇七年
広島県の歴史散歩編集委員会編『広島県の歴史散歩』山川出版社、二〇〇九年
島根県の歴史散歩編集委員会編『島根県の歴史散歩』山川出版社、二〇〇八年
岡田芳朗『暮らしのこよみ歳時記』講談社、二〇〇一年
岡田芳朗『春夏秋冬　暦のことば』大修館書店、二〇〇九年
岡田芳朗他編『現代こよみ読み解き事典』柏書房、一九九三年
新谷尚紀『日本人の春夏秋冬――季節の行事と祝いごと』小学館、二

〇〇七年
菅田正昭『日本の祭り――知れば知るほど』実業之日本社、二〇〇七年
三越『日本を楽しむ年中行事』かんき出版、二〇〇四年
日本祭礼研究班『三六五日お祭り歳時記』小学館文庫、二〇〇〇年
佐々木輝雄『「年中行事から食育」の経済学』筑波書房、二〇〇六年
岩波書店編集部編『広辞苑一日一語』岩波書店、二〇〇八年（非売品）
福田東久『雛まつり――親から子に伝える思い』近代映画社、二〇〇七年
田中宣一『供養のこころと願掛けのかたち』小学館、二〇〇六年
ボックス・ストーリー『新幹線でめぐる東北のお祭り』中経の文庫、二〇一〇年
大條和雄『ザ・ねぷた（増補版）』水星舎、一九九一年
作美陽一『大江戸の天下祭り』河出書房新社、一九九六年
長沢利明『江戸東京歳時記』吉川弘文館、二〇〇一年
佐藤高『ふるさと東京　祭事祭礼』朝文社、二〇〇六年
佐藤高『ふるさと東京　民俗歳時記』朝文社、二〇〇六年
桜井正信編『東京江戸案内――歴史散策　巻の五（年中行事と地名篇）』八坂書房、一九九四年
伊藤栄洪他『豊島区史跡散歩』学生社、一九七七年
井上一馬『東京お祭り！大事典――毎日使える大江戸歳時記』ミシマ社、二〇〇九年
原義郎『東京の祭り暦』小学館、二〇〇一年
樋口州男他編『東京都の不思議事典（上・下）』新人物往来社、一九九九七年
東京の川研究会編『「川」が語る東京――人と川の環境史』山川出版社、二〇〇一年
所功『京都の三大祭』角川書店、一九九六年
森谷尅久編『京都千年8　くらしと年中行事――古都の歳時記』講談社、一九八四年
田中眞人『奈良大和路の年中行事』淡交社、二〇〇九年
横山健蔵『京の祭歳時記』佼成出版社、一九九三年
水野克比古『京都花名所』光村推古書院、二〇〇四年
槇野修『京都の寺社505を歩く（上・下）』PHP新書、二〇〇七年
芸術新潮編集部『日本の祭（とんぼの本）』新潮社、一九九〇年

●雑誌……

「日本のしきたり」『歴史読本』二〇〇九年二月号、新人物往来社
「日本の祭り大全」『サライ』二〇一二年七月号、小学館
「47都道府県　神社&寺ご利益案内」『日経おとなのOFF』二〇一一年一月号、日経BP社
「大人になるための日本のしきたりを知る」『MONOQLOプライム』二〇一一年一月号増刊、晋遊舎
『京の歳時記今むかし（別冊太陽）』平凡社、二〇〇六年

●新聞……

朝日新聞、産経新聞、信濃毎日新聞、中日新聞、日本経済新聞、毎日新聞、読売新聞ほか

●インターネット……

各神社仏閣の公式ホームページ、各自治体の観光課ほか

おわりに

本書には、北は北海道から南は沖縄まで、毎年行われているものから数年に一度のものまで、できる限り多くの年中行事をご紹介してあります。

本書が十二月からはじまっていることを、奇異に感じられた方があるかもしれません。これにはさして深い意味はありませんが、十二月の行事が正月行事に連なることが多いところから、このような構成としてあります。構成は、冬（十二・一・二月）、春（三・四・五月）、夏（六・七・八月）、秋（九・十・十一月）の順になっていますが、どこから読んでいただいてもかまいません。

著者らが暦の研究を専門にしていることもあり、旧暦（太陰太陽暦）で行われる行事や二十四節気《にじゅうしせっき》にまつわる行事にかなり力点を置いているのが、本書の類書とは異なる点でしょう。しかし、旧暦で行われている祭礼などは少なくありませんので、それらをすべて取り上げるわけにはいきませんから、必要と思われるものだけを記載しました。

南北に細長く伸びた日本列島は、四季おりおりの変化に富んだ風土が特徴です。それにもとづく四季の巡りの楽しさを味わえることは、私たち日本人だけの特権といえるかもしれません。こうした季節の変化に寄り添うようにして暮らしてきた先人たちの、生活の知恵と工夫の深さに改めて驚嘆させられます。

微妙な自然の変化を感じるために、正月、雛《ひな》の節句や重陽《ちょうよう》の節句などは太陽暦で行うだけでなく、旧暦でも行い、年に二回楽しんでみたらどうでしょうか。これらには、なにも一回だけでなければならないという決まりはありませんから。家庭や学校でこのような試みを率先して行っていただけたら、食生活の乱れなどにより、日本人が失いつつ季節感を、取り戻せるような気がします。そして自然をよく観察すれば、環境を大切にする気持ちにもおのずと結びついて、心の潤いの回復にもきっと役立つことでしょう。

年中行事も世につれて変化しています。本書には新しい行事や、季節ごとの行事のほかに、子供の成長を家族で祝う行事もご紹介してあります。

本書は岡田芳朗先生と私の共著ですが、特に分担はしないで気ままに書いてから、相互チェックに時間をかけました。なお、不備な点があるようでしたらご指摘くだされば幸いです。

平成二十五年八月

松井吉昭

索引

【あ】

【な】

著者紹介

岡田芳朗（おかだ・よしろう）

昭和五年（一九三〇）、東京・日本橋生まれ。早稲田大学教育学部卒業。同大学大学院修了。女子美術大学教授などを経て女子美術大学名誉教授。「暦の会」会長。『旧暦読本――現代に生きる「こよみ」の知恵』（創元社）、『暦ものがたり』（角川学芸出版）、『江戸の絵暦』（大修館書店）、『現代こよみ読み解き事典』（共著、柏書房）など著書多数。

松井吉昭（まつい・よしあき）

昭和二十八年（一九五三）、石川県金沢市生まれ。早稲田大学教育学部卒業。同大学大学院修了。現在、早稲田大学非常勤講師。共著書『暦を知る事典』（東京堂出版）、『「川」が語る東京――人と川の環境史』（山川出版社）、『日本中世内乱史人名事典』（新人物往来社）などがある。

年《ねん》中《じゅう》行《ぎょう》事《じ》読《とく》本《ほん》
――日本《にほん》の四季《しき》を愉《たの》しむ歳時《さいじ》ごよみ

二〇一三年一〇月二〇日　第一版第一刷発行

著　者　岡田芳朗　松井吉昭
発行者　矢部敬一
発行所　株式会社　創元社
〈本　社〉〒五四一‐〇〇四七
大阪市中央区淡路町四‐三‐六
電話（〇六）六二三一‐九〇一〇㈹
〈東京支店〉〒一六二‐〇八二五
東京都新宿区神楽坂四‐三　煉瓦塔ビル
電話（〇三）三二六九‐一〇五一㈹
〈ホームページ〉http://www.sogensha.co.jp/

印　刷　図書印刷

ISBN978-4-422-23034-4 C0039

好評既刊

旧暦読本——現代に生きる「こよみ」の知恵

岡田芳朗 著

旧暦と新暦の違いという基礎知識から、二十四節気と七十二候、十干と十二支、十二直二十八宿、六曜と九星、雑節と五節句などの重要テーマ別に、平易かつ詳しく解説。年中行事や、地方暦とアジア・ヨーロッパの暦も紹介し、月と太陽、時刻制度と潮汐現象などの天文学的知識も盛り込んだ。全十二章立てで古今東西の暦のすべてが分かる構成で、図版も多数掲載。巻末に詳細な五年分の暦（新暦・旧暦対応表）を付す。

四六判・上製、336頁
定価：本体2000円（税別）